基礎から学ぶ商法

小柿徳武　原弘明
伊藤吉洋　島田志帆

Basics of Japanese
Commercial Law

Kogaki Noritake　Ito Yoshihiro
Hara Hiroaki　Shimada Shiho

有斐閣

はしがき

　このはしがきを読んでいるあなたは、商法に少しは関心があるのであろう。

　いや、そうではなく、大学等の講義で指定されたから、仕方なしに読んでいるだけかもしれない。

　新しく商法の入門書を書くことになった本書の4名の共著者が、まず願ったことは、「世の中から商法嫌いを少しでも減らしたい」という思いである。そのため、この本は、はじめから商法に興味を持っている人だけでなく、諸事情から商法を勉強することになった人に、いかに興味を持ってもらえる記述にするかに、最大限配慮している。

　本書が読者として想定しているのは、法学部の低年次の学生、経済学部や経営学部などの社会科学系の学生、さらには、人文科学系や理系の学生、意欲のある高校生、仕事で商法の知識が必要になったがこれまで商法にはほとんど縁のなかったビジネスパーソンなどである。

　それにしても、刑法や民法などの他の法分野と比べて、商法が苦手、あるいは、商法はとっつきにくい、という人が多いのはなぜなのだろう。われわれ共著者が考える1つの答えは、まず仕組みを理解する必要があるから、というものである。

　たとえば、会社法の分野で、「株主代表訴訟」という制度がある。その内容をみてみると、どうやら、取締役が何かやらかした場合に、会社に代わって、株主が訴訟によって責任を追及できる制度のようだ。

　と、ここまでの話でもう、読者の多くは、拒否反応を示すかもしれない。そもそも、取締役とか周りにいないし、イメージがわかない。株主といっても、そもそも株式投資なんて、自分には無関係な話だ、という反応が予想される。

そう、商法の分野では、まず、取締役や株主総会といった制度の仕組みの理解が前提となる。ノーマルな状態の仕組みを理解した上で、そこからはずれたアブノーマルなことが起こった場合に、法的にどのように規制されるかを学ぶことになる。

　これに対して、刑法の分野では、最初から、人が傷つけられたり殺されたり、といったアブノーマルな状況からはじまる。そのため、刑法の方がイメージがしやすそうである。

　とはいえ、せっかく商法を学ぶ機会に恵まれたのだから、できれば、そうした前提を頭に入れて、本書を読んでほしい。まずは仕組みを理解し、その上で、そこからずれたらどうなるか、という視点である。

　とりわけ、会社法のルールは、組織についてのルールを学ぶという意味で重要である。読者の多くは、部活動やサークルといった集団のメンバーとして行動している。さらには、大学や企業といった集団にも属している。組織の運営のルールとして、もっとも洗練された会社法のルールを学ぶことは、今後の生活に必ず役立つであろう。

　さらに、共著者としては、本書を読むだけでなく、実際の経済ニュースにできる限りふれてほしいと願っている。取締役のイメージがわかないという人に対しては、経済ニュースでは、多かれ少なかれ、旬な人物として会社の経営者である取締役が話題になっていることを知ってほしい。

　最後に、言い訳を1つ。最初にも書いたように、本書では、できる限り初学者にとって分かりやすく、シンプルな記述をこころがけた。ところが、実際のルールの中には、複雑なものもある。そのため、本書の記述の中には、間違いとはいえないが、必ずしもすべてのパターンを網羅的に説明できていない記述もある。

　本書はあくまでも入門書である。本書を読んで、少しでも商法アレル

ギーが少なくなったら、是非、次のステップに進んで、より正確な知識を習得してもらいたい。

では、ここから、一緒に商法について学んで行こう。

本書の出版は、企画・構想段階から、有斐閣京都支店の一村大輔氏の力がなくてはなし得なかったものである。また、校正の段階からは、同編集部の藤原達彦氏に粘り強く支援して頂いた。ここに記して深く御礼申し上げます。

2022 年 3 月

年齢順により共著者を代表して

小 柿 徳 武

目　　次

序　商法総論

第1編　会社法　1

第1章　総　論 ——————————————————————— 2

第1節　会社の意義と会社法の目的……………………………… 2

1. 株式会社におけるおもな登場人物　2
2. 個人企業と株式会社　4
3. 会社法の目的　7
4. 会社の特徴（営利性・社団性・法人性）　10
5. 会社法の法源など　11

第2節　会社の種類……………………………………………… 12

第3節　株式会社の機関 ………………………………………… 19

第2章　株主と株主総会 ————————————————— 25

第1節　株主の権利（自益権と共益権）……………………… 25

第2節　株主総会の意義と権限 ……………………………… 29

第3節　株主総会の招集 ……………………………………… 32

第4節　株主総会の議事 ……………………………………… 40

第5節　株主の議決権 ………………………………………… 41

第6節　株主総会の決議 ……………………………………… 52

第7節　株主総会の決議の瑕疵 ……………………………… 55

第3章　取締役・取締役会・代表取締役 ————————— 62

第1節　総　説 ………………………………………………… 62

1. 取締役による経営と会社法　62
2. 取締役に対する規律づけと会社法　62

第2節　取締役の選任・資格などと各取締役の間での職務分担
・・・ 64

　1．選任・資格・員数・任期・終任　64

　2．各取締役の間での職務分担　68

　3．取締役会の運営　76

　4．代表取締役・その他の業務執行取締役　78

第3節　努力して経営を行うように仕向けるための規律づけ
・・・ 81

　1．努力して経営するように仕向けることの必要性　81

　2．現在の株主による不再任と解任・取締役会による不選定と解職
　　82

　3．株式の市場価格の低迷と買収の脅威　84

第4節　取締役の義務　・・・・・・・・・・・・・・・・・・・・・・・・・・・・・・・・・・・・・・ 85

第5節　注意して経営するよう仕向けるための規律づけ・・・・・・・ 87

　1．注意して経営するよう仕向けることの必要性　87

　2．取締役の任務懈怠による会社に対する損害賠償責任　89

　3．経営判断の失敗と経営判断原則　92

　4．法令違反　95

第6節　会社の利益を犠牲にして取締役自身の利益を図らない
ように仕向けるための規律づけ　・・・・・・・・・・・・・・・・・・・・・・・・・・・ 98

　1．会社の利益を犠牲にして取締役自身の利益を図らないように仕向け
　　ることの必要性　98

　2．競業取引　99

　3．利益相反取引　104

　4．報酬の支払　110

第7節　対会社責任の追及方法 ・・・・・・・・・・・・・・・・・・・・・・・・・ 113

　1．会社による責任追及の訴えの提起　114

　2．株主による責任追及の訴え（株主代表訴訟）の提起　116

第8節　取締役の任務懈怠による第三者に対する損害賠償責任
・・ 120

1. 対第三者責任とは何か　120

2. 対第三者責任による債権者保護の意義　122

3. 対第三者責任と不法行為責任との関係　123

4. 間接損害と直接損害　124

第4章　監査役・監査役会・指名委員会等設置会社・監査等委員会

設置会社 ─────────────────────── 127

第1節　監査役 ……………………………………………… 127

1. 監査役による取締役に対する規律づけ　127

2. 監査役による監査の種類と監査役の権限・義務・責任　128

3. 取締役からの独立性の確保　131

第2節　監査役会 …………………………………………… 135

1. 監査役会の設置による監査体制の強化　135

2. 監査役会の構成など　136

3. 監査役会の権限と運営　137

第3節　指名委員会等設置会社および監査等委員会設置会社

………………………………………………………………… 138

1. 監査役設置会社の問題点と2つの機関設計の登場　138

2. 指名委員会等設置会社　141

3. 監査等委員会設置会社　143

第5章　計算 ───────────────────── 146

第1節　会社法による会社の計算（会計）規制の目的 ……… 146

第2節　決算の手続 ………………………………………… 150

1. 計算書類などの作成　150

2. 計算書類の内容　150

3. 計算書類の作成基準　152

4. 計算書類の監査・取締役会による承認　153

5. 計算書類の提出提供・株主総会による承認・公告　154

第3節　資本金・準備金と剰余金の配当 …………………… 155

1. 過大な剰余金の配当に対する規制の意義　155

　2.　資本金と準備金　156

　3.　剰余金の配当　159

第6章　株式 ———————————————— 161

第1節　株式の意義と種類 …………………………… 161

　1.　株式の意義　161

　2.　株式の種類　163

第2節　株主平等の原則 ………………………………… 164

第3節　株式の流通 ……………………………………… 168

第4節　譲渡制限株式 …………………………………… 172

第5節　自己株式 ………………………………………… 176

第6節　株式の併合・分割・無償割当て ……………… 178

第7章　設立 ———————————————— 181

第1節　総　説 …………………………………………… 181

第2節　発起設立 ………………………………………… 182

　1.　定款の作成　183

　2.　公証人による定款の認証　185

　3.　発起人による出資　185

　4.　設立時取締役等の選解任　186

　5.　会社の成立　186

　6.　発起人の責任　187

第3節　募集設立 ………………………………………… 188

第4節　設立の無効・不存在 …………………………… 189

第8章　資金調達 ———————————————— 191

第1節　さまざまな資金調達の方法と会社法の規律対象 …… 191

第2節　募集株式の発行等 ……………………………… 192

　1.　募集株式の発行等による新たな株主の出現　192

　2.　既存株主の利害に対する影響と資金調達の便宜との調整の必要性
　　195

　3.　会社法による調整　201

  4. 違法または著しく不公正な新株発行などに対する救済措置　206

第9章　組織再編 ———————————————————— 215
第1節　事業の再構築 ·· 215
第2節　合　併 ·· 220
  1. 吸収合併の手続と効果　221
  2. 合併の無効　224
第3節　事業譲渡 ··· 227

第10章　解散・清算、倒産 ———————————————— 228

第2編　商法総則　231

第1章　商人と営業 ———————————————————— 232
第1節　商人と商行為 ·· 232
  1. 商法の特徴　232
  2. 商人と商行為　235
第2節　営　業 ·· 240
  1. 主観的意義・客観的意義の営業　240
  2. 営業能力　241
  3. 営業所　242

第2章　商号（商号権） ——————————————————— 244
第1節　商号自由主義 ·· 244
第2節　商号使用権 ··· 245
第3節　商号専用権 ··· 246
第4節　名板貸責任 ··· 248

第3章　商業使用人 ———————————————————— 251
第1節　企業取引の補助者 ·· 251
第2節　支配人 ·· 252
第3節　表見支配人 ··· 256

第4章　商業登記 ———————————————————— 258

第1節　商業登記の公示機能 ……………………… 258

第2節　商業登記事項 ……………………………… 259

第3節　商業登記の効力 …………………………… 259

第4節　商業登記と権利外観法理との関係……… 261

第5節　不実の登記 ………………………………… 264

第5章　営業譲渡 ———————————————————— 266

第1節　はじめに ………………………………… 266

第2節　商号続用責任 ……………………………… 266

第3節　債務の引受けの広告 ……………………… 268

第6章　代理商 ———————————————————— 270

第1節　代理商の意義 ……………………………… 270

第2節　締約代理商と媒介代理商 ……………… 271

第3節　代理商の義務 ……………………………… 272

第4節　代理商契約の解除 ………………………… 275

第3編　商行為法　277

第1章　商行為法総則 ———————————————————— 278

第1節　一方的商行為 ……………………………… 278

第2節　商行為の代理 ……………………………… 279

第3節　代理権の消滅事由の特則………………… 281

第4節　契約の申込み・承諾の特則 …………… 282

第5節　多数当事者間の債務の連帯 …………… 283

　1.　連帯債務の原則　283

　2.　連帯保証の原則　284

第6節　質権の特則 ………………………………… 285

第2章　商事売買 ─────────────── 287

第1節　民法上の売買契約との違い　……………… 287

第2節　目的物の供託・競売　……………………… 288

第3節　定期売買　………………………………… 289

第4節　目的物の検査義務　………………………… 290

第5節　買主による目的物の保管・供託 ………… 292

第3章　仲立人・問屋営業 ──────────── 293

第1節　仲立人　…………………………………… 293

第2節　問屋営業　………………………………… 296

第4章　運送・倉庫・場屋 ──────────── 300

第1節　運送営業　………………………………… 300

　1. 運送営業の種類　300

　2. 物品運送　301

　3. 旅客運送　304

第2節　倉庫営業　………………………………… 306

第3節　場屋営業　………………………………… 307

第4編　手形法・小切手法　311

第1章　約束手形・小切手の仕組みと経済的機能 ──── 312

第1節　約束手形・小切手の仕組み　……………… 312

第2節　約束手形の経済的機能　…………………… 314

第3節　手形・小切手と銀行取引 ………………… 317

第2章　約束手形総論 ─────────────── 321

第1節　約束手形の流通………………………………… 321

第2節　手形行為　………………………………… 325

　1. 手形行為の特性　325

　2. 署名と手形の交付　327

　3. 意思表示　330

  4. 手形の偽造・変造　331

第3章　約束手形の振出 ——————————————— 334

第1節　振　出 ……………………………………………… 334

  1. 手形の記載事項　334

  2. 手形要件　335

第2節　白地手形 …………………………………………… 339

第4章　約束手形の裏書 ——————————————— 342

第1節　裏　書 ……………………………………………… 342

  1. 裏書とは　342

  2. 譲渡裏書の効力　345

  3. 裏書の連続　346

  4. 特殊な裏書　347

第2節　善意の手形取得者の保護 ………………………… 348

  1. 手形の善意取得　348

  2. 人的抗弁の切断　350

第5章　約束手形の支払 ——————————————— 355

第1節　支　払 ……………………………………………… 355

第2節　遡　求 ……………………………………………… 358

第3節　手形上の権利の消滅 ……………………………… 360

  1. 消滅時効　360

  2. 利得償還請求権　361

  3. 公示催告による除権決定　362

第6章　為替手形と小切手 ————————————— 364

  1. 為替手形　364

  2. 小切手　366

第7章　有価証券としての特徴 ——————————— 369

Column

序

P-1　民事責任と刑事責任　xviii

P-2　なぜ商法には削除された条文が多いのか　xxiii

第1編

1-1　会社法の改正　11

1-2　上場会社と非上場会社　16

1-3　持株会社　17

1-4　株式会社の多様性　18

1-5　取締役会設置会社　24

2-1　株主の義務　28

2-2　基準日制度と株主総会の集中　32

2-3　共益権としての株主提案権　38

2-4　具体的な株主提案権の内容と濫用防止策　38

2-5　単元株と証券取引所の売買単位　42

2-6　株主の権利行使に関する利益供与の禁止　45

2-7　電磁的投票　50

2-8　書面投票と委任状　51

3-1　社長・CEO と代表取締役との関係など　73

3-2　任務懈怠と帰責事由のうち（客観的）過失との関係　90

3-3　法令違反について過失がない場合　98

3-4　取締役の個人別報酬の内容についての決定方針などの開示　112

3-5　責任の免除・限定・D&O 保険・会社補償　119

4-1　監査役会設置会社での社外取締役の義務づけ　141

5-1　純資産額が 300 万円に満たない会社での剰余金の配当に対する制限　157

6-1　株主優待制度　167

8-1　自己株式の処分と募集株式の発行等　195

9-1　M&A とは（TOB を含む）　219

第 4 編

1-1　融通手形とはどういうものか　　316

7-1　手形に代わる「電子記録債権」　　372

執筆者紹介 ※執筆順

□**小柿徳武**　こがき　のりたけ

京都大学法学部卒、京都大学大学院法学研究科博士後期課程研究指導退
学・修士（法学）

大阪公立大学教授

担当：序、第 1 編 1・2・6 章

□**伊藤吉洋**　いとう　よしひろ

東北大学法学部卒、東北大学大学院法学研究科博士課程後期修了・博士
（法学）

関西大学教授

担当：第 1 編 3〜5・8 章

□**原　弘明**　はら　ひろあき

東京大学法学部卒、九州大学大学院法学府博士後期課程単位取得満期退
学・博士（法学）

関西大学教授

担当：第 1 編 7 章、第 2 編 1〜6 章、第 3 編 1〜4 章

□**島田志帆**　しまだ　しほ

慶應義塾大学法学部卒、慶應義塾大学大学院法学研究科後期博士課程単位
取得満期退学・博士（法学）

立命館大学教授

担当：第 1 編 9・10 章、第 4 編 1〜7 章

凡　例

法令の略語

本文中での略記は以下の通りである。

会	会社法
民	民　法
商	商　法
手	手形法
小	小切手法
金　商	金融商品取引法
労　契	労働契約法
電子債権	電子記録債権法

判例集・判例雑誌の略語

民　録	大審院民事判決録
民　集	最高裁判所民事判例集
集　民	最高裁判所裁判集民事
下民集	下級裁判所民事裁判例集
判　時	判例時報
金　判	金融・商事判例
金　法	金融法務事情

　引用判例中、下記百選に掲載された判例は、本文中にも**最判昭和 43・11・1 民集 22 巻 12 号 2402 頁【会社法百選 29 事件】**の形で示した。

会社法百選	神作裕之ほか編『会社法判例百選〔第 4 版〕』(有斐閣、2021)
手形小切手百選	神田秀樹ほか編『手形小切手判例百選〔第 7 版〕』(有斐閣、2014)
商法百選	神作裕之ほか編『商法判例百選』(有斐閣、2019)

商法総論

商法の規制対象

(1) 公法と私法

　法律学の一分野として、商法とはどのような対象を規制するものなのだろうか。一般的なイメージは、企業やビジネスに関する法律というものかもしれない。以下では、商法の総論的な説明が続く。話が抽象的過ぎて難しいと感じる場合は、この部分（**序**）はひとまず読み飛ばしてもらって構わない。

　まず、法律学において、法律は、公法と私法という分類に分けられる。**公法**は、国家と私人（個人や企業）の間に適用されるルールを対象としている。窃盗や傷害などの犯罪を対象とする刑法の分野が分かりやすいであろう。罪を犯せば国家が罰する。このほかに憲法や行政法も公法の分野に含まれる。

　これに対して、**私法**は、私人の間のルールを対象としている。金銭を借りたり、物を預ける場合、契約に基づいて、当事者は、それぞれ一定の権利を有し、義務を負う。私法の基本的なルールは、民法によって規制される。商法は、私法の領域に属する。

公法	憲法、行政法、刑法、刑事訴訟法など
私法	民法、商法、民事訴訟法など

(2) ビジネス法

　一般に、商法は民法の特別法であるといわれる。すなわち、民法は、ビジネスに関わっていない個人間の取引を対象としているのに対して、商法は、ビジネスに関わる企業の取引を対象にしているというものであ

る。もっとも、話はそれほど単純ではない。

　ビジネスに関する法律といっても、企業と従業員との間の雇用関係は労働法によって規制される。これ以外に、独占禁止法など、いわゆるビジネス法と呼ばれる法律には、商法の分野以外に属するものも多く含まれる。

　では、商法という分野は、民法とどのように区別されるのか。

　この問題は、実は、かなりの難問である。正面から答える前に、ひとまず、商法ではどのような分野が規制対象となっているかをみてみよう。

会社法

　商法という分野の規制対象は、大きく2つの分野に分けることができる。

(1) 組織法としての会社法

　1つは、**会社法**の分野である。この分野は、会社法や、会社法施行規則などの法務省令等によって規制される。会社の出資者である株主や、会社の経営者である取締役、さらには、会社に金銭を貸し付ける銀行など、会社をめぐる利害関係者の利害を調整する。

　たとえば、会社の取締役はどのようにして選ばれるのか。会社法329条1項は、取締役は、株主総会という株主の集まりにおける決議によって選任すると規定する。

　それでは、選ばれた取締役が、適切に経営せずに会社に損害を与えた場合、その取締役は、会社に対してどのような責任を負うのか。会社法423条1項は、取締役がその任務を怠ったときは、会社に対して、損害賠償責任を負うと規定する。たとえば、取締役が、自らの私的な利益を図って、その結果、会社に損害が生じた場合、会社は、その取締役に対してその損害の賠償を求めることができる。

　このように、分野としての会社法の特徴の1つは、組織に関するルールを定めている点にある。世の中には、会社以外にも、さまざまな組

織がある。サークルや部活動も 1 つの組織である。会社法を学ぶことは、組織の運営についての基本的な枠組みを習得するという意味において重要である。

(2) 実質的意義の会社法と形式的意義の会社法

「会社法」という用語を使用する場合、会社法という法律以外の、たとえば会社法施行規則などの法令を含めた、法律の一分野として使用する場合（これを実質的意義の会社法と呼ぶ）と、法律の名前としての「会社法」を指す場合（これを形式的意義の会社法と呼ぶ）がある。

実質的意義で会社法という用語を使用する場合、名前にこだわらず、実質的にみて会社法と同じ趣旨の規制も含め、広い意味で会社法という用語を使用する。これに対して、形式的意義で会社法という用語を使用する場合、会社法という法律そのもののみを指す。この意味を明確にするために「会社法典」ということもある。

どちらの意味で使用されるかは、その都度判断しなければならない。ひとまず、条文とともに用いられる場合（例として、「会社法 329 条 1 項」という表記）は後者（形式的意義の会社法）の意味で使用され、それ以外の場合は、ほぼ前者（実質的意義の会社法）の意味で使用されると考えておけばよいであろう。

Column P-1

● 民事責任と刑事責任

取締役が自らの私的な利益を図る場合として、たとえば、取締役が、その地位を利用して、自分の個人的な友人に対して、コンサルタント料などの名目で、会社から多額の金銭を支払わせるような場合が考えられる。

対価に見合ったサービスが会社に提供されたのであれば問題はない。そうでない場合、取締役の私的な利益のために、会社に一定の損害が生

じたことになる。その場合、会社が、その取締役に対して、損害賠償責任を請求することができる。これは**民事責任**の追及である（交通事故の被害者が加害者に損害賠償を請求する場合と同様である）。民事責任は私法の領域の問題である（責任が認められるかは、裁判所における立証によって決まる）。

　他方で、そうした取締役について、民事責任のほかに、**刑事責任**も問題となる（交通事故で一定の罪が成立する場合と同様である）。上記の例の場合、取締役は、特別背任という罪に問われる可能性がある。特別背任罪は、会社法 960 条～962 条において規制されている。形式的には会社法の一部である。しかし、刑事責任については、分野としては刑法の対象となる。公法か私法かの分類でいえば、公法の領域の問題である。

　なお、刑事責任と民事責任では、前者の方が裁判における立証のハードルが高い。そのため、同一の事件について、刑事責任なし（無罪）とされても、民事責任あり（損害賠償義務あり）とされることもある（よく間違われるが、民事事件において無罪という表現は誤りである）。

商取引法

(1) 取引法としての商取引法

　商法のもう 1 つの分野は、**商取引法**である。この分野は、会社や個人商人（「商人」は、商法における基本的な法律用語・概念である。**第 2 編第1章第1節 2 参照**）が取引する際のルールについて規制する。

　たとえば、A、B、C の 3 人が、3 人の名前で（連名で）、D から 300万円を借りたとしよう（A～C が、個別にいくら借りたかについて、借用書などに記載がなかったとする）。返済期限までに返済がなかった場合、Dは、誰にいくら返済を要求することができるか。

　民法においては、このような場合、A～C は、「等しい割合で」義務を負うと規定されている（**分割債務**。民 427 条）。したがって、D は、A

〜Cに対して、それぞれ100万円ずつの返済を求めることになる。このように民法は、取引に関する基本的なルールを定めている。

これに対し、商法においては、A〜Cの債務が**連帯債務**となる場合がある（商法511条1項。**第3編第1章第5節4**参照）。その場合、Dは、A、BまたはCのいずれの者に対しても、300万円全額の返済を求めることができる。ここでは、商法は、民法の特則（特別ルール）を定めている。

(2) 民法のルールとの違い

注目すべきは、民法が適用される場合と商法が適用される場合で、お金を貸したDの立場が大きく異なる点である。今回の例では、商法が適用される場合の方が、Dにとって有利である。

なぜこのように異なるのか。それは、企業取引の世界では、Dのような貸し手の権利を強く保護することによって、結果として、取引が活発に行われることにつながると考えられているからである。貸し手を保護することによって、より多くの取引がなされることが期待される。

なお、上記の例で、たとえばAからDに300万円全額が返済された場合、Dが、さらにBまたはCから返済を求めることは、当然できない。他方で、Dに全額の返済をしたAは、その後、BおよびCに対して、一定の請求ができる（連帯債務者の求償権。民442条）。

(3) 商取引法にはどのような分野が含まれるか

どのような場合に、商法が適用されるかについて、詳しくは、商法総則の分野で学ぶことになる。上述の例では、A〜Cのうちの少なくとも誰か一人が、「商行為」によって債務を負担したときに商法が適用される（「商行為」も、商法における、基本的な法律用語・概念である。**第2編第1章第1節2**参照）

商取引法の分野で中心となるのは、商法501条以下の**商行為法**の分野の規制である。その中には、一般的な商取引のルールだけでなく、運

送営業や倉庫営業といった、一定の営業形態に関する取引のルールを定めた規定も含まれている。

商取引法の分野には、これ以外に、**手形法**という分野もある。そこでは、企業取引において決済手段として利用されることが多い約束手形や小切手などに関するルールが扱われる。

実質的意義の商法

(1) 実質的意義の商法と形式的意義の商法

上記のように、商法という分野には、会社法と商取引法という2つの分野が含まれる。これに加えて、**商法総則**という分野もあり、会社と個人商人に共通するルールなどを規定している。

すでに、実質的意義の会社法と形式的意義の会社法の違いについて説明したが、それと同じように、商法という用語が使用される場合にも、実質的な意味で使用される場合（実質的意義の商法）と形式的な意味で使用される場合（形式的意義の商法）がある。

実質的意義の商法は、商法という法律だけなく、会社法や手形法という法律などを含む、一定の法分野のこと指す。これに対して、形式的意義の商法とは、商法という法律（商法典）のことを指す。条文とともに使用される場合以外は、ほぼ前者（実質的意義の商法）の意味で使われると考えてよい。

(2) 民法と区分された商法とは？

さて、冒頭で触れた問題に戻ろう。すなわち、（実質的意義の）商法を、私法の一般的なルールを定める民法とどのように区分するかという問題である。これは、難問である。

従来は、民法と商法のルールでは、法定利率や時効という重要な点についてルールが異なっていた。しかし、2017（平成29）年の民法が改正された際に、その相違はなくなった。商法の独自性をどのように説明

するかが従来よりも困難になっている。それでも、一般的には、実質的意義の商法は、企業に関する法として、一般の私人間の利害を調整する民法とは区別することができると理解されている。

たとえば、民法の領域では真の権利者の保護が優先される（**静的安全の保護**）ことが多いのに対して、商法の領域では取引の安全の保護が優先される（**動的安全の保護**）ことが多い点を両者の違いとしてあげることができるだろう（詳しくは、**第2編第1章第1節1**参照）。

したがって、とりわけ取引に関するルールについて、商法は、民法の特則を定めており、民法が一般法であるのに対して、商法は特別法の関係に立つ。

(3) 実質的意義の商法に含まれるその他の分野

実質的意義の商法には、これまで述べた、会社法、商行為法、商法総則、手形法の分野以外にも、**保険法**および**海商法**という分野がある。このうち、保険法の分野は、保険法という法律を中心に規制されている。また、海商法の分野は、商法の第三編を中心に規制されている。この2つの分野は、専門性が高いことから、本書では説明を割愛する。

さらに、株式を証券取引所に上場している株式会社（上場会社）は、金融商品取引法という法律の規制も受ける（上場会社については、Column 1-2 参照）。金融商品取引法の中には、さまざまな規制が含まれている。その中には、会社の情報開示や、株式公開付け（TOB）の規制など、会社法と関連が深い規制も多く含まれている。

商法

・商法総則

・会社法

・商取引法（商行為法・手形法＋保険法・海商法など）

● なぜ商法には削除された条文が多いのか

　商法典（形式的意義の商法）の条文を順に追っていくと、32条から500条までが削除されていることが分かる。このうち、52条から500条までは、2005（平成17）年の会社法の制定前は、現在の会社法の前身である規制が置かれていた。商法典から会社法典が独立した形である。

　このほかに、618条から683条までも削除されている。このうち、629条から683条までは、2008（平成20）年の保険法制定前は、現在の保険法の前身である規制が置かれていた。これも、商法典から保険法典が独立した形である。

　このように、商法の分野においては、頻繁に改正が行われる。たとえば、1999（平成11）年〜2005（平成17）年にかけては、7年連続で商法の改正が行われた。これは企業活動をめぐるルールについては、時代の要請に合わせた変更の必要性が高いためである。

　最近の改正で重要なのは、2017（平成29）年の民法等の改正と2018（平成30）年の商法改正である。前者においては、商法の法定利率や商事時効の制度が廃止された（平成30年改正前商法514条、522条）。後者においては、運送営業に関する規制が大幅に改正された。また、2019（令和元）年にも会社法が改正された。

　本書では、第1編として会社法、第2編として商法総則、第3編として商行為法、第4編として手形法の各分野を扱う。

第 1 編 会社法

第 1 章　　　　　　　　総　論

第 1 節　会社の意義と会社法の目的

1. 株式会社におけるおもな登場人物

　メーカーなどの製造業、銀行などの金融業、商社やコンビニなどの流通業など、普段なじみのある会社の多くは、株式会社である。会社には、いくつかの種類があるが、以下では株式会社にしぼって説明する。

　株式会社の運営には、さまざまな人物がかかわる。なかでも、会社のトップである社長は重要な役割を果たす。また、社長以外にも、多くの会社では、副社長や専務などの役職が置かれることが多い。

　では、会社の社長、副社長、専務は、法的にはどのように位置づけられるのか。実は、社長、副社長、専務という役職の名は、法律用語ではない。会社法（その目的などについては 3 以下で説明する）においては、会社の経営を担当するのは、原則として、取締役である（会 348 条 1 項、362 条 2 項 1 号参照）。大きな会社では、10 名程度の取締役が置かれることが多い。それらの取締役は、取締役会という会議体を構成し、会社の経営方針の決定（たとえば中期経営計画の作成）など、会社のかじ取りを担当する（日常用語で、経営陣と呼ばれることもある）。

　そして、それらの複数の取締役の中から、代表取締役が選ばれる（会 362 条 2 項 3 号）。したがって、会社のトップである社長は、法的には代表取締役ということになる（もちろん、社長は取締役でもある）。なお、代表取締役は 1 名とは限らない。会社によっては、2〜3 名の代表取締役を選任し、社長のほかに、副社長や会長などといった役職名をつけることがある。大きな会社においては、取締役の中に、代表取締役とそれ以外の一般の取締役という 2 つのタイプの取締役が存在している点が重要である。

では、取締役は、どのようにして選ばれるのか。株式会社では、取締役は、株主の多数決によって選ばれる。具体的には、株主の集まりである株主総会によって選任される（会329条1項）。株主とは、会社に対して資金を提供する出資者である。ごく単純にいうと、会社にお金を出した者が、会社を誰に経営してもらうかを決める仕組みになっている。

このように、株式会社において、まず、重要な登場人物として、経営を担当する取締

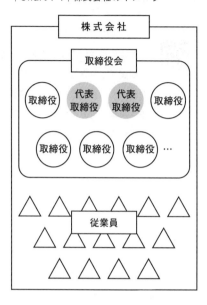

| Chart 1-1 | 株式会社のイメージ

役と、資金を提供する株主をあげることができる。では、実際に会社で働く従業員はどうか。実は、労働条件などについての従業員の保護は、会社法ではなく、主として労働法の分野において扱われる。会社法においては、従業員も、銀行や会社の取引先と同様に、会社と契約を結ぶ者の1つとして扱われる。

日本において、株式会社は、約250万社程度存在する。なじみのある有名な会社だけでなく、ベンチャー企業や町工場などの小規模な会社も株式会社であることが多い。ソニーやパナソニックのような従業員数の多いメーカーも、設立当初は小さな町工場であった。以下では、まず、小さな会社のケースを素材に、会社とは何かをみていくことにする。

2. 個人企業と株式会社

 Case 1-1　Aは、小さい頃からの夢だったパン屋をはじめたいと思っている。Aが調べてみたところ、大規模なチェーン店だけでなく、小規模なお店でも、株式会社という名前が付いていることが分かった。そこで、Aは、自分がはじめるパン屋も株式会社にした方がよいのか迷っている。

ちなみに、Aの自己資金は600万円である。しかし、Aが計画しているパン屋をはじめるには、最低でも1500万円が必要である。

　一般に、経済的に儲け（利潤）を得る目的で活動する主体のことを企業と呼んでいる。企業の中には、会社のほかに、個人が経営する個人企業も含まれる。企業の方が会社よりその対象が広い概念である。

　Case 1-1 のAが調べたように、日本では、会社という形態で事業を営んでいる企業が非常に多い。なぜ会社という制度（仕組み）が広く利用されているのか。それは、会社、なかでも株式会社は、個人企業と異なって、以下のようなメリットがあるからである。

【資本の集中】

　第1に、**資本の集中**である。個人1人の資金力には限界がある。資金を調達するうえで、1人の資力に依存するのではなく、複数の者が出資者となり資金を出し合う方が、より大規模に経営することが可能となる。株式会社については、複数の者が資金を出しやすくするための仕組みが用意されている。

　Case 1-1 において、Aは、①不足する900万円の資金について、全額を銀行から借り入れて、パン屋をはじめることも考えられる。しかし、

それだけの融資に応じてくれる銀行をみつけるのは容易ではないかもしれない。また、銀行から借りた場合、返済期限が来れば返済しなければならない。

これに対して、Aは、②株式会社という制度を利用することもできる。たとえば、友人のBに300万円、Cに100万円を出資してもらって、Aの資金と併せて1000万円を出資金として株式会社を設立することができる（設立の手続については、**第7章参照**）。この場合、銀行から借り入れるのは500万円だけで済む。

なお、会社の設立にあたっては、会社の名称（商号）をつけなければならない（たとえば、○○ベーカリー株式会社。商号については、**第2編第2章参照**）。

②の場合、Aに加えて、BとCが新たに設立された○○ベーカリー株式会社の株主ということになる。株主には、出資と引き換えに株式が与えられる。 Case 1-1 の場合、たとえば、1株を1万円として、Aに600株、Bに300株、Cに100株の株式が発行される（株式について、詳細は**第6章参照**）。

ここで、重要なことは、○○ベーカリー株式会社の経営が順調で儲けが出た場合、BやCは、その分け前を受け取ることができることである（利益の配当。**第5章第3節3参照**）。これが、株式会社を利用することの利点である。株式会社は、営利性を目的としており、その儲けを出資者に配分することを目的としている（**4参照**）。

BやCの立場からすれば、単にお金をAに貸した場合には、一定の約束された利息しか手にすることができない。これに対して、株式会社への出資という形をとると、会社が得た儲けの分け前を受け取ることができ、これは一定の約束された利息を上回ることも多い。このような分け前を受け取ることができるので、BやCは株式会社に出資しようと考えるわけである（**第2章第1節参照**）。

【危険の分散】

第2に、**危険の分散**である。経営にはそれに相応するリスクが存在する。経営が成功して利益が発生することもあるが、逆に、経営が失敗して多額の損失が発生することもある。株式会社においては、出資者は最初に出資した額までしか損失を負担しないというルールがある。このルールによって、出資者のリスクは限定的なものとなる。

たとえば、 Case 1-1 において、②のようにパン屋を株式会社としてはじめた場合、かりに、経営が失敗して、銀行に500万円の返済ができない状況になったとしても、返済義務を負うのは、A〜Cではなく会社である。

A〜Cは最初に出資した額については、あきらめざるを得ないが、その金額を超えて、個人的に債権者に返済義務を負うことはない。これを、**株主有限責任の原則**という（詳しくは、**第2節【有限責任社員と無限責任社員】**参照）。

これに対して、①のように、Aが個人でパン屋を経営する場合、Aは、最初に準備していた自己資金である600万円以外にも、個人的に銀行に対して返済義務を負う。

ここで、重要なのが、銀行のように会社に金銭を貸し付ける債権者という存在である。（会社）債権者は、会社法における重要な登場人物の1つである。

かりに、ある銀行（債権者）がパン屋に対して金銭を貸し付けた場合、①のように、パン屋がAの個人企業である場合、Aに対して個人的に返済を求めることができる。これに対して、②のように、パン屋が株式会社である場合、銀行は会社に対してのみ返済を求めることができ、A〜Cに対して個人的に返済を求めることはできない。結果として、②の場合、債権者である銀行も株主であるA〜Cとともにリスクを負担するという仕組みになっている。

【企業の維持】

　第3に、**企業の維持**である。ヒトが永続的に生きることはできない。これに対し、会社は、後述のように法人とされ（会3条）、会社として権利義務の主体となることができるので（4参照）、株主や取締役の死亡といった事情にかかわらず、経営を維持することができる。

　Case 1-1 においては、設立の当初は、会社の経営を担う社長（代表取締役）として、Aが選任されることになるだろう。その後、Aのはじめたパン屋が大きく成功し、扱う商品も増えて、日本全国に支店のある大規模なチェーン店になったとする。かりにパン屋がAが経営する個人企業であれば、Aの体力が弱ってきた場合にそこでおしまいである。これに対して、株式会社であれば、社長を交替することで、円滑に経営が維持できる。なお、その時点では、証券取引所に株式を上場し、上場会社（Column 1-2 参照）となって、株主の数も増大していることが想定される。

3. 会社法の目的

　なぜ会社法という法律による規制が必要なのか。それは、会社をめぐる関係者の利害を調整する必要があるからである。といっても、会社法は、会社に関するすべての利害を調整するわけではなく、会社の「管理や運営」に関する利害を調整する（会1条。それ以外の、たとえば従業員と会社の利害調整は、労働法によって規制される）。会社法における関係者のうち、中心となるのは株主と取締役である。

【株　主】

　株主は、会社の出資者である。株式会社の設立の際に資金を提供すれば、株主となる。会社の出資者は、会社を構成する構成員であり、略して**社員**と呼ばれる。社員というと、一般的には会社で働く従業員がイメ

ージされるが、会社法においては出資者を指す。したがって、株式会社
では「社員」＝「株主」となる。

　このように、株式会社は、株主の出資に基礎をおいているため、株主
は会社の所有者だといわれることもある。もっとも、民法における所有
権とは、その意味は異なっている。

　株主は、会社に儲けが生じた（または損失が発生した）場合に、どれだ
けの分け前を得られるのか（またはリスクを負担するのか）について利害
関係を有する。それと関連して、株主は、誰に会社を経営してもらうか
について利害がある。

　なお、株式会社に対する出資金について、株主の側から会社に対して
返還を求めることはできない（これに対して、会社の側から株式を有償で
取得すること〔自己株式の取得〕は可能である。**第6章第5節**参照）。

　そのため、株主が資金を回収するためには（これを**投下資本の回収**とい
う）、その地位を譲り渡すことが必要となる。株主であった者から、そ
の地位を譲り受けた者が次の株主となる。たとえば、新たに、証券市場
で株式（株式について、詳細は**第6章**参照）を購入することによって株主
となる。

【取 締 役】

　取締役は、会社の経営を担う。取締役は、一般の従業員とは異なる特
別な地位を有している（従業員のように会社と雇用契約を結んでいるので
なく、委任契約を結んでいる。**第3章第2節1**参照）。取締役は、もともとは、
株主から任されて経営を担っているが、いざ実際に経営するとなると、
取締役自身がやりやすいように、できるだけ制約なく経営したいと考え
ている。そのため、取締役は、経営を行ううえでどのような手続をふま
なければならないかについて利害関係を有する。

　なお、取締役の中には、上述のように（1参照）、代表取締役とそれ以
外の一般の取締役の2つのタイプが存在する。この分類と異なる分類

として、取締役が社内出身か社外出身かの区別もある。社外出身である取締役は**社外取締役**と呼ばれる（詳細は、**第3章第2節1**参照）。

【株主と取締役との利害の調整】

　会社法の目的は、単純化すると、株主と取締役の利害を調整することである。大規模な会社で、出資者である株主の数が増えると、実際上、株主同士が話し合って自ら経営していくことは不可能である。そのため、株主は、取締役に会社の経営を任せることが前提とされている（所有と経営の分離）（**第3章**参照）。

　しかし、株主と取締役の利害は対立することがある。たとえば、取締役は、会社をより柔軟に（制約なく）運営しようとして、委託者である株主の利益を後回しにしたり、また、取締役自身が高額な報酬を受け取ることによって、会社の利益（最終的には株主の利益）を減らす可能性がある。会社法は、そのような場合に対応して、株主の利益を保護するために、取締役を規律づけるための規制を用意している（会361条など。詳細は、**第3章第5節**参照）。

【（会社）債権者】

　債権者も会社に対して利害関係を有している。会社の債権者とは、たとえば、会社に資金を貸し付ける銀行や、会社に商品を納入してその代金を請求する取引先がその典型である（会社の従業員も雇用契約に基づく債権者である）。

　会社の経営がうまくいかなかった場合、貸したお金が約束通りに返済されなかったり、売買代金を支払ってもらえない可能性がある。そのため、債権者は、会社の運営について利害関係を有する。

　株主と債権者は、会社に対して資金を提供するという点では同じであるが、債権者に対しては、会社は、その債務を返済する必要があるのに対して、株主から提供された資金（出資金）については、会社は返済す

る必要がないという点で異なっている。

| Chart 1-2 | 株主と債権者の利害状況の比較

会社の業績	好調なとき	倒産直前のとき
株主の利害	会社の業績に比例して配当が増加することを期待できる	会社に残された財産がほとんどないため、変化なし
債権者の利害	（契約通りの利息が得られるので）変化なし	業績に比例して貸倒れのリスクが増加する

　こうした相違があることから、同じように資金を提供しているのに、株主と異なり、債権者は、取締役を選任することはできない。
　なお、利害の調整という点では、債権者と株主との間にも利害の対立の可能性がある。これに関する規制としては、たとえば、利益配当の場合がある（**第5章第3節参照**）。また、債権者と取締役との間にも利害の対立の可能性がある。これに関する規制として、取締役の第三者に対する責任についての規制（会429条1項）がある（**第3章第8節参照**）。

4. 会社の特徴（営利性・社団性・法人性）

　会社は、**法人**である（会3条）。すなわち、共同企業としてのメリットを受けるためには、会社が、ヒトと同じように権利義務の主体となる必要がある。そのため、会社は、法が特別に認めたヒトとして扱われる。会社は、法人格を有するともいわれる。
　また、会社の特徴として、ヒトが集まって形成される**社団**であることがあげられることが多い。社団の対義語は財団であり、財団は財産の集合である。もっとも、現在では、社員が1名であることも認められており、社団であることを強調する意義は薄れている。
　さらに、会社の特徴として、**営利性**があげられる（1参照）。営利を目

的としない協同組合などの非営利法人（これらは出資者や組合員の相互扶助を目的とする）と異なり、会社は、事業活動により儲けを得て、それを出資者に分配する仕組みになっている（会 105 条 1 項 1 号・2 号、621 条 1 項・2 項、666 条。商法総則における営利の概念について、**第 2 編第 1 章第 1 節 2** 参照）。

5. 会社法の法源など

　会社法分野における法令には、会社法、会社法施行規則、会社計算規則などがある。会社法が制定されたのは、2005（平成 17）年である。それ以前は、商法の第 2 編において現在の会社法に相当する内容が規定されていた。

　2005（平成 17）年会社法制定によって、それまでの有限会社の制度は廃止されて、株式会社に統合されることになった（それまであった有限会社は、特例有限会社として存続することもできる）。制定前は、株式会社の取締役は 3 名以上必要で、必ず取締役会を設置しなければならなかった。現在は、取締役会の設置は任意であり、設置しない場合には、取締役は 1 名でもよい（会 326 条 1 項）。家族のみで営まれる非常に小規模なものから、グローバルに活動する大企業まで、株式会社の実態は幅広い（**Column 1-4** 参照）。

Column 1-1

● 会社法の改正

　会社法に関するルールは、商法の時代から頻繁に改正されてきた。なぜ頻繁に改正されるのか、それは、ごく単純化していうならば、時代の要請に合わせるためである。

　たとえば、かつては株式会社を設立するためには、最低資本金として 1000 万円必要であった。しかし、起業しようとする者にとって、1000

万円という金額はハードルが高い。そこで、2005（平成17）年の会社法の制定時に、最低資本金制度は廃止された。このように、規制緩和の観点から改正されることがよくある。

　直近では、2019（令和元）年に、会社法の改正がなされ、一定の大会社について社外取締役の選任が義務づけられた（会327条の2）。

第2節　会社の種類

【会社法上の会社とは】

　これまで、株式会社にしぼって説明してきたが、実は、会社法における会社は4種類ある。株式会社のほか、合名会社、合資会社および合同会社である（会2条1号）。

　会社の種類が異なると、会社の運営の方法が異なる。また、会社の経営状態が悪化した場合に、出資者が最初に出資した額を超えて損失を負担するか否かについて、違いがある。

　合名会社、合資会社および合同会社の運営については、共通することも多いことから、会社法は、これら3つの会社をまとめて、**持分会社**と呼んでいる（会575条以下）。

【有限責任社員と無限責任社員】

Case
1-2

　甲社の設立にあたり、Aが600万円、Bが300万円、Cが100万円を出資したとする。さらに甲社が、乙銀行から、3年の期限で、500万円を借りたとする。ところが、甲社が、その後、経営に失敗し、3年後の資産が0円となり、乙銀行は、甲社から貸付金の返済を受けることができなくなった。

乙銀行は、甲社の社員であるA〜Cに対して、返済を求めることができるか。

　株式会社の最大の特徴は、社員である株主が、最初に出資した額までしか損失を負担しないというルールである（会104条）。これは、**株主有限責任の原則**（第1節2【危険の分散】参照）と呼ばれる。

　甲社が株式会社であれば、乙銀行は、A〜Cに対して、返済を求めることはできない。 `Case 1-2` の事例では、甲社の設立当初の資産は、出資金と借入金をあわせて、1500万円であったところ、3年後に0円になってしまった。この場合、甲社の株式の価値もほぼ0円となる。そのため、A〜Cは、最初に出資した600万円・300万円・100万円について、他の者に株式を譲り渡すことによって、資金を回収することはできない（ほぼ0円の価値しかない株式を買ってくれる者は誰もいないからである。これは、A〜Cが、それぞれの出資額に応じた責任を負うことを意味する）。

　しかし、株式会社では、A〜Cが、それぞれの出資額を超えて乙銀行に対して責任を負うことはない（会104条）。このように、株主の責任が、出資額の範囲に限定されることを、社員（株主）は有限責任を負うと説明される。

| Chart 1-3 | 有限責任のイメージ

　甲社が合同会社の場合も、株式会社の場合と同様に、A〜Cは、有限責任しか負わない（会576条4項、580条2項）。有限責任しか負わない社員は、**有限責任社員**と呼ばれる。

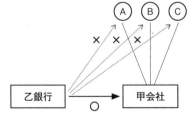

　これに対して、甲社が合名会社であれば、乙銀行は、A〜Cに対して、個人的に返済を求めることが

できる。A〜Cは、連帯して、乙銀行に対して弁済する責任を負っている（会580条1項）。そのため、乙銀行は、A〜Cに対して、出資額の比率による額ではなく、誰に対しても、出資額を超えて500万円の返済を求めることができる（連帯債務について、民432条参照）。このことを、社員は無限責任を負うと説明し、その社員のことを**無限責任社員**と呼んでいる（会576条2項参照）。

　合資会社には、有限責任の社員と無限責任の社員の両者が存在する（会576条3項、580条2項）。

| Chart 1-4 | 会社の種類と社員の種類等

会社の種類		社員の種類	実数（令和元年の税務統計による）
持分会社	合名会社	無限責任社員	約3000社
	合資会社	無限責任社員・有限責任社員	約1万4000社
	合同会社	有限責任社員	約11万3000社
株式会社		株主は有限責任	約254万5000社

【株式会社の分類】

(1) 規模による分類

　株式会社の中にも、いくつかの分類がある。まず、その規模によって、大会社とそれ以外の会社に分類される。会社を規模で区分する場合、売上高や従業員数を基準に区分することも考えられるが、会社法は、資本金および負債の額を基準として分類する。

　まず、資本金の額が5億円以上の会社が**大会社**とされる。もっとも、資本金の額は、会社自身が決定することができるので、意図的にその額を少なくした場合、実態は大きな会社であるのに大会社に分類されないことがあり、具合が悪い。そこで、負債の合計金額が200億円以上の

場合（負債の額は、資本金の額と異なり会社が意図的に少なくすることは難しい）にも、大会社として分類される（会2条6号）。

(2) 株式の譲渡性による分類（公開会社と非公開会社）

公開会社と非公開会社の区分もきわめて重要である。これは、会社が発行する株式について、自由に譲渡できるか、それとも、譲渡する場合に会社の承認が必要となるか、という株式の譲渡性に着目した区分である。

本来、株式は、自由に譲渡することが許されるべきである（株主が資金を回収するために必要だから。詳しくは、**第6章第4節**参照）。しかし、会社法は、自由に譲渡することができない株式を認めている。このような株式を**譲渡制限株式**と呼ぶ（会2条17号）。

そして、会社が発行する株式の全部が譲渡制限株式でないか、または、一部が譲渡制限株式でない会社を**公開会社**と定めている（会2条5号）。公開会社でない会社は、一般に、**非公開会社**と呼ばれる。非公開会社は、会社が発行する株式の全部が譲渡制限株式である会社ということになる。譲渡制限株式と譲渡制限株式でない株式の両方を発行する会社は、公開会社である点がポイントである。

【発行する株式の種類と会社の種類】

発行する株式の全部が譲渡制限株式でない ─┐
発行する株式の一部が譲渡制限株式でない ─┼─▶ 公開会社
（＝発行する株式の一部が譲渡制限株式である）─┘

発行する株式の全部が譲渡制限株式である ───▶ 非公開会社

● 上場会社と非上場会社

　上場会社や証券取引所という言葉を耳にしたことがあるだろう。証券取引所とは、株式を売買する市場（証券市場）を運営する主体であり、日本では、東京証券取引所をはじめとして、札幌、名古屋、福岡の4つの証券取引所が存在する。

　株式を売買したいと思う場合、条件に合う売手や買手を自分で見つけ出す（これを相対取引という）ことは簡単ではない。そこで、スムーズに株式の売買ができるように、証券市場が存在する。株式を売買したい場合には、証券会社を通じて証券取引所に注文を出すのである。多くの売手と買手の注文が集まることにより、利便性が高まる。

　もっとも、すべての株式会社の株式が証券取引所で売買されるわけではない。会社の規模などの一定の要件を満たした会社の株式のみが、証券取引所で売買されることが許される。これを株式が上場されるといい、その株式を発行する会社のことを**上場会社**と呼んでいる。

　上場することにより、株式の売手と買手が集まりやすくなって、株式の買手をみつけることが容易になるので、会社が資金を調達する際にメリットがある。このほか、上場することにより、会社の知名度があがり会社の信用力が増す（従業員の募集もしやすい）といった効果も期待される。

　日本の上場会社の数は、約4000社程度である。上場会社は、会社法以外に、金融商品取引法（「金商法」と略される）という別の法律によっても規制される。

　経済用語では、公開会社という用語を上場会社と同じ意味で使用することもある。株式を上場するという意味で、株式を公開するということもある。しかし、会社法上の公開会社は、上場の有無には関係なく、譲渡制限株式を発行しているか、発行していないかによる区分である点に

注意が必要である。

(3) 親会社・子会社

　重要な概念として、**親会社**および**子会社**という概念がある。たとえば、乙社の発行する株式が 1000 株であるとし、

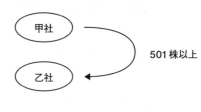

501 株以上

そのうち、501 株以上を甲社が保有している場合、甲社は、乙社の経営を担当する取締役を、甲社の思い通りに選任することできる（取締役の選任について、**第 3 章第 2 節 1** 参照）。このような場合、甲社は乙社の親会社、乙社は甲社の子会社にあたる（会 2 条 3 号・4 号、会社則 3 条）。

　さらに、甲社が、乙社が発行する株式の全部である 1000 株を保有している場合、甲社は乙社の完全親会社、乙社は甲社の完全子会社であるという（会 847 条の 2 第 1 項ただし書、会社則 218 条の 3）。

　より正確には、ある会社が親会社・子会社に該当するか否かは、その会社を実質的に支配しているか否かによって決まる。たとえば、上記の例で、甲社が乙社の株式を 450 株しか保有していなくても、甲社と緊密な関係を有する者が乙社の株式を 100 株保有している場合などは、甲社は乙社の親会社となる（会社則 3 条 3 項 2 号）。

● 持株会社

Column 1-3

　○○ホールディングス株式会社という名前の会社を耳にすることが多い。こうした会社は、通常、自らは親会社として、その子会社の管理を専門的に行う。そうした会社のことを**持株会社**と呼んでいる。

　親会社である持株会社自体も一定の事業活動を行うこともあり、その場合、**事業持株会社**と呼ばれる。これに対して、自らが対外的な業務活動を全く行わない場合もあり、その場合、**純粋持株会社**と呼ばれる。

甲社と乙社が経営統合する際に、両社が合併するのではなく、親会社として持株会社が設立され、甲社と乙社が、その持株会社（たとえば、甲乙ホールディングス株式会社といった名称となることが多い）の完全子会社となることも多い（株式移転。第9章第1節参照）。

● 株式会社の多様性

　　株式会社の中には多様なタイプがある。一方の極に、数万人規模の従業員を雇用し、グローバルに展開する大規模な会社がある。このような会社の多くは、上場会社であり、株主の数も多い。他方の極として、家族や親族のみで経営する小規模な会社がある。このような会社では、株主は少数で（1人のこともある）、会社の取締役が同時に株主でもあることが多い。家族や親族のみで経営される会社は、一般用語として、**同族会社**と呼ばれる（なお、法人税法上は、同族会社の定義が定められ〔同2条10号〕、特別に規制される）。

　　このように、株式会社といっても、その実情は、多様であることに注意が必要である。株式会社では、所有と経営が分離していると説明されることもある。すなわち、会社の所有者ともいわれる株主と、経営者である取締役が分かれているということである。確かに、制度上は、株主が株主としての資格で経営することはできない。しかし、小規模な会社では、株主が取締役として選ばれているケースも多く、事実上、実質的に所有と経営が分離していないことも多い。

　　また、株主有限責任の原則についても、小規模な会社に貸付を行う銀行は、会社が借りた債務について、取締役かつ株主である個人に対して、個人保証を求めることも多い。その場合、会社が債務を返済できない場合、取締役かつ株主である個人に対して返済を求めることができるため、実質的にみると有限責任とはいえない場合も少なくない。

第3節　株式会社の機関

【機関総論】

　株式会社について学ぶうえで、もっとも重要な概念が会社の機関である。株式会社は法人である（**第1節4参照**）。法人はヒトではないため、会社自体の心や手足（肉体）はない。

　では、どのようにして会社は意思決定や行為をするのか。言い換えると、誰の意思決定が会社の意思決定や行為として扱われることになるのか。

　1つの考え方は、会社のトップである社長の行為を、会社という法人の行為であるとみなすことである。実際、会社法においては、代表取締役という地位にあるヒトの行為が会社の行為として扱われる（**第3章第2節2参照**）。

　他方で、部活動やサークルにおける意思決定が、それぞれの集会において多数決によって決定されるように、株主の集会である株主総会の多数決による決議が、会社の意思決定であるとされることもある。

　このように、代表取締役や株主総会といった、一定の地位のヒトや一定の集団の行為や意思決定が、会社の行為や意思決定として扱われる場合、そのヒトや集団を会社の**機関**と呼んでいる。

【機関の種類】

　機関の種類にはどのようなものがあるか。まずは、会社法上の大会社である公開会社における典型的な例を紹介する（2つの委員会型の会社については、**第4章第3節参照**）。

（1）株主総会

　株主総会とは、株主によって構成され、会社の意思を決定する機関で

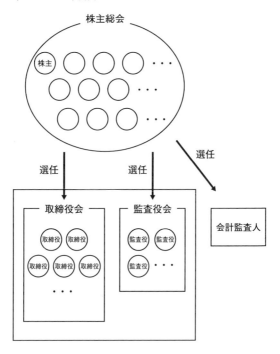

| Chart 1-6 | 機関のイメージ

ある。イメージとして、部活動やサークルの集会などを思い浮かべれば
よい。株主総会においては、会社の経営を担当する取締役の選出が行わ
れる（会329条1項）。部活動やサークルの部長や幹部が、それらの集
会で選出されるのと同様である。

(2) 取締役・取締役会・代表取締役

　取締役は、株主総会によって選任され（会329条1項）、取締役会の
一員として会社の経営を担う（会362条2項）。取締役会は、3名以上の

取締役から構成される取締役の会議体である（会331条5項）。取締役会の決議によって、取締役の中から代表取締役が選定される（会362条3項）。

なぜ**取締役会**という会議体を設ける必要があるのか。詳しくは**第3章**で学ぶが、ここでは、重要な経営事項を決定する場合、社長などの代表取締役のみの判断によるのではなく、一定の集団で議論したうえで決定する仕組みになっていると説明しておく（会362条4項参照）。部活動等においても、重要な事項については、部長が独断で決定するのではなく、幹部会や役員会といった集団で議論し、決定することが通常であろう。

なお、**代表取締役**は、社長、CEO、頭取といった会社独自の名称で呼ばれることが多い（これらの名称は、法律用語ではない。**第1節1参照**）。また、代表取締役は、1名ではなく複数の場合もある（たとえば、社長だけでなく、会長や副社長も代表取締役のことがある）。

(3) 監査役・監査役会

取締役が、常に適法に行動するとは限らない。そのため、取締役の行動をチェックする必要がある。その役割を担うのが、**監査役**である。

経営を取締役に任せているのは株主なのであるから、株主自身に取締役の行動をチェックさせることも考えられる。しかし、大規模な会社では、一般的な株主がその役目を果たすことは難しい。株主には専門的な知識がないことも多いし、また、かりにそのような役目を果たしても、株主が直接的に経済的なメリットを受けることはないため、株主としては手間をかけたとしてもコストに見合わないからである。

監査役も取締役と同じように、株主総会によって選任される（会329条1項）。その職務は取締役の職務の執行を監査することである（会381条1項）。

会社が大規模になると、監査役は複数いた方がよい。また、監査役が、かつてその会社の従業員であった者だけの場合、チェックが甘くなるか

もしれない。そこで、監査役会という制度が用意され、監査役会を置く場合には、社外出身である社外監査役の選任が義務づけられる（会335条3項）。

（4） 会計監査人

　会社が大規模になると、取引の数が増える。また、その種類も売買契約、雇用契約、貸付契約などさまざまとなり、会社の経理（会計）は複雑になる。取締役のチェック役である監査役が常に会計のプロであるとは限らない。そこで、監査役とは別に、特に会計の専門家である公認会計士・監査法人を、会計に関するチェック役として選任する制度が用意されている（会337条1項）。会計監査人も取締役、監査役と同じように、株主総会で選任される（会329条1項）。

【機関設計に関するルール】

　株式会社の規模は、大きなものから小さなものまでさまざまである。機関設計に関するルールは、かなり自由度が高く、会社がそれぞれのニーズに合わせて、定款で定めることになっている（会326条2項）。

　以下では、機関設計に関するルールのうち、公開会社を中心として紹介する。なお、会計参与という機関（会374条以下）もあるが、ほとんど利用されていないため、本書では説明を省略する。

① **株主総会は必須**

　株式会社において、株主総会は必ずある機関である。

② **取締役は必須**

　株式会社には、1人または2人以上の取締役を置かなければならない（会326条1項）。

　上述のように、会社は、それ自体に心や手足（肉体）はない。そこで、会社の経営を担当するヒトを選ぶ必要がある。

出資者である株主自らが経営すればよいようにも思われるが、会社法は、株主が株主としての資格に基づいて、直接経営することを認めておらず、取締役の選任を義務づけている。制度上、所有と経営を分離させる仕組みとなっている。

③　公開会社は取締役会を置かなければならない

公開会社（第2節参照）では、株式が譲渡される可能性が高く、株主が頻繁に交替する可能性が高い。そのため、専門的でかつ複数の者によって経営されることが必要である。このため、公開会社は取締役会を置かなければならない（会327条1項1号）。

④　取締役会設置会社は監査役を置かなければならない

取締役会を置く会社は、比較的大規模な会社が多いと想定されている。そのため、取締役による経営をチェックするために、監査役を必ず置かなければならない（会327条2項）。なお、大会社のうち、公開会社については、複数の監査役を置く必要が高いと考えられている。そのため、公開会社である大会社は、監査役会を置かなければならない（会328条1項）。

⑤　大会社は会計監査人を置かなければならない

大会社では、経理が複雑となるため、会計の専門家である会計監査人を必ず置かなければならない（会328条1項・2項）。

以上が、機関設計に関するルールのうち、最も重要なルールである。実は、これ以外にも複雑な規制が設けられている。もっとも、大会社である公開会社の場合、選択肢は3つしかない。すなわち、監査役会設置会社（株主総会に加えて、取締役会、監査役会および会計監査人が設置される）のパターンに加えて、後述の2つの委員会型の会社である（**第4章第3節**参照）。まずは、監査役会設置会社を念頭におけばよいであろう。

● 取締役会設置会社

　取締役会設置会社というのは、文字通り、取締役会を置く会社のことである。法律の定義上は、取締役会を置くことが強制されている会社および任意で取締役会を置いている会社のことを、**取締役会設置会社**と呼ぶ（会 2 条 7 号）。

　ある会社が、公開会社であれば、必ず取締役会設置会社となる。これに対して非公開会社の場合には、取締役会を任意で置くことにより取締役会設置会社となることもあるし、取締役会を置かないことも許される。

　なお、本文で述べたほかに、大会社でかつ公開会社以外の場合には、機関設計の選択肢は増える。そのうち典型的なのは、株主総会に加えて取締役会と監査役を設置するパターン、または、株主総会と取締役のみというパターンである。

第2章　株主と株主総会

第1節　株主の権利（自益権と共益権）

【株主とは】

　この章では、株主の権利と株主総会について説明する。

　株主とは、会社の出資者である。会社が設立される際などに、会社に資金を提供することによって、または、すでに株主である者から株式（株式については、**第6章参照**）を譲り受けることによって、株主となる。

【自益権】

　それでは、何のために株主になるのだろうか。1つの答えは、会社に出資する見返りに配当（リターン）を得ることができるからである。

　甲株式会社を設立するにあたり、Aが600万円、Bが300万円、Cが100万円を出資し、Aが600株、Bが300株、Cが100株の甲社の株式を有している。

　設立から1年後に、甲社に50万円の儲けがあった場合、この儲けはどのように扱われることになるのか？

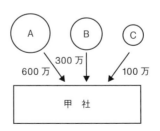

甲社が1年間かけて儲けた50万円について、次年度の事業活動のために備えることも考えられる（これを**内部留保**という。**第8章第1節**参照）。他方で、50万円を、利益の配当として、A～Cに分け与えることも考えられる（インカムゲインと呼ばれる）。もちろん、50万円全額でなく、たとえば、10万円を内部留保とし、残りを株主に配当することもできる。

　実際に配当がなされるためには、原則として株主総会の決議が必要である（会454条。詳細は、**第5章第3節3**参照）。たとえば、10万円を配当する場合、株主であるA～Cは、それぞれが保有する株式の数（持株数）に応じた配当（Aが6万円、Bが3万円、Cが1万円）を受ける権利を有する（会105条1項1号）。これを**利益配当請求権**という。

　なお、株主になる理由としては、配当を得ることでなく、株式の価値が上昇した際に、たとえば1株あたり1万円から1万3000円に上昇した際に、これを売却することによって得られる利益（キャピタルゲインと呼ばれる）を目的とする場合もある。株式の価値が上昇する理由として、たとえば、一定の配当が見込まれる場合に、その株式を保有したいと考える者が増えるケースが考えられる。

　また、株主は、利益配当請求権のほかに、**残余財産分配請求権**という権利も有する（会105条1項2号）。すなわち、会社が解散して（会641条）、清算手続が行われる場合（会644条1号）、清算人は、会社の残余財産（債権者に債務を返済した後に残った財産）の分配を行う（会649条3号。資産と負債について、**第5章第2節2**参照）。その際に株主は、会社に残余財産があれば、それについて、株式数に応じた分配請求権を有する。

　利益配当請求権と残余財産分配請求権は、会社から経済的な利益を受けることを目的とする点で共通点がある。そのため、これらの2つの権利は、株主の**自益権**として分類される。

【共 益 権】

株主の権利には、会社の経営に参加することを目的とする権利もある。これは、自益権と対比して、**共益権**として分類される。

共益権の中で最も主要なものは、**株主総会における議決権**である（会105条1項3号）。会社の経営に参加するといっても、株主が直接経営にたずさわるわけではない。会社を経営するのは、取締役である（会社法の第3章第1節参照）。株主は、取締役を選任する場面において、出資した割合に比例して議決権を有しており、多数決により取締役を選ぶのである（会329条1項）。

このほかの共益権として、取締役の行動を監視するためのさまざまな権利（**監督是正権**と呼ばれる）がある。

共益権の中には、株主が単独で行使できるもの（これを**単独株主権**と呼ぶ）と、一定割合以上または一定数以上の株式を有する株主のみが行使できるもの（これを**少数株主権**と呼ぶ）がある。

前者の例として、株主総会における議決権のほかに、株主代表訴訟提起権という権利がある（会847条）。取締役が任務を怠って会社に対して損害を与えた場合（たとえば、取締役が、自らの思い込みに基づいて新規事業に参入して失敗した場合など）、会社は取締役に対して損害賠償を請求することができる（会423条）。そして、会社がこの請求権の行使を怠っている場合には、会社の株主が、会社に代わって取締役の責任を追及する訴訟を提起することができる（株主代表訴訟。詳しくは、**第3章第7節2**参照）。

後者の例として、会社の会計に関する帳簿の閲覧を請求する権利がある（会計帳簿閲覧請求権）。この場合、会社が発行している株式（発行済株式）の3％以上の数の株式などを有する株主が、この権利を行使することができる（会433条）。

たとえば、甲社の発行済株式が1万株であれば、300株以上の株式を有する株主が請求することができる。なお、その場合、数名の株主が共

同で請求しても構わない（たとえば、A、B および C がそれぞれ甲社の株式を 100 株ずつ有する場合、A、B および C が共同で請求してもよい）。

【株主の権利の分類】

自益権

・剰余金配当請求権（105 条 1 項 1 号）

・残余財産分配請求権（105 条 1 項 2 号）

・株式買取請求権（469 条など）など

共益権

・株主総会における議決権（105 条 1 項 3 号）

・株主代表訴訟提起権（847 条）

・会計帳簿閲覧請求権（433 条）

・株主総会における株主提案権（303 条〜305 条）など

● 株主の義務

本文では株主の権利について説明した。では、株主の義務についてはどのように定められているか。株主の義務は、出資義務のみである（株主有限責任の原則。詳細は、**第 1 章第 2 節**参照）。厳密にいうと、出資義務を果たして株主になるのであるから、株主となる予定の段階で義務がある（会 104 条）。

なお、会社に対する出資は株式会社の基礎をなすものであり、確実になされる必要がある。そのため、厳格なルールが定められている（会 208 条 3 項など、詳細は、**第 7 章第 2 節**参照）。

第2節　株主総会の意義と権限

【なぜ株主総会の運営方法について規制されるのか】

　株主総会とは、株主によって構成され、会社の意思を決定する機関である。株主総会の招集の手続や決議の方法（運営方法）は、会社法で詳細に規制されている。

　なぜ、法律で株主総会の運営方法が詳細に規制されているのか。1つの理由は、株主総会に参加する株主を保護するためである。それと同時に、株主総会の運営を円滑かつ柔軟に行いたいという取締役の事情も考慮される。

　たとえば、公開会社では、株主総会を開催するにあたり、株主に日時や場所などを記載した招集通知を送付する（会299条4項）。そして、この招集通知は、株主総会が開催される日の2週間前までに、株主に対して送付しなければならない（同条1項）。

　このように、2週間前という期間（招集期間）が法律で定められているのはなぜか。それは、株主総会に参加する株主と株主総会を運営する取締役の利害を調整する必要があるからである。

【株主と取締役の利害調整】

　招集通知を受ける株主からみれば、招集期間は長い方が好ましい。なぜなら、株主は、株主総会でどのような事項が審議されるのか早く知ることによって、自分が賛成するか反対するかを考える時間を確保できるからである。株主自身のスケジュールを早めに確定させることもできる。

　他方で、招集通知を送付する取締役からみれば、招集期間は短い方が好ましい。なぜなら、株主総会で何を議論し、どのような提案をするかについて決定するタイミングをできるだけ遅くできるからである。たとえば、株主に具体的にいくら利益を配当するかについて、最新の状況に

応じて柔軟に決めることができる。また、招集通知に記載すべき事項について誤りがないかを、時間的に余裕をもって点検することもできる。

このように、株主と取締役の利害は対立する。どこかで線を引かなければならない。そこで、会社法は、招集通知を少なくとも2週間前までに送付させるという招集期間に関する規制を通じて、株主を保護するとともに、株主総会の運営の柔軟性についても考慮している（かりに招集期間が2週間ではなく2か月前だと、取締役の負担が大き過ぎる）。

【規制に違反した場合】

それでは、この規制に違反した場合にはどうなるか。その場合についても会社法が定めを置いている。たとえば、招集期間が足りなかったという手続ミスの場合、株主は、株主総会決議取消しの訴えを裁判所に提起できる（会831条）。

このように、会社法の規制は、おおむね、いわばノーマルな事例についての規制と、それが守られなかった場合のいわばアブノーマルな事例についての規制に分けることができる。何がアブノーマルなのかを見分けるためには、まず、ノーマルな規制を知ることが必要である。以下では、基本的に、第6節まではノーマルな規制を、第7節でアブノーマルな規制について述べる。

【株主総会の権限】

株主総会では、何を決定するのか。株主総会のような機関が、法律上一定の事項について決定することができる場合、その事項を決定する権限を有しているという。ここで重要な点は、決定権限のある事項についてのみ、株主総会が決めることができるということである。かりに株主総会が権限を有していない事項について決定しても、それは法的には意味がない。

株主総会の権限について、取締役会設置会社（column 1-5 参照）では、

株主総会は、会社法で規定されている事項および定款で定められた事項に限って決議することができる（会295条2項）。具体的には、以下の表のように、大きく4種類に整理できる。

【取締役会設置会社における株主総会の権限】

① 会社の基礎的な変更の承認

  ex. 会社同士の合併（783条1項など）

② 会社を経営する者の選出

  ex. 取締役の選任（329条1項）

③ 株主と経営者の利益が相反する事項の承認

  ex. 取締役の報酬の決定（361条）

④ 株主の利害に直接関わる事項

  ex. 利益配当の決定（454条1項）

なぜ上記の事項は、必ず株主総会で決定しなければならないのか。一定の集団を運営する場合、その構成員によって基本的な事項が決定されることが通常である。たとえば、部活動やサークルの運営において、部長や幹部の選出は、メンバーの集会によって決定されるのが通常である。

これと同じように、株式会社において、経営者である取締役は、必ず株主総会において選ばなければならない（もっとも株式会社においては、株主は1人1票ではなく、その持株数に応じた議決権を有する）。

そのため、取締役を、株主総会ではなく取締役会で選任したとしても、その決定には効力はない（株主総会の権限とされる事項について、他の機関が決定できることを定める定款の効力は無効である。会295条3項）。

逆に、なぜ取締役会設置会社では、株主総会の決議事項は、会社法で規定されている事項および定款で定められた事項に限定されているのか。それは、取締役会は経営のプロなので、経営に関する事項の多くは、取締役会で決定させることが適当だからである。株式会社では、このよう

に、制度上、所有と経営が分離している。大まかにいえば、会社の基礎的な事項については株主総会で決定され、それ以外の経営に関する重要事項が取締役会で決定される（会 362 条 4 項）。

これに対して、取締役会設置会社以外の会社では、株主総会の権限がより広く認められている。すなわち、株主総会は、会社の組織、運営、管理その他会社に関する一切の事項について決議をすることができる（会 295 条 1 項）。

第3節　株主総会の招集

【定時株主総会】

株主総会は、少なくとも 1 年に 1 回は開催されなければならない。定期的に開催されるこの株主総会のことを、**定時株主総会**と呼ぶ（会 296 条 1 項）。定時株主総会では、会社の決算について、承認されたり報告されたりする（会 438 条、439 条。決算の手続については、**第 5 章第 2 節**参照）。このほか、取締役が選任されたり、株主に対する利益の配当が決定されることも多い（会 329 条 1 項、454 条）。

定時株主総会のほかに、必要がある場合には、臨時の株主総会を開くこともできる（会 296 条 2 項）。

Column 2-2

● 基準日制度と株主総会の集中

上場会社（Column 1-2 参照）では、株主は毎日入れ替わるため、ある一定の時点の株主が株主総会において議決権を行使できると定める必要がある。これが基準日の制度である。そして、基準日を定めた場合、その日から実際に株主として議決権を行使するまでの期間は 3 か月以内でなければならない（会 124 条 2 項）。

日本の企業の多くは、官公庁や学校に合わせて、4月1日から翌年の3月31日を事業年度と定めており、基準日を事業年度末である3月31日とすることが一般的である。その場合、基準日の規制によれば、株主総会は3月31日から3か月の間に開催する必要がある。上場企業の決算は複雑であり、その数値のチェックに一定の時間もかかることから、結果として、株主総会は、期限ぎりぎりの6月末に開催されることが多い。

【招集手続】

　株主総会を開催するためには、一定の手続が必要である。手続は会社のタイプによって違いがある。以下では、公開会社（公開会社は取締役会設置会社〔会327条1項1号〕）における手続の概略を説明する。

　まず、取締役会は、株主総会の①日時、②場所および③株主総会の目的である事項（**議題**）などを決定しなければならない（会298条1項・4項。ある議題についての具体的な提案を**議案**と呼んでいる）。

　次に、総会の日（会日）の2週間前までに、代表取締役が、①から③などの内容を記載した招集通知を、株主に対して送付しなければならない（会299条1項）。2週間という招集期間が定められているのは、**第2節**で述べたように、株主と取締役の利害を調整するためである。

【決議の対象】

　取締役会設置会社の株主総会では、あらかじめ議題として決定され、招集通知に記載された事項しか決議できない（会298条1項2号、299条4項、309条5項）。もし、あらかじめ議題として知らされていた議題以外について決議されると、当日、株主総会に欠席した株主は、不意打ちをくらうことになる。

　たとえば、他の取締役と比べて一番信頼することができると、ある株主が考えていた取締役が、当日追加された議題に基づいて突然解任され

（招集通知の例）

株主各位

20XX 年 6 月 5 日

株式会社ゆうび○○

代表取締役社長　○○　○○

第 38 回定時株主総会招集ご通知

　当社第 38 回定時株主総会を下記により開催いたしますので、ご出席くださいますようご通知申し上げます。

記

1　日　　時　20XX 年 6 月 26 日（金曜日）午前 10 時
2　場　　所　京都市みやこ区みやび 1 丁目 3 番 8 号
　　　　　　　みやびホール
3　株主総会の目的事項
　　報告事項　1. ……
　　　　　　　2. ……
　　決議事項　1. ……
　　　　　　　2. ……

てしまったとする。しかもそれが僅差の票で決まったとする。この場合、かりに事前に株主に議題が知らされており、その株主が出席して反対票を投じていれば、結果は違っていたかもしれない。このように、思いも寄らぬ不利益を受けることを予防するために、議題について事前に決定された事項についてしか決議できないことになっている（取締役会との違いについて、**第 3 章第 2 節 3(2)** 参照）。

【株主総会参考書類等】

　株主が1000人以上である場合には、書面による議決権行使（書面投票）を認める必要があり（会298条2項）、その場合には、①書面投票について参考となる事項を記載した書類（**株主総会参考書類**）および②株主が議決権行使をするための書面（**議決権行使書面**）も、株主に送付しなければならない（会301条）。

　株主総会参考書類の内容として、たとえば、株主総会の目的事項（議題）が利益の配当である場合、1株あたり100円配当するという具体的な議案の内容が、記載される（会社則73条1項1号。会454条1項参照）。

　株主総会参考書類は、その分量が多く、印刷や郵送に多額の費用がかかる。そこで、2019（令和元）年の会社法改正で、ウェブ上に開示する制度（電子提供措置）が導入されることとなった。会社は、あらかじめ株主総会参考書類等の資料について、電子提供措置をとることを定款で定めることができる（会325条の2）。この場合、株主の個別の承諾は不要である。そして、上場会社については、電子提供制度の利用が義務となる（社債株式振替159条の2第1項）。その場合、株主総会の招集通知には、電子提供措置をとることおよび当該アドレス等が記載される（会325条の4、会社則95条の3条）。

【招集手続の例外】

　株主がごく少数の場合でも、上記のような招集手続を必ずとらなければならないのであろうか。そもそも手続が必要とされているのは株主の保護のためである。したがって、株主全員が事前に株主総会の開催に同意している場合にまで、コストをかけて手続をとらせる必要はない。そこで、株主全員の事前の同意がある場合は、上記のような招集手続をすることなく株主総会を開催することができる（会300条）。

【議案提案権】

　株主が、株主総会のある議題について、会社が提案した議案に納得できない場合、どのような対応ができるだろうか。たとえば、利益の配当について、会社の提案が1株について100円であるとする。これに対して、株主Aが、会社の業績が好調なので、1株について500円配当されるべきだと考えているとする。このような場合、Aは、会社側の提案に反対するだけでは、自らの意見を反映させることができない。

　そこで、Aは、利益の配当の件という議題について、1株について500円配当するという議案を、株主総会の当日、その場で提案できる（会304条。**議案提案権**。動議とも呼ばれる）。もっとも、Aが議決権の過半数を有しない場合、この議案を成立させるためには、A以外の他の株主の賛同を得る必要がある。

【議案要領通知請求権】

　実務上、上場会社では、株主の大多数は、事前に議決権行使書面により議決権を行使するのが通常である。そのため、株主総会の当日にAが議案提案権により新たな提案をしても、他の株主の賛同を得られる見込みはきわめて少ない。ときすでに遅しである。

　Aが他の株主に賛同してほしければ、事前に、Aの提案する議案の概要を会社が送付する招集通知に記載してもらう必要がある。

　そこで、会社法は、一定の要件を満たした株主に、この請求権を認めることとしている（**議案要領通知請求権**。会305条）。この請求権は、株主総会の招集通知が送付されるよりも前に請求する必要がある。では、どのようにして株主は、株主総会の開催時期を知るのか。実は、多くの会社では、株主総会は、毎年ほぼ同じ時期に開催される（Column 2-2 参照）。そのため、株主は、あらかじめ開催される日程を予想したうえで、この請求を行うことになる。

> **【会社法 305 条および 303 条に定められた株主の要件】**
> ① 　総株主の議決権の 1% 以上または 300 個以上の議決権を 6 か月
> 　　前から保有していること（定款により要件を緩和することもできる）
> ② 　株主総会の会日の 8 週間前までに請求すること（定款により要件
> 　　を緩和することもできる）

　一定の要件が課されているのは、持株比率の少ない株主の提案まですべてとりあげると、その数が多くなりすぎて、株主総会の運営に支障がでるおそれがあるためである。

　このように、株主の権利のうち、一定の持株比率を有する株主にだけ認められる権利は**少数株主権**（第1節【共益権】参照）と呼ばれる（なお、議案要領通知請求権の要件は、1% という割合に達しなくても、300 個以上の議決権という具体的な数を満たせばよい点が特徴的である。このことにより、大規模な会社でも要件を満たしやすくなる）。

【議題提案権】

　さらに、株主総会において、そもそも議題として扱われる予定のない議題について、株主が自らの意見を反映したい場合には、どのようにすればよいだろうか。たとえば、取締役の選任が予定されていない年度の株主総会において（取締役の任期が 2 年の場合、取締役の選任は隔年でなされることが多い）、追加的に取締役の選任を求めたい場合などが考えられる。

　この場合には、株主がある議題を株主総会でとりあげるように提案することも認められている。これを、**議題提案権**と呼ぶ。もっとも、この場合にも、提案できる株主は、一定の要件を満たす必要がある（会 303条）。

　議案提案権と議題提案権をあわせて、**株主提案権**と呼ぶ。

● 共益権としての株主提案権

　株主提案権は、共益権にあたる（自益権と共益権の区分については、**第1節参照**）。共益権が少数株主権とされる場合、一定の数以上の（いわばブロックのようなかたまりの）株式を有していないと、その権利が認められない。

　その理由として、たとえば、株主Aにより共益権が行使されると、その権利行使の効果は会社に及び、その結果、他の株主Bにも及ぶことがあげられる。会社やBの利害を考慮して、Aによる権利行使に一定の歯止めをかけるのである。

　たとえば、ある鉄道会社の株主Aが鉄道マニアだったとしよう。Aによる株主提案権の内容が、Aの私的な趣味に基づくものである場合（鉄道会社の定款を変更して、今後、不採算路線であっても廃線としないことを定めるなど）、たとえ結果的に否決されたとしても、他の株主にとっては、そのような事項が株主総会の場で議論されること自体が時間の無駄である。株主総会の円滑な運営の観点からも問題である。そこで、株主提案権は、少数株主権とされており、一定の持株要件が定められている（議案提案権〔会304条〕以外）。

　もっとも、共益権のうち、何を少数株主権とするか、また、少数株主権とした場合にどのような制限を課すかは、論理的に決まるものではない。他の株主や会社の利害のバランスを考えたうえでの、高度な政策判断に基づいている。

● 具体的な株主提案権の内容と濫用防止策

　本来、株主提案権は、株主間で意思の共有をはかったり、株主と取締役との間で意見の相違について調整したりする機能があり、株主総会の

活性化につながることが期待される。ところが、近時は、一部の株主によって、株主提案権が濫用的に利用される事例が目立ってきている。

たとえば、「野村ホールディングス」という商号を「野菜ホールディングス」に変更するといった提案がなされたり、1人の株主が50個以上の議案を提案したりする事例が相次いだ。このように濫用的に株主提案権が用いられると、株主総会の運営にかかる時間が無駄に長くなり、結果として、会社経営に悪影響を及ぼすことになる。

そこで、2019（令和元）年の改正で、株主が議案要領通知請求権に基づき請求する場合、同一の株主総会において請求できる議案は、1人の株主について10個までに限定されることとなった（会305条4項）。

【少数株主権に基づく招集】

上記のように、株主提案権を行使することによって、株主は、自らの意見を株主総会に反映させることができる。もっとも、株主総会は、取締役が主導して開催するのが通例である。そもそも、株主総会が開かれない場合、株主は提案のしようがない。たとえば、取締役が重大な不正を行っている疑いがあり、一年に一度の定時株主総会までに緊急に株主総会を開いて取締役を解任したいと株主が考えた場合、株主提案権では対処できない。

このような場合に備えて、株主が主導して株主総会を開く仕組みが用意されている（少数株主権に基づく招集）。その前提として、議決権の3％以上を有するなど一定の条件を満たした株主は、取締役に対して株主総会を開催するように請求することができる。そして、この請求がなされたにもかかわらず、8週間以内の日を会日とする株主総会の招集通知が送られない場合、請求を行った株主は、裁判所の許可を得て、自ら株主総会を開催することができる（会297条）。

第4節 株主総会の議事

【議長の権限】

一般の会議体と同様に、株主総会も議長によって議事が進行される。定款で、代表取締役（社長）が議長となると定められることが多い。議長は、株主総会の秩序を維持し、議事を整理する。また、議長は、株主総会の秩序を乱す者を退場させることができる（会315条）。

たとえば、**総会屋**と呼ばれる、特殊な株主が執拗に質問を繰り返し、議長の質問打ち切りの指示に従わないような場合、議長は、その者を退場させることができる（総会屋については、Column 2 6 参照）。

【説明義務】

Case
2-2

Aは、甲株式会社の株主である。甲社の定時株主総会において、取締役選任の件が議題とされ、経営コンサルタントとして著名なBを取締役の候補者とする議案が提案されている。

もっとも、Bについては、かつてブラック企業の経営に関わっていたという週刊誌の記事もあることから、Aは、Bが甲社の取締役としてふさわしいか判断に迷っている。

このような場合、Aが、株主総会の会場において、甲社の代表取締役であるCに対して、なぜBを取締役の候補者としたのかについて、詳しい説明を求めることはできるか。

株主が、ある議案に賛成するか反対するか迷っているとき、株主総会において質問することはできるだろうか。たとえば、ある取締役候補者の選任が議案となっている場合に、なぜその者がその会社の取締役とし

て適任だと考えられるのかについて、詳しい説明を求めることはできるか（会社則74条4項2号参照）。

　取締役は、株主から特定の事項について説明を求められた場合、必要な説明をしなければならない（会314条）。したがって、株主から上記のような質問があれば、取締役は、その候補者のこれまでの職歴や資格等から、その候補者が取締役として適格性があることについて、詳しい説明をしなければならない。一般に、株主総会の議長である代表取締役（または担当の取締役）が説明する。かりに、質問されたにもかかわらず、全く説明がなされなかった場合は、株主は、そのことを理由として、株主総会の決議取消しの訴えを提起することができる（**第7節**参照）。

　`Case 2-2` の場合、Aは、Bの取締役としての適格性について質問することができ、代表取締役であるC（または担当の取締役）は、それに答える義務がある。

　もっとも、当該事項が株主総会の議題に関しないものである場合には、説明する義務はない。また、その説明をすることにより株主の共同の利益を著しく害する場合（たとえば、製造原価など企業秘密に関する事項について質問された場合）にも、説明する義務はない（会314条ただし書）。

第5節　株主の議決権

【議決権の数の原則】

　株主総会における議決権の数は、1人1票ではなく、その持株数に応じて決まる。この点は、国政選挙における選挙権や、部活動・サークル活動における部員総会などの場合と大きく異なっている。

　すなわち、株主は、株主総会において、その有する株式1株について、1個の議決権を有する（会308条1項本文）。たとえば、100株の株式を有する株主は100個の議決権を、500株の株式を有する株主は500個

の議決権を有する。株主は、ヒトだけでなく、会社などの法人であることもある。

　もっとも、上場会社は、定款で**単元株**制度を採用している。単元株制度とは、（たとえば 100 といった）一定のまとまった数の株式を 1 つの単位（単元）として、そのまとまった数ごとに 1 つの議決権を与えるという制度である（会 188 条）。

　100 株が 1 単元と定められている場合、100 株の株式を有する株主は 1 個の議決権を、500 株の株式を有する株主は 5 個の議決権を有することになる（会 188 条 1 項。かりに 50 株のみを有する場合は、単元未満株式として扱われ、議決権を行使することができないなどの制限を受ける。会 189 条）。

● 単元株と証券取引所の売買単位

　上場会社の株式は証券取引所（Column 1-2 参照）で売買される。ネット検索で「○○会社　株価」と検索すれば、その会社の直近の株価を知ることができる。もっとも、検索結果として、たとえば「1500 円」と表示されたとしても、実際に 1 株を 1500 円で購入できるわけではない。さらに検索すれば、売買単位（単元株）として「100」という数字が示されていることに気付くであろう。

　1 単元が 100 株の場合、先の例だと 100 株単位の 15 万円ごとに売買されているということである。このように、上場会社については、1 単元の数は、証券取引所での売買単位とそろえられている（1 株から株式を売買できるサービスもあるが、このサービスは、証券会社等が売買の相手方となる特殊な形態をとっており、また、その対象も一部の会社の株式に限られている）。

　それでは、なぜ、1 株単位ではなく 100 株単位で売買されているのか。この点については、複雑な経緯の説明が必要になるので、ここでは、物

価情勢に合わせ、その時代に望ましい投資金額について規制がなされてきた結果であると説明するにとどめておく。

　従来、売買単位は100や1000などが混在して分かりにくい状況であった。しかし、証券取引所が主導して、2018（平成30）年10月から、すべての上場会社について、株式の売買単位は100株に統一された。

【議決権の数の例外】

　上述の原則には、いくつかの例外がある。

(1) 自己株式

　第1に、会社が有する自己株式については、その会社は議決権を有さない（会308条2項）。**自己株式**とは、会社が保有する自社の株式のことであり、実務上、自社株や金庫株と呼ばれる。自己株式の取得は、一定の場合に許容されている（**第6章第5節**参照）。しかし、会社自身が株主となって議決権を行使することは、許されていない。

　その理由は、次のように説明できる。たとえば、株主総会の時点で取締役であるA（代表取締役）が次期の取締役候補者となっている場合に、Aが、会社が有する自己株式の議決権を（会社を代表して）行使することにより、A自らの選任に賛成票を投じるとどうなるであろうか。その場合、それ以外の候補者（たとえば、株主総会の時点で取締役でないB候補者）と比べて、Aは有利な立場に立つことになる。しかし、これは公平でない（このことを、会社支配の公正性が害されるという）。そのため、自己株式については、会社は議決権を有さない。

(2) 相互保有株式

　第2に、**相互保有株式**と呼ばれる株式について、議決権の行使が禁止される（会308条1項かっこ書）。すなわち、ある会社（A社）が他の

会社（B社）によって、その（＝A社の）株式の4分の1以上を保有されている場合、A社は、B社の株式を保有していても、その（＝B社の）株式について議決権を行使することができない。

　この規制の趣旨は、かりに、A社がB社によって、その（＝A社の）株式の過半数を保有されている場合を考えると分かりやすいであろう。この場合、A社の取締役は、B社の経営者（社長などの取締役）のいいなりになることが予想される（なぜなら、A社の取締役を選任したり解任したりするのは、A社の株主であるB社だから）。

　そのため、かりにA社がB社の株式を保有する場合にその（＝B社の）株式の議決権の行使を認めると、結果としてB社の取締役による自社（B社）の支配を強めることになり、いわば、B社取締役による会社の私物化を認めることになる（このことも、会社支配の公正性を害するという）。そのため、A社がB社の株主総会において議決権を行使することは禁止されている。

　さらに、過半数まで達しなくとも、一定割合の株式を保有されている場合に、同様の問題があると考えられる。とはいえ、あまりに低い基準を定めると過剰な規制になってしまう。そこで、会社法は、一定の影響力を行使できる分岐点として、4分の1という基準を用いて規制している。

（3）その他

　このほかに、そもそも、一定の事項について議決権を有しないことがあらかじめ定款で定められている株式は、その一定の事項について、株主総会において議決権を有しない（**議決権制限株式**。会108条1項3号）などの例外がある。議決権制限株式は、いわゆる種類株式（**第6章第1節2参照**）の1つである。

| Chart 2-1 | 相互保有株式

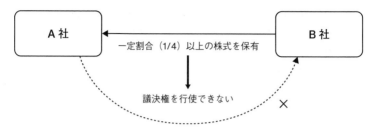

A社 ← 一定割合（1/4）以上の株式を保有 ← B社

議決権を行使できない

×

Column 2-6

● 株主の権利行使に関する利益供与の禁止

　株主総会は、1年に1度、会社のトップである社長が、株主と直接向き合う貴重な機会である。もっとも、直近に不祥事が発覚した会社では、その点について質問が集中することも予想される。議長である社長は、本音をいえば、あまり質問が出されず、できれば短い時間で終わる方が望ましいと思うかもしれない（上場会社の株主総会の所要時間の平均は、各種の調査によれば約1時間である）。

　そこで、あらかじめ会社側に友好的な株主を、株主総会の会場に（いわばサクラとして）仕込んでおくことが考えられる。その株主に、会社側に好意的な質問をしてもらったり、他の株主から批判的な意見が出た場合には、その株主を威嚇して質問を終了させるなどしてもらい、会社側のペースで株主総会が運営されるように協力してもらうのである（当然、会社から何らかの見返りが渡される）。これとは逆に、株主総会当日に執拗に質問を繰り返すなど株主総会の運営を混乱させる予定であることを事前にほのめかし、そのような行動をされたくなければ金銭をよこせという株主も存在する。このような特殊な株主は、**総会屋**と呼ばれている（前者のタイプを与党総会屋、後者のタイプを野党総会屋という）。

　総会屋は、必ずしも反社会的勢力というわけではなく、かつては、会

社も総会屋をうまく利用してきたという事情もあるが、一部の株主にだけ議決権の行使に関連して金銭的な見返りがあるのは公正に反する。そこで、1981（昭和56）年改正で、株主の権利行使に関する利益供与の禁止についての規定が導入された。

具体的には、会社は、何人に対しても、株主の権利の行使に関し、財産上の利益を供与してはならない（会120条1項）。その趣旨は、株主の権利行使に関する会社資産の不当な支出を禁じ、会社経営の健全性を確保することである。

財産上の利益の供与とは、現金、物品の単純な供与に限らず、他の顧客より有利な条件で取り引きすることを含む。たとえば、総会屋が発行する薄いパンフレットを、専門性のある雑誌だと称して、会社に1冊数十万円で何冊も購入させた場合は、利益供与に該当する。

この規定は、もともとは、総会屋を念頭においた規定であるが、できあがった規定の適用は総会屋に限られない。たとえば、会社側の提案に賛成する株主に金券を渡すなどして優遇する場合には、この規定に違反する。

この規定に違反して、違法な利益供与を受けた者は、これを会社に返還しなければならない（会120条3項）。かりに返還されなかった場合には、そのような利益供与をした取締役は、自らに過失があろうとなかろうと、供与した利益に相当する金額の責任を負う（同条4項。無過失責任）。

この利益供与に関する規定については、1997（平成9）年に罰則が強化されるなどの改正があったこともあり（会970条参照）、現在では、総会屋の活動は、下火になっている。

【議決権の行使】

株主は、株主総会に出席し、会議体の一般原則に基づき、投票、挙手、

拍手その他の採決方法に従って議決権を行使する。

　株主総会に出席できない場合の議決権行使の方法としては、書面投票（電磁的投票〔Column 2-7参照〕）と議決権の代理行使の2つの方法がある。

　書面投票の場合、株主は、株主総会参考書類をもとにして（**第3節【株主総会参考書類等】**参照）、議決権行使書面によって議決権を行使する（会298条1項3号・4号、301条1項、302条1項）。たとえば、関東地方在住の株主が、京都で開催される株主総会に実際に参加できなくとも、会日までに議決権行使書面を送付することにより、議決権を行使することができる。

　議決権の代理行使においては、代理人が株主に代わって議決権を行使する。その場合、株主または代理人は、代理権を証明する書面（委任状）を会社に提出しなければならない（会310条）。

議決権の行使方法

○本人が行使する場合

・実際に株主総会に出席する

・書面投票

・電磁的投票

○代理人による代理行使

【議決権の代理行使】

　資産家のAは、個人としてP社をはじめとして複数の株式会社の株式を保有している。また、Aは、代表取締役として、甲株式会社を経営している。甲社は、Q社をはじめとして、複数の他の株式会社の株式を保有している。Aが個人として、また、甲社の代表取締役として、参加したい会社の株主総会の日程が重なってしまった。

① Aは、個人として保有しているP社の株式について、Aの代理人として、知り合いのB（BはP社の株主ではないとする）に、P社の株主総会で議決権を行使させることができるだろうか。

②　Aは、甲社が保有しているQ社の株式について、甲社の代表取締役である自らの指示に基づいて、甲社の総務部長のC（CはQ社の株主ではないとする）に、Q社の株主総会で議決権を行使させることはできるだろうか。

　　日本の多くの会社では、株主総会の開催は、6月末に集中している（Column 2-2 参照。株主総会を集中させることには、総会屋の活動を最小限にするねらいもあったといわれている）。

　　Case 2-3 のAのように、日程が重なった複数の株主総会に株主本人が参加することは、物理的に不可能である。そのため、株主は、代理人によってその議決権を行使することができると定められている（会310条）。これは、代理人を通じて株主総会に参加し、自らの権利を行使したいという株主の利益を保護するためである。

【定款による代理人の資格の制限】

　　定款の例

　　定款○条

　　1.　株主は、当会社の議決権を行使することができる他の株主1名を代理人として、その議決権を行使することができる。

　　2.　前項の場合には、株主または代理人は、株主総会ごとに代理権を証する書面を当会社に提出しなければならない。

　　株主は、代理人によってその議決権を行使することができる（会310条1項）。もっとも、会社側からすると、会社にとって好ましくない代理人が選ばれると、その者が、（総会屋のような行動をとることにより）株主総会の運営を混乱させるおそれが高まる。そのため、大多数の上場会

社では、定款で、代理人の資格を当該会社の株主に限定している。

Case 2-3 において、P社やQ社にこのような定款がある場合、BやCは、P社やQ社の株主でないため、P社やQ社の株主総会に出席して議決権を行使することはできなさそうである。

【代理権の資格を限定する定款は会社法に違反するか】

上記の定款は、株主総会の円滑な運営という観点からすると望ましい。しかし、この定款は、株主の保護という観点からみると問題がある。

すなわち、Aは、Bに代理を頼めないとなると、B以外のその会社の株主を自ら探し出して、その人に代理人となるように頼まなければならなくなる。これは株主にとっては負担である（小さな会社であれば株主同士が顔見知りの可能性も高いが、大規模な会社では、事実上困難である）。

そこで、この定款は、代理人による議決権行使を認める会社法310条の規定に違反するので無効と解して、BがP社の株主でなくとも、株主総会に出席して議決権の行使を認めるべきであるという考え方がでてくる（無効説）。会社が定款で自主的に決められるのは、あくまでも会社法が定めた枠内の事項についてであり、会社法の趣旨に反する定款は無効だと解釈するのである。

ここでは、2つの利害が対立している。すなわち、株主総会について部外者の干渉を避けて、できるだけ平穏に運営したいという取締役の利害と、自らの代理人をその会社の株主に限定されることなく自由に選びたいという株主の利害が対立している。

【判例ではどのように判断されたか】

この問題が裁判で争われた場合、どのように判断されてきたか。会社法310条がもともと代理人による議決権行使を認めている趣旨からすると、このような定款の規定を無効とすることがよいように思われる。しかし、判例は、そのような定款の規定も、株主総会のかく乱を防止す

るという合理的理由があるので、有効だと解している（有効説。最判昭和43・11・1民集22巻12号2402頁【会社法百選29事件】）。この判例に従うと、Case 2-3 ①の場合、Aが個人として保有する株式について、Aの代わりに、P社の株主でないBが議決権を行使することは認められない。

　では、甲社が保有する株式について、総務部長であるCが議決権を行使する Case 2-3 ②の場合はどうか。この定款が有効ならば、C自身がQ社の株主でない限り、議決権行使は認められないことになりそうである。

　しかし、このような場合、判例は、Cのような者に議決権を行使させても、定款に違反しないと解している（最判昭和51・12・24民集30巻11号1076頁【会社法百選34事件】）。その理由として、第1に、上記のような定款の趣旨は、第三者によるかく乱の防止であり、株主である株式会社がその従業員を代理人として議決権を行使させても、株主総会がかく乱されるおそれはないことをあげる。第2に、かりにそのような代理権行使を認めないと、株主としての意見を株主総会に反映させることができず、事実上議決権行使の機会を奪うに等しく、不当な結果をもたらすことをあげる。この判例に従うと、②の場合について、Cの議決権行使は認められる。

● 電磁的投票

Column 2-7

　近時、ペーパーレス化が進んでいる。株主総会における議決権行使についても、書面ではなく、電磁的な方法によることも可能である。すなわち、会社が、株主総会の招集の際に電磁的な方法による議決権行使を認めた場合（会298条1項4号）、株主は、会社の承諾を得て、議決権行使書面に記載すべき事項を電磁的方法により会社に提供して、議決権を行使することができる（会312条1項）。その場合の投票の最終期限は、

株主総会の日時の直前の営業時間の終了時とされている（会社則70条）。

　また、招集通知についても、株主の承諾を得て、電磁的方法により通知を発することもできる（会299条3項）。具体的には、あらかじめ会社が定めたパスワード等により、株主が事前にウェブ上で登録した場合には、書面による招集通知ではなく、電磁的方法により招集通知が送付されることになる。

Column 2-8

● 書面投票と委任状

　実務上、上場会社では、書面投票制度を利用するとともに、会社が、一部の大株主から、事前に委任状を得ておくことが多い。

　書面投票と並行して委任状が利用されるのは、株主総会の当日に株主から会社提案と異なる議案が提出された場合に備えるためである。たとえば、利益配当の額について、会社側提案が1株あたり100円である場合に、この提案に不満である株主から、会社提案に対抗して、1株あたり200円という修正提案（議案提案権。第3節参照）がなされた場合を考えてみよう。

　この場合、株主提案の採決の集計において、書面投票によって行使された議決権については、当日の修正提案には対応していないため、棄権扱いとなる（会社提案に賛成であっても、株主提案に反対であるとは必ずしも限らないため）。もっとも、実質的には会社提案と株主提案は対立しており、会社側としては、できれば、この棄権扱いの票は、反対票としてカウントできる方が望ましい。

　そこで、書面投票ではなく、委任状が利用される。株主総会での議決権の行使について対応を一任するという趣旨の委任状を、大株主から入手していれば、会社としては、その委任状に基づき、会社の総務部長な

どの会社関係者によって議決権を行使させることにより、株主の修正提案の採決において反対票を投じることができる。

第6節　株主総会の決議

　甲株式会社の発行済株式総数は 1000 株であり、そのうち、A が 500 株、B が 200 株、C〜E が各 100 株保有している。
　甲社の株主総会において、乙社との合併を決議するためには、A〜E のうち、どの者が出席してどの者が賛成する必要があるか。甲社の取締役の選任決議をする場合はどうか。

　株主総会の決議には、普通決議、特別決議および特殊の決議がある。以下では、説明の都合上、まず特別決議から先に説明する。

【特別決議】

　会社の合併や定款変更のように、会社の基礎的な事項について決議する場合には、特別決議が必要となる。特別決議の場合、まず、議決権を有する株主のうち、議決権の過半数を有する株主が出席しなければならない（このように一定の参加者がいないとそもそも会議体が成立しない最低限の数を**定足数**という）。そして、出席した株主（書面投票および代理行使の場合を含む）の議決権の 3 分の 2 以上の多数の賛成がある場合に、決議が成立する（会 309 条 2 項。特別決議事項について、列挙されている）。

　Case 2-4 の場合、定足数として、1000 株の半数にあたる 500 株を超える議決権を有する株主が出席することが必要である（なお、特別決議

における定足数は定款によって3分の1まで下げることができる〔会309条2項かっこ書〕。しかし、ここではそのような定款の定めがないものとする）。

したがって、Aに加えて、B〜Eのいずれか1人の株主が出席することが必要となる（Aだけが出席した場合は、過半数にならない）。

そのうえで、たとえば、かりにA〜Eの全員が出席した場合には、1000株の3分の2以上である667株以上の賛成が必要となる。したがって、Aに加えてBが賛成するか、または、Aに加えてC〜Eのうち少なくとも2名が賛成することにより決議が成立する。

【普通決議】

取締役の選任、取締役の報酬の決定および利益配当の決定といった事項について決議する場合には、株主総会の普通決議による。より一般的にいうと、前述の特別決議事項（会309条2項）および後述の特殊の決議事項（同条3項・4項）以外の事項は、普通決議による。

普通決議においても、特別決議と同様の定足数（議決権を有する株主のうち、議決権の過半数を有する株主）が定められているが、普通決議についての定足数は、定款で引き下げることや、全部排除することができる。そして、出席した株主の議決権の過半数の賛成がある場合に、決議が成立する（会309条1項）。

ただし、取締役を含む役員の選任・解任を決議する場合、定足数について特別の定めがある。すなわち、その場合、議決権を行使することができる株主の議決権の3分の1未満にすることができない（会341条）。これは、取締役の選任といった重要な事項について、一部の株主だけで決定することを防ぐためである。

実務上、定足数については、法律で定められた下限まで下げておくことが一般的である。そこで、Case 2-4 において、そのことを前提にすると、取締役の選任決議について、まず、定足数として、1000株の3分の1以上である334株以上の議決権を有する株主が出席することが

必要となる。したがって、Aが出席するか、かりにAが出席しない場合には、Bに加えてC〜Eのうち少なくとも2名の株主が出席することが必要となる（C〜Eの3名だけが出席した場合には、定足数を満たさない）。

そのうえで、たとえば、かりにAとBが出席した場合は、700株のうちの過半数である350株を超える賛成が必要となるので、Aのみの賛成により決議が成立する。また、かりにB、CおよびDの3名が出席した場合は、400株のうち過半数の200株を超える賛成が必要となるので、Bに加えて、CまたはDが賛成した場合に決議が成立する。

| Chart 2-2 | 普通決議と特別決議の相違

決議の種類	決議要件	定足数
普通決議 （309条1項）	過半数	原則：過半数 定款によって排除・軽減できる（ただし役員の選解任は最低でも1/3）
特別決議 （309条2項）	2/3以上	原則：過半数 定款によって1/3まで軽減できる

【特殊の決議】

特別決議や普通決議ではなく、特殊の決議によらなければならない場合もある。たとえば、会社が発行する株式の全部について譲渡制限を設ける旨の定款変更をする場合には（譲渡制限株式については、**第6章第4節**参照）、議決権を行使できる株主の半数以上であって、その株主の議決権の3分の2以上にあたる多数の賛成がなければ成立しない（会309条3項）。議決権の数だけでなく、株主の数（頭数と呼ばれることもある）の半数以上が賛成しなければならない点が特徴的である。

Case 2-4 の場合でこの定款変更を決議するとして、かりにAおよびBが賛成し、C、DおよびEが反対した場合を想定してみる。AとBあ

わせて 700 株の賛成が得られており、これは議決権の 3 分の 2 以上の多数の賛成という要件を満たす。しかし、株主数 5 名のうち 2 名の賛成にとどまっており、株主（ここでは議決権ではなく株主の数が問題となる）の半数以上という要件を満たしていないので、決議は成立しない。特殊の決議を成立させるためには、A および B に加えて、C～E のうちいずれか 1 名の賛成が必要となる。

このように厳格な要件が定められているのは、たとえば、株式の譲渡を制限することは株式会社の基本的な制度に関わる事項であって（詳しくは、**第 6 章第 4 節**参照）、株主の一部の者だけで決議すべきでない重大な事項についての決議だからである。

第 7 節　株主総会の決議の瑕疵

Case
2-5

甲株式会社（公開会社）の発行済株式総数は 1000 株であり、そのうち、A が 500 株、B が 200 株、C～E が各 100 株保有している。

① 甲社が株主総会の招集通知を送付する際に、E の住所を誤って記載してしまい、E は、株主総会に出席することができなかった。もっとも、E 以外の株主は、株主総会に出席し、取締役選任決議（甲社の取締役として F らを選任する）について、A～D の全員が賛成することにより、賛成多数で承認された。

このような場合、E は、株主総会の決議のやり直しを求めることはできるだろうか。

② ①とは異なり、甲社の招集手続は適正に行われた。取締役選任決議（甲社の取締役として F らを選任する）において、A および B が賛成し、C～E が反対した。ところが、票の集計の際に、誤っ

てＣが賛成したものと取り扱われた。すなわち、本来であれば賛成700株、反対300株とすべきところが、賛成800株、反対200株として扱われた。

このような場合、Ｃは、株主総会の決議の効力を争うことはできるだろうか。

誰でもミスをすることがある。株主総会について、**第2節から第6節**までは、いわばノーマルな制度について説明してきたが、**第7節**では、何らかのミスがあった（アブノーマルな）場合について説明する。

会社法は、株主総会の決議の瑕疵について、決議取消しの訴え、決議不存在確認の訴えおよび決議無効確認の訴えの3つの種類の訴訟を用意している。なお、他の場面、たとえば会社の設立や新株発行の瑕疵の場合にも、同様に瑕疵を争う制度があるが、株主総会の場合には、手続違反と内容違反ごとに訴訟の類型が異なっている点が特徴的である（**第7章第4節、第8章第2節4**参照）。

【手続ミスでもやり直しが必要か】

Case 2-5 ①は、いわゆる「招集通知もれ」の事例である。ちなみに、会社が株主に対して招集通知をする場合には、あらかじめ登録されている株主名簿（詳細は、**第6章第3節**参照）上の株主の住所に発すれば足りるとされている（会126条1項。会社は、発すればよく、通常到達すべきであった時に到達したとみなされる。同条2項）。

Case 2-5 ①では、会社は誤った住所を記載したというのであるから、招集通知を適法に発したとはいえない（会299条1項違反）。このように手続的なミス（こうしたミスのことを、法律学では「瑕疵」と呼ぶ）が起こった場合、どのように対処すればよいであろうか。

1つの考え方は、いったんミスが生じた以上、常に適正な手続を再度

やり直させるというものである。この考え方は株主の保護という観点からは一見良さそうにみえる。かりに適正な手続を遵守しなかった場合でもペナルティーがないのであれば、会社を運営する取締役としては、適正な手続を守ろうとしなくなるであろう。そうなると株主の保護の点から望ましくない（最終的には会社のためにもならない）。これを避けるためには、常に適正な手続をやり直させる必要があると考えられる。

しかし、会社をめぐっては、一定の決議に基づいて、新たな法律関係が日々積み重ねられる。そのため、ミスが起こった時点から一定の時間がたっているにもかかわらず、再度やり直させるとなると、取引先などにも影響が及んでしまう。

Case 2-5 ①の場合、取締役として選任されたＦが、取引先と契約を行った場合に、後日、実はＦが取締役でなかったことになって、契約の効力がさかのぼって否定されると、甲社の取引先に迷惑がかかる。このような状況は、法的安定性を害すると説明される。

そのため、会社法は、株主総会について、招集に関する手続ミスなどの比較的軽い瑕疵の場合には、決議の日から3か月以内に、株主や取締役などの一定の会社の関係者のみが、裁判によってのみ決議の取消しを請求することができるとしている。これが、株主総会**決議取消しの訴え**である（会831条1項）。

Case 2-5 ①の場合、株主であるＥは、決議の日から3か月以内に限り、決議取消しの訴えを提起することができる。

【決議取消しの訴えの対象】

決議取消しの訴えは、次の表の場合に認められる（会831条1項1号〜3号）。

> i 招集の手続または決議方法の（a）法令・定款違反または（b）
>   著しく不公正な場合
> ii 決議内容の定款違反
> iii 特別利害関係人の議決権行使による著しく不当な決議

　i（a）の例として、Case 2-5 ①のような一部の株主への招集通知もれや、取締役の説明義務違反がある。i（b）の例として、株主総会の招集場所や時間が、株主が参加するのに実際上困難な場所や時間である場合がある。

　ⅱの例として、定款で定められた数を超える取締役の選任の場合がある。

　ⅲの「特別利害関係人」とは、その決議が成立することにより他の株主が得ることができない特別の利益を得る者などをいう。たとえば、甲社が乙社から事業の全部を譲り受ける場合、この譲渡契約は、甲社の株主総会の承認が必要である（会467条1項3号。詳しくは、**第9章第3節**参照）。かりに乙社が甲社の株主であった場合、乙社は、その決議が成立することにより特別の利益を得る者にあたるため、甲社の株主総会において、特別利害関係人に該当する。

　株主は、原則として自己のために議決権を行使できるため、利害関係を有していたとしても、議決権を行使することはできる（取締役の場合と異なる。会369条2項参照）。しかしながら、その者の議決権行使により、著しく不当な決議がなされた場合には（たとえば、上記の事例で、譲受価格が市場価格よりも著しく高いために、甲社にとって不利な契約内容であった場合）、株主総会の取消事由となる。

　なお、その者が議決権行使をしたことにより決議が成立していることが必要であるため、上記の例で、かりに乙社が賛成していなくても、決議の成立に必要な賛成票が他の株主によって投じられていた場合には、

取消事由とならない。

【決議取消しの訴えの特徴】

　訴えを提起できる者は、株主、取締役、監査役などに限定されている。また、提訴期間は、決議の日から3か月以内に限定されている。さらに、訴訟以外の場面でその取消しの効力を主張することはできず、裁判によってのみ決議の取消しを請求することができる（会831条1項柱書）。かりに決議に取消事由があったとしても、実際に取り消されるまでは、決議が有効である点に注意が必要である。

　判決で取消しが確定した場合、決議された時点にさかのぼってその効力は無効となる（**遡及効**と呼ばれる。民121条。会839条参照）。また、訴訟に関係した者だけでなく、それ以外の第三者に対しても効力を有する（会838条）。たとえば、株主Eが取締役Fの選任決議の取消しを求めた場合、Eは甲社を被告として訴訟をすることになる（会834条17号）。かりにその取消しが認められた場合には、訴訟に直接関与していなくても、取締役Fは取締役の地位を失う。これを**対世効**と呼んでいる。法律関係の画一的な確定を図るためである。

【裁量棄却】

　Case 2-5 ②は、いわゆる「票の数え間違い」の事例である。しかも、かりに数え間違いがなかったとしても、結果は変わらない（いずれにせよ賛成多数であった）。このような場合でも、ミスはミスとして、決議は取り消されるべきであろうか。再度やり直すことは無駄なようにも思われる。法的安定性の点からも決議は取り消されない方が望ましい。

　そこで、会社法は、前述の表のⅰ(a)の場合に限って、違反する事実が重大でなく、かつ、決議の結果に影響を及ぼさない場合には、決議取消しの請求を認めず、棄却することができると定めている（会831条2項。これを**裁量棄却**と呼ぶことが多い）。

したがって、Ｃとすれば自分の投じた票が適切に処理されなかったことに不満はあるであろうが、このような数え間違いの場合は、違反する事実が重大でなく、かつ、決議の結果に影響を及ぼさないとして、請求が棄却されることになろう。

それでは、 Case 2-5 ①について、Ｅ以外の全員（Ａ〜Ｄ）が賛成したのであるから、かりにＥが反対していたとしても、結果が変わっていなかったとして、裁量棄却を認めることはできるだろうか（かりにＥが反対していた場合でも、賛成900株、反対100株となり、賛成が過半数なので決議が成立する）。

この点については、そもそも、招集通知もれについては、違反する事実が重大でないとはいえない。また、結果が変わらないかどうかの点についても、もしＥが出席して、説得的な反対意見を述べたならば、ほかの株主の意見が変わって、それにより結果が変わっていた可能性もある。そのため、裁量棄却を認めることはできないだろう。

実際の裁判においても、裁判所がこの規定に基づいて、手続ミスを認定しつつ、株主からの取消しの訴えを棄却することはあまりない。学説も、とりあげるに値しない些細な瑕疵であって、それを問題にすることが権利濫用に近いと認められるような場合にのみ瑕疵が軽微であるとしている（最判昭和46・3・18民集25巻2号183頁【会社法百選38事件】参照）。

【決議不存在確認の訴え】

Case 2-5 ①で、かりにＥだけではなく、Ａに対しても招集通知もれがあった場合はどのように考えるべきか。この場合、発行済株式総数の6割を保有している株主が出席できていないことになる。

そうした場合でも、かりに3か月の間に訴えの提起がなかった場合には、株主総会の効力を争う余地がなくなるとするのは妥当でないように思われる。

このように、手続のミスがきわめて重大な場合には、**決議不存在確認の訴え**という別のタイプの訴えを提起することができる（会830条1項）。

　すなわち、決議不存在確認の訴えは、株主総会決議が物理的に存在しない場合（たとえば、実際に開催されていないのに、議事録だけ作成されているケース）、および、著しい手続的な瑕疵があるために、法的に株主総会決議が存在すると評価できない場合に認められる。

【決議不存在確認の訴えの特徴】

　まず、提訴できる者が限定されておらず、誰でも訴えを提起できる。また、提訴期間の制限もない。さらに、裁判によらなくても主張できる。もっとも、決議不存在確認の訴えを認める判決が確定すると、訴訟に直接関与していない者に対してもその判決の結論を主張できる（**対世効**。会838条)。

【決議無効確認の訴え】

　これまでは、株主総会の決議の手続的なミスについて考察してきた。では、手続ではなく、決議の内容が違法な場合はどのように規制されているのだろうか。たとえば、株主平等の原則に違反する決議（会109条1項参照）がなされた場合はどうか（**第6章第2節**参照）。

　Case 2-5 の事例であれば、AとBのみに利益を配当する旨の決議がAとBの賛成（C、DおよびEの反対）により決議されたとする。このような場合には、決議の内容が、株主平等の原則に違反し、配当について規定する会社法454条3項にも違反する。この場合、株主総会決議は無効であり、**決議無効確認の訴え**という訴えを起こすことができる（会830条2項）。

　決議無効確認の訴えも、決議不存在確認の訴えと同様に、提訴権者や提訴期間の制限はなく、訴えを認める判決が確定すると**対世効**が認められる（会838条)。

第3章 取締役・取締役会・代表取締役

第1節　総　説

1. 取締役による経営と会社法

　株式会社では、出資者である株主自らが経営を行うわけではない。会社の経営は、株主によって選任された取締役に委ねられる。つまり、株式会社では制度上所有と経営が分離しているのである（**第1章第1節3参照**）。

　もっとも、取締役が経営者として経営を行うといっても、細かな問題がある。たとえば、取締役となるための資格はあるのか、取締役はどのような手続を経て選任されるのか、取締役が複数名選任された場合にそれらの取締役はどのように職務を分担するのか、などである。会社法は、これらの点について規定を置いている（**第2節参照**）。

2. 取締役に対する規律づけと会社法

　株主が取締役に会社の経営を委ねるのは、その取締役が経営することによって会社に利益をもたらし、その利益が分配されることを期待するからである（**第1章第1節3参照**）。しかし、取締役がその期待に応えてくれるとは限らない。

【取締役は努力して経営するとは限らない】

　A・B・Cは、パンの製造・販売をしている株式会社甲の株主によって取締役に選任された。その報酬額は毎年500万円である。つまり、Aらが努力せずにいて甲社に利益をもたらさなかったとし

ても、報酬額が500万円未満になることはない。また、Aらが努力して甲社に利益をもたらしたとしても、報酬額が500万円を超えることはない。さらに、Aらは、本人が辞めるといわない限り取締役であり続けることができる。つまり、Aらは努力せずにいても、クビになることはない。

　この場合、Aらは努力して経営しようと思うだろうか。

　Case 3-1 の取締役Aらは、努力せずにいても、その報酬額が500万円未満になることはないし、クビになることもない。他方で、努力しても、その報酬額が500万円を超えることもない。

　そもそも努力して経営するには、自身の労力をかけることが必要になる。Aらもヒトであるから、もし労力をかけるかどうかにかかわらずその報酬の額が変わることはなく、クビになることもないのであれば、労力をかけずにむしろ怠けたいと考えるだろう。したがって、Aらは努力して経営しようとは思わない可能性が高い。

【取締役に対するアメとムチの必要性と会社法】

　取締役Aらが努力せずにいるにもかかわらず甲社の株主がそれに対して何もすることができないとしたら、どうなるであろうか。甲社の株主になったとしても利益が分配されることは期待できないのであるから、そもそも甲社の株式を購入して株主になろうと思う投資家はいなくなるだろう。その結果、資本の集中という株式会社制度の目的が実現されなくなってしまう（**第1章第1節2参照**）。

　そこで、取締役が努力して経営するように仕向けることが必要になる。そのように仕向ける方法としては、努力せずにいた取締役にはムチを打ち、努力した取締役にはアメを与える（**取締役に対する規律づけ**）というものがある（**Chart 3-9参照**）。会社法は、それらの方法として用いるこ

とができる規定などを置いている（**第3節～第8節参照**）。

　なお、本章では、公開会社（**第1章第2節参照**。公開会社は取締役会設置会社である）について説明する。

第2節　取締役の選任・資格などと各取締役の間での職務分担

1. 選任・資格・員数・任期・終任

【取締役はどのような手続を経て選任されるのか】

　取締役は株主総会の決議によって選任される（会329条1項）。つまり、取締役は株主によって選任され、経営を委ねられる。その株主総会決議は普通決議（**第2章第6節参照**）である（会309条1項）。

　なお、選任した取締役が会社に利益をもたらすように経営してくれなければ、株主は利益を分配してもらえない。したがって、取締役を選任する株主総会は、すべての株主にとって自身の利益に関係する重要な場面であり、できる限り多くの株主の意思をその決議に反映させる必要がある。そこで、会社法は、その定足数（**第2章第6節参照**）を総株主の議決権の3分の1未満にすることはできないと定めている（会341条）。

【選任された取締役と会社との関係】

　取締役に選任された者は、株主との間ではなく、会社との間で任用契約（委任契約）を締結し、会社との間で委任関係に立つ（会330条）。

　なお、従業員（法律上は**使用人**という）は、会社との間で雇用契約（民623条）を締結し、会社との間で雇用関係に立つ。委任契約も雇用契約も、取締役または従業員が、会社に対して役務を提供する（会社で仕事

をする）ことを内容として
いるという点で共通してい
る。もっとも、雇用契約は、
従業員が誰かに従属しなが
ら、あまり裁量の余地なく
役務を提供することを内容
としている（2参照）。他方
で、委任契約は、取締役が

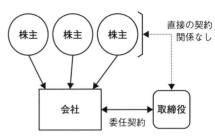

│ Chart 3-1 │選任された取締役と会社との関係

ある程度の裁量を有しながら役務を提供することを内容としている。従
業員と取締役とはその点では差異があるから、区別して考える必要があ
る。ただ、たとえば、取締役営業本部長のように、取締役が従業員を兼
ねること（使用人兼務取締役になること）は禁止されていない。また、実
際に兼ねている例も多い。

【取締役になることができない者（欠格事由）】

　会社法は、一定の者は取締役になることができないと定めている。た
とえば、一定の罪を犯し、刑に処せられた者は、一定の期間が経過する
まで取締役になることはできない（会331条1項3号）。そのような者は
取締役として会社を経営するにふさわしくないと考えられるからである。

【取締役になるための資格（株主でなければならないか）】

　会社法は、取締役になるための資格を定めてはいない。つまり、一定
の者でなければ取締役になることができない、ということはない。それ
どころか、公開会社では、株主でなければ取締役になることはできない、
という内容を定款で定めることはできない（会331条2項）。株主では
ないが会社に利益をもたらすことができる有能な人材（たとえば、ヒッ
ト商品を生み出し続けることができる人材）が、取締役になることができ
るようにするためである。

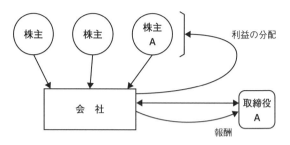

| Chart 3-2 | 取締役である者が株主である場合

A が取締役として努力して経営すると報酬と利益の
分配の両方を受け取れる

　ただ、実際には、取締役である者が株主であることは多い。取締役である者が株主であれば、努力して経営することによって会社に利益をもたらした場合、取締役としての報酬に加えて、その利益も分配してもらえる。したがって、努力して経営する可能性が高くなる（ Case 3-1 参照）。

【社外取締役になるための資格】

　会社法は、取締役になるための資格を定めていないが、取締役のうち社外取締役になるための資格を定めている。つまり、一定の者でなければ社外取締役になることはできない（会2条15号）。具体的には、現在、会社の業務執行をしておらず、過去の一定期間にも業務執行（2参照）をしていなかった者などが、社外取締役になることができる。つまり、業務執行をしている取締役である者などから独立しており、それらの者などの利益を優先させるおそれがない者であることが、社外取締役になるための資格である。実際には、他社の経営者であった者、弁護士、学者などが社外取締役になることが多い（社外取締役の役割については、**第4章第3節2**および Column 4-1 参照）。

【公開会社では取締役は何人いるのか（員数）】

　取締役会設置会社では、取締役会という会議体を構成するために、取締役は3人以上でなければならない（会331条5項）。公開会社は取締役会設置会社であるから（会327条1項1号）、公開会社には3人以上の取締役がいることになる。

【取締役はいつまで経営することになっているのか（任期）】

（1）取締役の任期

　取締役の任期は、約2年間である。正確には、原則として、取締役に選任された後2年以内に終了する事業年度のうち最終のものに関する定時株主総会（**第2章第3節**参照）の終結までである（会332条1項）。たとえば、事業年度の終了日を3月31日とする（3月31日を決算期とする）会社の場合を考えてみよう。2019年6月24日に開催された定時株主総会で選任された取締役の任期は、その2年後の2021年6月24日に満了するわけではない。もし2021年6月28日に定時株主総会が開催されるのであれば、同日の総会終結時に任期が満了する。経営を委ねられている取締役が4日間存在しないということにならないようにするためである。

| Chart 3-3 | 株主総会開催日と取締役の任期

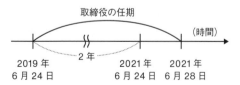

（2）任期を伸ばすことはできないが短縮することはできる

　公開会社では、定款または株主総会の決議によっても、取締役の任期

を伸ばすことはできない（会332条1項・2項参照）。なぜなら、公開会社（とくに上場会社）では、2年も経てば、株主が大きく入れ替わる可能性がある。また、そうでなくとも、もはやそれまでの取締役にこれ以上経営を委ねるべきではない、という状況になっているかもしれない。そこで、少なくとも2年に一度は、株主が、別の者を新たに取締役として選任し経営を委ねるか、それまでの取締役を再び選任（再任）しこれまでと同様に経営を委ねるかを判断する機会を有することができるようにする必要があるからである。

　他方で、その任期が短縮されれば、株主はそのように判断する機会をより多く有することができるようになる。そこで、会社法は、その任期を短縮することはできると定めている（会332条1項ただし書）。

【取締役でなくなるのはいつなのか（終任）】

　任期が満了すれば自動的に終任となる。ただし、株主総会で再び選任（再任）されることはある。また、自らの意思で辞任した場合も終任となる（民651条1項）。その他、解任された場合も終任となる（解任については**第3節2**参照）。

2. 各取締役の間での職務分担

【会社の経営はどのような流れで行われるのか】

　取締役は、株主から委ねられた会社の経営をどのような流れで行うのだろうか。

(1) 業務執行の決定と業務の執行（実行）

　小麦粉を用いたパンを製造し販売している甲社（公開会社〔取締役会設置会社〕）では、国内産の米粉を用いたパンが消費者の支持を

集めつつあることに着目し、①国内産の米粉を用いたパンも製造し、販売することが決定された。その後、その決定に基づいて、実際に②国内産の米粉を購入して（仕入れて）、それを用いたパンを製造し、最終的には、そのパンを販売した。

Case 3-2 の①は決定行為であり、会社法では「業務執行の決定」に該当する（会 362 条 2 項 1 号・4 項など）。②は①のような決定行為に基づいて実行する行為であり、会社法では「業務（の）執行」に該当する（会 363 条 1 項など）。つまり、会社法は、業務執行の決定と実行とを区別しているのである。

| Chart 3-4 | 業務執行の決定と実行とそれらの職務分担（その 1）

	①業務執行の決定	→ 監督 → （362 条 2 項 2 号） → 選定・解職 → （362 条 2 項 3 号） → 委任可 → （「重要な業務執行の決定」は委任不可） （362 条 4 項）	②業務の執行（実行）
対外的業務執行 例）契約の締結	・取締役会 （362 条 2 項 1 号）		・代表取締役 （349 条 4 項）
対内的業務執行 例）予算の編成 　　帳簿の作成 　　パンの製造			・代表取締役 （363 条 1 項 1 号） ・その他の業務執行取締役 （同項 1 号・2 号）

(2) 業務（職務）の執行の監督

Case 3-2 の②のような実行行為は、①のような決定行為に基づいて実行される。したがって、決定行為に従って適切に実行されるように誰かが**監督**（会 362 条 2 項 2 号）することも必要になる。また、実行するにあたって無駄な費用がかかれば会社の利益は減少してしまうから、そ

のような無駄な費用が生じないように効率的に実行された方がよい。そこで、効率的に実行されるように誰かが監督することも必要になる。Case 3-2 の場合であれば、国内産ではなく、外国産の米粉を用いたパンが製造・販売されていないかどうか、品質が同じで安価な米粉を取り扱っている米粉業者がほかにいるにもかかわらず、高価な米粉を取り扱っている米粉業者から米粉を購入していないかどうかをチェック・是正することが必要になる。

| Chart 3-5 | 業務執行の決定と実行とそれらの職務分担（その2）

【対外的業務執行と対内的業務執行】

（1）対外的業務執行

　Case 3-2 の甲社が、②のうち米粉を購入したり、製造したパンを販売するにあたっては、米粉業者やパンを買ってくれる消費者との間で売買契約を締結することになる。もっとも、法人である会社は、自らの意思（心）や自らの手足（肉体）によって売買契約締結のような取引行為をすることは不可能である。したがって、そのような会社を「代表」（会349条1項）して契約を締結し、その効果を会社に帰属させる者が必要になる（**第1章第3節**参照）。Case 3-2 でいえば、甲社が米粉を受け取り、米粉の代金を米粉業者に支払う状態にさせる者が必要になる。売

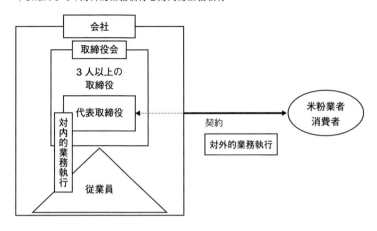

| Chart 3-6 | 対外的業務執行と対内的業務執行

買契約締結のように会社を代表する者が必要になる行為は、**対外的業務執行**といわれる。

(2) 対内的業務執行

　米粉などの売買契約の締結は、米粉などを購入するための予算の範囲で行われることになる。また、契約が締結された後には、米粉の購入金額などが帳簿に記載される。さらに、Case 3-2 ②のように購入した米粉を使用して、実際にパンを製造することになる。もっとも、法人である会社は、自らの手足（肉体）を使って、予算の編成、帳簿の作成、パンを製造する行為などを行うことは不可能である。したがって、そのような会社の代わりとなり、会社の内部でそれらの行為を行う者が必要になる（第1章第3節参照）。それらの行為は、会社の内部で行われるものであり、米粉業者やパンを買ってくれる消費者のような会社の外の者に対して会社を代表する者が必要になるものではないから、**対内的業務執行**といわれる。

【取締役会・代表取締役の間での基本的な職務分担】

　これまで説明してきたように、会社の経営は、業務執行が決定され、その決定に基づいて業務が執行（実行）されるという流れで行われる。それでは、そのような流れで行われる会社の経営を委ねられた取締役が少なくとも3人以上いる取締役会設置会社では（**1**参照）、それらの職務はどのように分担されているのだろうか（なお、職務の意味については、**第4章第1節2**参照）。

(1) 取締役会による業務執行の決定

　対内的であるか対外的であるかを問わず、Case 3-2 の①のような業務執行の決定は、原則として、すべての取締役で構成される取締役会（会362条1項）の決議によってなされる（同条2項1号）。取締役一人一人に業務執行の決定をさせるよりも、取締役会という会議体で取締役全員での審議・採決を経て決定をさせる方が適切であるからである。

(2) 代表取締役による業務の執行（実行）

　取締役会決議によって決定された業務の執行は、原則として、代表取締役によってなされる（実行される）（会363条1項）。具体的にいえば、代表取締役は、会社を代表し、Case 3-2 の②のうち売買契約の締結のような対外的業務執行を行う（会349条1項・4項）。また、予算を編成したり、帳簿を作成したり、②のうちパンを製造するといった対内的業務執行も行う。そのような代表取締役は、取締役会によって取締役の中から選定される（会362条2項3号・3項）。

(3) 業務（職務）の執行に対する取締役会による監督

　業務の執行が、取締役会決議による決定に従って効率的に行われるようにするための監督は、取締役会によって行われる（会362条2項2号）。決定した者こそ、その決定に従って実行されるよう監督するのにふさわ

しい立場にあるからである。

なお、代表取締役が取締役会決議による決定に従って業務を執行していない場合には、取締役会は代表取締役を解職することもできる（会362条2項3号）。その結果、代表取締役は、解職されたくなければ、取締役会による決定に従って業務を執行するように仕向けられる（**第3節2**も参照）。つまり、取締役会は、代表取締役の選定・解職権限を有していることを背景にして、監督を実効的に行うことができるのである（選任・解任と選定・解職の差異については、**Chart 3-7**参照）。

| Chart 3-7 | 選任・解任（株主総会決議）と選定・解職（取締役会決議）

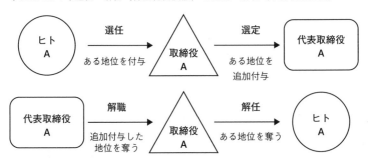

● 社長・CEO と代表取締役との関係など

Column 3-1

実際の会社で**社長**と呼ばれている者は、実務上、社長という名称が付された代表取締役であることが多い。そのほかにも、代表取締役には、**会長**、**CEO**（チーフ・エグゼクティブ・オフィサー）や**副社長**などの名称が付されていることがある。また、代表取締役ではない取締役であっても、副社長、専務や常務などの名称が付されていることがある。

代表取締役ではない取締役が副社長のような名称を付されている場合

に、その取締役が売買契約を締結しようとしたらどうなるであろうか。その取締役は代表取締役ではないから、会社を代表することはできず、その契約の効果を会社に帰属させることはできない。帰属させることができないのであれば、その契約の相手方である者は、その契約に基づいて代金を支払えといった主張を会社に対してすることはできないはずである。

　しかし、その契約の相手方である者は、取締役に副社長という名称が付されていれば、その取締役が代表取締役であると考えてしまうかもしれない。そこで、会社法は、代表取締役ではない取締役が、社長、副社長などのように代表権を有していると認められる名称を付されていた場合には、その取締役（表見代表取締役）が締結しようとした契約の効果が会社に帰属することがあると定めている（会354条。同条については**第2編第4章第4節・第5節**も参照）。

【代表取締役などへの業務執行の決定の委任】
(1) 業務執行の決定を委任することの必要性と委任の範囲

　取締役会・代表取締役の間では、これまで説明したとおりに職務が分担される。もっとも、とくに大規模な会社では、たとえば、毎日に何万個ものパンの販売のための売買契約の締結、帳簿の作成やパンの製造といった業務が山ほどある。そのような会社の取締役会が、業務執行すべての決定を毎日行わなければならないとしたらどうなるだろうか。おそらく、時間をかけて慎重に審議・採決する必要がある業務執行の決定に十分な時間をかけられなくなってしまうだろう。

　そこで、会社法は、日常的な業務執行の決定を、代表取締役やその他の業務執行取締役に委任することができるとしている。ただ、会社ひいては株主の利害に重大な影響を及ぼすような「重要な業務執行の決定」は、すべての取締役で構成される取締役会における審議・採決を経て慎

重に行われることが必要になる。したがって、以下で説明する「重要な財産の処分」などの決定は、代表取締役などに委任することはできない（会 362 条 4 項）。

(2) 委任できない「重要な財産の処分」に該当するかどうかの基準

> Case
> 3-3
>
> パンの製造・販売を唯一の事業としている甲社の代表取締役 A は、パンを製造している唯一の工場（土地建物のほか機械器具類も含む）を売却することを検討し始めた。

Case 3-3 のように唯一の工場が売却されてしまえば、甲社はパンを製造することが難しくなり、甲社のパンの製造量・販売量（売上高）は大幅に減少することになる。その結果、甲社はパンの製造・販売によって利益を稼ぎ出すことは難しくなる。ひいては、株主に利益をもたらすことも難しくなってしまう。つまり、この売却は会社ひいては株主の利害に重大な影響を及ぼす行為である。したがって、この売却は重要な業務執行であり、その 1 つである「重要な財産の処分」（会 362 条 4 項 1 号）に該当する。つまり、取締役会は、このような売却を行うこと（売買契約を締結すること）の決定を、代表取締役などに対して委任することはできず、取締役会の審議・採決を経て行わなければならない。

もっとも、一定の財産の処分が重要な財産の処分に該当するかどうかを判断することは実際には難しいことも多い。なお、判例（最判平成 6・1・20 民集 48 巻 1 号 1 頁【会社法百選 60 事件】）は、「当該財産の価額、その会社の総資産に占める割合、当該財産の保有目的、処分行為の態様及び会社における従来の取扱い等の事情を総合的に」考慮してその判断がなされなければならないとしている。

【業務執行と代表取締役以外の業務執行取締役・従業員（使用人）】

　たとえば、毎日、何万個ものパンの販売のための売買契約の締結、帳簿の作成やパンの製造といった業務が山ほどある大規模な会社では、代表取締役が取締役会から委任された対内的業務執行の決定と業務の執行（実行）を1人でこなすことは現実的ではない。複数の代表取締役が選定されている場合であっても同様である。

　そこで、会社法は、代表取締役のほかに業務を執行する取締役として取締役会が選定した者（会363条1項2号）、代表取締役から業務執行権限の一部を委任された取締役も、業務執行の決定と業務の執行（実行）を行うことができるとしている。なお、これらの者は、「業務担当取締役」と呼ばれることがある（これらの者と代表取締役を併せて「業務執行取締役」という〔会2条15号イ〕）。

　また、業務担当取締役も従業員（使用人）も、一定の範囲で会社を代理する権限（第2編第3章第2節参照）を与えられれば、対外的業務執行を行うことができる（会10条〜15条など）。

　なお、従業員は、会社を代理する権限を与えられるかどうかにかかわらず、さらには、部長や課長といった一定の役職にある者であるか平社員であるかにかかわらず、業務執行取締役の指揮のもとでその補助者としていずれの業務執行にも携わっている（1参照）。たとえば、米粉の購入のための売買契約書の作成、帳簿の作成、パンの製造といった業務執行である。

3. 取締役会の運営

　2で説明したように、取締役会は、業務執行の決定を行い、代表取締役などによる業務（職務）の執行に対する監督を行うという立場にある。そのような取締役会は、どのように運営されるのだろうか。

(1) 株主総会と取締役会の差異

株主総会も取締役会も会議体であるという点では共通している。したがって、取締役会についても、株主総会と同様に、その招集手続などが問題になる（**第2章第2節**参照）。

もっとも、株主総会は、必ずしも十分な経営能力や経営意思を有しておらず、会社の経営のことをよく知らない株主が議決権を行使する会議体である。したがって、そのような株主が議決権を行使するには十分な準備期間が必要となる。他方で、取締役会に出席し、審議に参加して、議決権を行使する取締役は、十分な準備期間がない場合であっても適切に業務執行の決定を行うことができるといった経営能力を期待されて、株主から経営を委ねられた者である。また、現実にも会社経営を取り巻く状況は日々変化するから、十分な準備期間がない場合がある。具体的には、以下のような場合である。

Case 3-4　甲社では、 Case 3-2 の②のように国内産の米粉を用いたパンを製造し、販売することを決定していた。ところが、今年はコメの不作により国内産の米粉を少量かつ高値でしか購入する（仕入れる）ことができなくなることが予測された。そこで、パンの値段を据え置きながら米粉を用いたパンの販売を続け、しかも、会社の利益を確保していくために、国内産を用いるという方針を改めて、外国産の米粉を大量かつ安値で早急に購入することも検討しなければならなくなった。

会社の利益を確保していくためには、 Case 3-4 のような変化に合わせて、十分な準備期間がなくても迅速に業務執行の決定をすることが必要になる。そのためには、公開会社では業務執行の決定を行わない株主

総会 (**第2章第2節**参照) よりも迅速に取締役会を開催し、審議を行い、決議をするといった必要がある。

(2) 株主総会の運営と取締役会の運営上の差異

株主総会と取締役会には (1) で説明したような差異がある。そこで、会社法は、**Chart 3-8** のような運営上の差異を定めている。

│ Chart 3-8 │ 株主総会と取締役会の運営上の差異

	株主総会	取締役会
議決権を行使する者	株主	取締役
招集通知の発送時期	原則2週間前（299条1項）	原則1週間前（368条）
招集通知の方法	書面または電磁的方法（299条2項・3項）	口頭も可（規定なし）
議題の特定	特定する必要あり（299条4項）	特定する必要なし（規定なし）
議決権の行使	資本多数決（308条1項）	頭数による多数決（369条1項）

4. 代表取締役・その他の業務執行取締役

【必要な取締役会決議を経ないで行われた対外的業務執行の効力】

Case 3-3 で、甲社の代表取締役 A は、甲社の取締役会決議を経ずに、P に対して唯一の工場を売却してしまった。この場合、甲社は、その工場を取り戻すために、この売却を行うにあたって締結した売買契約が無効であることを P に対して主張することができる

だろうか。

---

(1) 会社・株主と取引の相手方との間の利害調整の必要性

　2で述べたように、代表取締役は、会社を代表し、売買契約締結のような対外的業務執行を行う。もっとも、業務執行は、その決定が代表取締役などに委任されていない限り、取締役会決議による決定に基づいて行われなければならない。

　また、とくに Case 3-3 のような唯一の工場の売却（対外的業務執行）は、会社ひいては株主の利害に重大な影響を及ぼすものである。したがって、取締役会における審議・採決を経て慎重に行われることが必要である、ということになる。会社法でもそのような唯一の工場の売却は「重要な財産の処分」（会362条4項1号）にあたると考えられており、そのような「重要な財産の処分」は、すべての取締役で構成される取締役会決議に基づいて行われなければならないとされている（**2**参照）。そうであるにもかかわらず、Case 3-5 では取締役会決議を経ていないのであるから、甲社としてはAによる売却を行うにあたって締結した売買契約の無効をPに対して主張できた方がよいはずであろう（会社ひいては株主の利害の観点）。

　しかし、買主（売買契約の相手方）であるPは、甲社の取締役会決議による決定に基づかずにAが売却しようとしていることを知らなかったし、どんなに調べても知りようがなかったかもしれない。そのような場合であっても甲社がその売却を行うにあたって締結した売買契約の無効を後からPに対して主張できるとしたらどうなるだろうか。Pと同様に買主となる立場にある者は、後からそのように主張されることをおそれて、このような取引を行わなくなってしまうかもしれない。そこで、Pのような買主を保護することによって、いわゆる取引の安全を確保する必要もある（第三者の利害の観点）。

（2）判例はどのように考えているのか

判例（最判昭和 40・9・22 民集 19 巻 6 号 1656 頁【会社法百選 61 事件】）は、対外的業務執行である取引行為の相手方（第三者）が取締役会の決議を経ていないことについて善意かつ無過失である場合には、その取引を有効として相手方を保護することで、取引の安全を確保しようとしている。ただ、その取引の相手方が悪意または有過失である場合には、取引を無効とし、会社ひいては株主の利害にも配慮しようとしている。

この判例に従えば、Case 3-5 では、A が甲社の取締役会決議を経ずに工場を売却しようとしていることを P が知らなかったし（善意）、そのことをうかがわせる事情がなかった（無過失）という状況で P が工場を購入した場合には、甲社はこの売却を行うにあたって締結した売買契約の無効を P に対して主張できない。つまり、この売買契約は有効であり、甲社は工場を取り戻すことはできない（なお、新株発行の場面では、取締役会の決議を経ずに新株発行が行われたとしても、原則としてその新株発行は有効である、という点で違いがある。**第 8 章第 2 節 4 参照**）。

【必要な取締役会決議を経ないで行われた対内的業務執行の効力】

対内的業務執行では、会社との間で売買契約を締結するような取引の相手方はいない（2 参照）。つまり、取引の安全を確保することが必要な場面ではない。したがって、必要な取締役会による決議を経ずに行われた対内的業務執行は当然に無効とされる。

第3節　努力して経営を行うように仕向けるための規律づけ

1. 努力して経営するように仕向けることの必要性

甲社の取締役Ａ・Ｂ・Ｃは、努力して経営する気がなくなり、長い間、新しいパンを開発していなかった。その間に他社が開発した新しいパンが次々にヒットしていくのに対して、甲社のパンは消費者の支持を失い、その売上高は減少し続けていた。その状況でも、甲社は、従業員のリストラを行うこともなく、以前と同量のパンを製造し続けていたことから、最近では赤字が続いていた（つまり、甲社に利益がもたらされない状況が続いていた）。その結果として利益の分配を受けられなくなった甲社の株主は、この状況にどのように対処することができるだろうか。

Case 3-6 のＡらのように取締役が努力して経営しなくなってしまうと、その会社は、他社と比べて魅力的な製品を開発することはできなくなる。その結果、その会社の製品は売れなくなり、その製品を作り出すために要した原材料費、人件費などが無駄になる。最終的には、会社に利益がもたらされず、株主に対して利益を分配することもできなくなる。

そこで、取締役が、会社に利益をもたらし、株主にその利益が分配されるように経営するよう仕向けること（プラスが生じるように仕向けること）が必要となる。そのためには、取締役が（Ｉ）努力して経営するように仕向けることが必要である（**Chart 3-9** 参照）。会社法は、そのよう

に仕向けるために用いることができる規定を置いている。

| Chart 3-9 | 取締役に対する規律づけの方向性

> 会社・株主に利益がもたらされるように
> 　（Ⅰ）努力して経営するように仕向ける（**本節**）
> 会社・株主に不利益がもたらされないように
> 　（Ⅱ）注意して経営するよう仕向ける（**第5節**）
> 　（Ⅲ）会社の利益を犠牲にして取締役自身の利益を図ることがないよう仕向ける
> 　　　（**第6節**）

2. 現在の株主による不再任と解任・取締役会による不選定と解職

【現在の株主による取締役の不再任と解任】

　Case 3-6 の場合に、甲社の株主は、利益を分配することができないという状況を招いた取締役Aらをその任期が満了する定時株主総会で再任しないという行動をとることができる（**第2節1参照**）。会社法で取締役の任期が定められているからこそ、株主はこの行動をとることができるのである。また、より積極的に行動するのであれば、その任期が満了する定時株主総会を待たずに、臨時株主総会（**第2章第2節参照**）を開催し（会296条2項・3項、297条1項・4項）、取締役Aらを解任することもできる（会339条1項。**第2節1参照**）。そして、いずれの場合も、会社に利益をもたらすことができる者を新たに取締役として選任し、その者に経営を行うことを委ねるという行動をとることになる。このように再任されなかったり解任されたりすれば報酬（**第6節3参照**）を得られなくなることをおそれる取締役は、努力して経営するように仕向けられるのである。

【取締役会による代表取締役の不選定と解職】

　とくに業務執行の決定を委任されている代表取締役（**第2節2参照**）が努力して経営せず、その結果、株主に利益を分配することができないという状況を招いたような場合には、取締役会は代表取締役を解職することができる（**第2節2・Chart 3-5参照**）。このように解職されることをおそれる代表取締役は、努力して経営するように仕向けられるのである（ただし、**第4章第3節1参照**）。

| Chart 3-10 | 現在の株主による取締役の不再任と解任

3. 株式の市場価格の低迷と買収の脅威

| Chart 3-11 | 株式の市場価格の低迷と買収の脅威

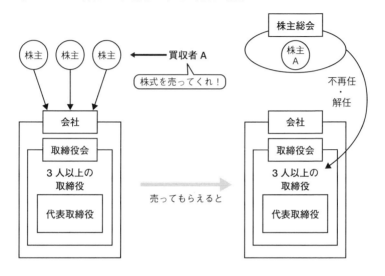

【株式の市場価格の低迷】

　上場会社（Column 1-2 参照）の株主は、利益が分配されないのであれば、このまま株主になっていても意味がないと考えて、保有している株式を売却しようとすることも多い。ただ、そのような株主からその会社の株式を購入して株主になったとしても同様に利益が分配されないことが予想されるのであれば、そもそもその会社の株主になろうと考える投資家（株主になるかどうか検討している者）は少ないだろう。つまり、その会社の株式の売り手は多いが、買い手は少ない状況になってしまうのである。そのような状況で株主がどうにかして株式を売却しようとするのならば、その価格だったら株式を購入してその会社の株主になっても

よいと投資家が考えてくれる安い値段で売り注文を出さざるをえなくなる。その結果、その株式の市場価格は低下（低迷）することになる。

【買収者による取締役の不再任・解任の脅威】

市場価格が低迷してしまうと、その会社の株式を購入しやすくなる。その結果、その会社の株式の過半数を購入し、現在の取締役を再任しない（不再任）または解任しようとする投資家が現れるかもしれない（いわゆる**敵対的買収**）。そして、この投資家は、その会社に利益をもたらすことができる者を新たに取締役として選任し、その者に経営を委ねるという行動をとる。つまり、その者の経営によって実際に会社に利益がもたらされることになった場合に、その利益が分配されることを期待して、その会社の株式を購入しようとするのである。このように再任されなかったり解任されたりすれば報酬（**第6節3**参照）を得られなくなることをおそれる取締役は、株式の市場価格を低迷させないために、会社に利益をもたらすように努力して経営するよう仕向けられることになるのである（以上の規律づけが機能するように設けられている制度については、**第8章第2節4**参照）。

第4節　取締役の義務

会社法は、取締役が（Ⅰ）努力して経営するように仕向ける（プラスが生じるように仕向ける）ためだけではなく、（Ⅱ）会社に対して損害を与えることがないよう注意して経営するように仕向ける、（Ⅲ）会社の利益を犠牲にして取締役自身の利益を図らないように仕向ける（マイナスが生じないように仕向ける）ための規定を置いている（**Chart 3-9**参照）。それらの規定に関連して、以下では、取締役が会社に対して負っている義務について説明する。

【善管注意義務】

第1に、取締役は、善良な管理者の注意をもってその職務を行わなければならない（会330条、民644条）。この義務は**善管注意義務**といわれている。取締役が会社との間で委任関係に立つことから（**第2節1**参照）会社に対して負うことになる義務である。取締役は株主から会社の経営を委ねられているのであるから、自分自身の事柄を処理する場合と比べてしっかり職務を行わなければならない。注意してその職務を行う義務であるから、Chart 3-9にあげた（II）に関連する義務である、と考えると理解しやすい。

【法令遵守義務・忠実義務】

第2に、取締役は、法令および定款ならびに株主総会の決議を遵守し、株式会社のために忠実にその職務を行わなければならない（会355条）。前者は、**法令などを遵守する義務**であり（詳細については、**第5節4**参照）、後者は、いわゆる**忠実義務**である。このうち忠実義務は、善管注意義務とは異質のものであり、会社の利益を犠牲にして取締役自身の利益を図ってはならないことを内容とする義務であると理解しようとする見解もある。この見解に従えば、忠実義務は、Chart 3-9にあげた（III）に関連する義務であると理解できる。

【善管注意義務と忠実義務の関係】

前に説明したように、善管注意義務と忠実義務とを異質なものとして理解しようとする見解もある。しかし、判例（最大判昭和45・6・24民集24巻6号625頁【会社法百選2事件】）は、忠実義務は、「善管義務を敷衍〔詳しく説明すること〕し、かつ一層明確にしたにとどまるのであって、……通常の委任関係に伴う善管義務とは別個の、高度な義務を規定したものとは解することができない」と述べている。つまり、2つの義務を同質のものであると理解しているのである。ただし、この判例に

従っても、取締役は、注意をして経営しなければならないだけではなく、会社の利益を犠牲にして取締役自身の利益を図ってはいけないことに変わりはない。

【善管注意義務・忠実義務と株主利益最大化の原則】

取締役は、株式会社のために忠実にその職務を行わなければならない（会355条）という忠実義務を負っている。そして、判例によれば、この義務は、取締役が会社に対して負う善管注意義務と同質の義務である。それでは、取締役が会社に対して負うこれらの義務と株主との関係はどのように整理できるのだろうか。

まず、「株式会社のために」経営することは、会社にできる限り多くの利益をもたらすように経営することである。そして、会社にもたらされた利益は、最終的には株主に分配されることになる（会105条参照）。つまり、取締役が会社に対して負う善管注意義務・忠実義務は、実質的には、株主にできる限り多くの利益をもたらすよう経営を行うことを内容とするものであると整理できるのである（**株主利益の最大化**。その例外として、**第5節4・第8節**参照）。

第5節　注意して経営するよう仕向けるための規律づけ

1. 注意して経営するよう仕向けることの必要性

Case
3-7

パンの製造・販売を唯一の事業としている甲社の代表取締役Aは、ノウハウが全くないにもかかわらずリゾート開発事業に進出することを検討し始めた。そして、Aは、占いが得意な友人からの勧

めだけを信じて、リゾート市場の調査も現地調査も行うことなく、きっと会社に利益をもたらすだろうと思い込んで、明らかに利用者が見込めないような、交通の便が著しく悪い場所での開発を行うことを計画した。取締役 A・B・C を構成員とする取締役会にその計画を提案したところ、検討が全く行われることなくその計画を実施することが決定された。その後、A は、実際に多額の投資を行って建設したリゾートホテルの営業を始めた。しかし、ホテルの利用者は全くおらず、結果的に、ホテルの価値はなくなった。

取締役が（Ⅰ）努力して経営しなかったことによって会社ひいては株主に利益をもたらさない（プラスが生じない）どころか、Case 3-7 のように、（Ⅱ）注意して経営しなかったことによって会社に損害を与えたりする（マイナスが生じる）こともある（Chart 3-9 参照）。注意して経営するには、Case 3-7 でいえば、市場調査や現地調査を慎重に行い、時間をかけて議論することが必要になる。つまり、自身の労力をかけることが必要になるのである。ところが、取締役である者もヒトであるから、労力をかけるよりも怠けたいと考えるかもしれない。その結果、会社に損害（たとえば、価値がなくなってしまった資産取得にかかった投資額）を生じさせてしまうかもしれない。そして、実際に会社に損害が生じれば、会社の利益は減少することになるから、株主に利益を分配することが難しくなる。

そこで、取締役が会社ひいては株主に不利益をもたらさないように、（Ⅱ）注意して経営するよう仕向けること（マイナスが生じないように仕向けること）が必要となる。会社法は、そのように仕向けるために用いることができる規定を置いている（もちろん、会社に損害が生じさせた場合には、取締役は解任される可能性もある。**第 3 節 2 参照**）。

2. 取締役の任務懈怠による会社に対する損害賠償責任

| Chart 3-12 | 取締役の任務懈怠による会社に対する損害賠償責任

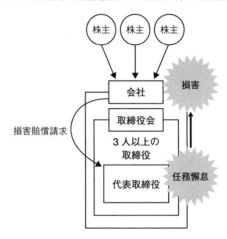

【取締役の任務懈怠による会社に対する損害賠償責任とその意義】
(1) 任務懈怠責任・対会社責任とは何か

　会社法は、取締役がその任務を怠ったこと（このことを**任務懈怠**とい
う）によって会社に生じた損害を会社に対して賠償する責任を負う、と
定めている（会423条1項）。つまり、取締役は、任務懈怠によって会
社に損害を生じさせたときには、その損害を会社に対して賠償する責任
を負うのである。この責任は、取締役が任務を懈怠したことをその責任
発生の原因としているので、**任務懈怠責任**といわれる。また、**対会社責
任**といわれることもある（第8節で説明する**対第三者責任**と対比される）。

(2) 任務懈怠責任（対会社責任）の意義

　損害賠償責任を課されれば取締役は自身の個人財産から賠償すること

になる。取締役である者もヒトであるから個人財産が減少するのは好ましないであろう。また、その個人財産の額と比べて賠償責任額が多ければ、その後の生活が破綻してしまうかもしれない。したがって、この任務懈怠責任が課されることをおそれる取締役は、Chart 3-9 にあげた（Ⅱ）注意して経営するように仕向けられることになる（なお、（Ⅲ）のようにも仕向けられることについては、第6節2・3参照）。

【どのような場合に任務懈怠があったとされるのか】

| Chart 3-13 | 取締役が任務を懈怠したと判断される可能性がある3つの場合

(a) 取締役の経営判断が失敗に終わった場合
(b) 取締役または会社が具体的な法令に違反した場合
(c) ある取締役が（a）または（b）の結果として任務を懈怠したと判断された場合に、その他の取締役がそれらの行為を見逃したとき

　取締役が任務を懈怠したと判断されるのは、大きく分けると、Chart 3-13 に掲げた場面である。Case 3-7 は、（a）の場面である。

　以下では（a）および（b）について説明する。

● 任務懈怠と帰責事由のうち（客観的）過失との関係

| Chart 3-14 | 任務懈怠と帰責事由のうち（客観的）過失との関係

・(a) の場合
　　善管注意義務に違反　→　任務懈怠有り≒過失有り
　　　　　　　　　　　　　　　（別途、過失の有無は問題にならない）

・(b) の場合
　　具体的な法令に違反　→　任務懈怠有り≠過失有り
　　　　　　　　　　　　　　　（別途、過失の有無が問題になる）

厳密にいえば、取締役が任務懈怠によって会社に損害を生じさせた場合には必ず損害賠償責任を負う、というわけではない。その任務懈怠について取締役の責めに帰すべき事由（帰責事由）がないことを自身で証明すれば、取締役は損害賠償責任を負わないのである。帰責事由とは、故意または過失があることを意味すると理解されている（過失責任）。そのうち過失は、取締役として一般に要求される能力や識見に照らし、結果発生を予見・防止すべき具体的な行為義務違反（客観的過失）を意味すると理解されている。

　もっとも、取締役の任務とは、基本的には、善管注意義務を尽くして職務を遂行することである（第4節参照）。そして、(a) の場合、善管注意義務に違反したことをもって、その任務を懈怠した、ということになると理解されている。したがって、(a) の場合には、取締役が、善管注意義務に違反し、その任務を懈怠したかどうかを判断する際に考慮される事実・事情と、過失があったかどうかを判断する際に考慮される事実・事情は、ほぼ重なり合うのである。その結果、取締役がその任務を懈怠したと判断される場合には、ほとんどの場合において、過失もあった、ということになる。つまり、過失があったかどうかは別途問題にはならないのである。

　他方で、(b) の場合、取締役は、具体的な法令に違反することによって法令遵守義務（第4節参照）に違反したことのみをもって、その任務を懈怠した、ということになると理解されている。つまり、(b) の場合には、善管注意義務に違反したかどうかが問題にされることはないのである。したがって、取締役がその任務を懈怠したと判断されたとしても、過失があったかどうかが別途問題になる。

3. 経営判断の失敗と経営判断原則

Case 3-7 のAのように、取締役が注意して経営しなかったことによって（a）その経営判断が失敗に終わり、会社に損害を生じさせた場合であれば、その損害を賠償する責任を課されるべきである、ということは理解しやすい。しかし、取締役が注意をして経営していたにもかかわらず、その経営判断が失敗し、会社に損害を生じさせてしまった場合はどうであろうか。

【責任を課すべきであると考えてしまうとどうなるか】

Case 3-7 とは異なり、代表取締役Aは、リゾート市場の調査や現地調査も綿密に行った。そして、景気が悪化したとしても、ある程度の利用者が見込め、会社に利益をもたらすことができると慎重に判断した場所で開発を行うことを計画した。取締役会でも時間をかけてその計画の検討がなされ、そのうえで決定された。ところが、営業を始めたあたりから、計画・決定時点には全く想定することができなかった世界的な恐慌によって国内景気も著しく悪化した。そのため、ホテルの利用者はほとんどおらず、結果的に、ホテルの価値はなくなった。

Case 3-8 の場合、Aは、注意をしていたとはいえ、結果的には、会社に損害を生じさせている。そこで、その損害を賠償する責任をAに対して課すべきであると考えてしまうとどうなるだろうか。おそらく取締役は、結果的に会社に損害を生じさせた場合に責任を課されることをおそれて（2参照）萎縮するだろう。その結果、会社に損害をもたらす可能性が少しでもあれば、会社に利益をもたらす可能性が高い経営（判

断）であっても、行わなくなってしまうかもしれない。さらに、取締役になろうと思う者もいなくなってしまうかもしれない。そうなってしまうと、会社に利益がもたらされることはなくなり、株主は利益の分配を受けることを期待して会社に対して出資したにもかかわらず分配を受けられなくなってしまいかねない。

【経営判断原則】

　以上からすれば、取締役が注意をして経営していた場合には、その経営判断が失敗し、結果的に会社に損害を生じさせたとしても、その損害を賠償する責任をその取締役に対して課すべきではないということになる。このような考え方は**経営判断原則**といわれる。

　任務懈怠責任を定めている会社法 423 条 1 項に沿って述べれば、そのような取締役は、善管注意義務に違反したと判断されるべきではないし、その任務を懈怠したともされるべきではない、ということになる（**Chart 3-14** 参照）。したがって、経営判断原則は、善管注意義務の内容や善管注意義務違反、そして任務懈怠の有無を裁判所が判断する際の審査基準として機能するものといえる。

【善管注意義務違反・任務懈怠の有無についての具体的判断基準】

　確かに、経営判断原則のような考え方は重要である。もっとも、取締役が注意をして経営していた、と裁判所が簡単に判断してしまうとどうなるだろうか。取締役は本来払うべき注意をして経営するように仕向けられなくなってしまうだろう。したがって、裁判所は、取締役に対する規律づけと萎縮とのバランスに配慮しながら、取締役が注意して経営をしていたかどうかを判断すべきであるということになる。

　実際の裁判例はどのように判断しているのであろうか。判例（最判平成 22・7・15 判時 2091 号 90 頁【会社法百選 48 事件】）は、経営判断「の過程、内容に著しく不合理な点がない限り、取締役としての善管注意義

務に違反するものではないと解すべきである」と述べる。

【経営判断の過程面と内容面の審査の必要性】

大きく分ければ、取締役がその経営判断を行うにあたって情報収集や
その情報の分析・検討をしていたかどうかは経営判断の過程面である。
ある新規事業のノウハウが全くないにもかかわらず全く情報を収集せず
に、また、全く検討もせずに、会社に利益をもたらすであろうと思い込
んで、ある事業に多額の投資をするという経営判断が行われれば
（Case 3-7）、その事業は失敗に至り、会社に多額の損害を生じさせる可
能性が高くなる。反対に、ある程度の情報を収集し、その分析・検討な
どをしたうえで、投資するという経営判断が行われたのであれば、その
事業は成功し、会社に利益がもたらされる可能性が高くなることが期待
できる。したがって、そのような過程面の審査が必要になる。

もっとも、そのような情報収集やその情報の分析・検討がなされてい
たとしても、取締役として通常の能力・識見を有する者の立場からその
分析・検討結果などを見れば、その経営判断は行われるべきではない不
合理なものであるという場合がある。したがって、その経営判断が行わ
れるべきではない不合理なものでなかったかどうかという内容面の審査
も必要になる。

【判例の審査基準は妥当なのか】

前掲・最判平成22年は、そのような2つの面に著しく不合理な点が
ないかどうかを基準として、善管注意義務違反があったかどうかを判断
しようとしている。この判例が、取締役を規律づけることの重要性を認
識しながらも、萎縮させないようにするという経営判断原則の考え方に
依拠しているのかどうかは明らかではない。ただ、この判例によれば、
裁判所は、経営判断の過程面と内容面が著しく不合理であるかどうかを
審査することになる。したがって、ある程度は取締役が Chart 3-9 で示

した（II）注意して経営するように仕向けられることになろう。他方で、裁判所は、不合理かどうかではなく、著しく不合理であるかどうかを審査するにすぎないことになる。したがって、取締役を過度に萎縮させてしまうということもないだろう。

4. 法令違反

【法令違反と任務懈怠】

Case
3-9

パンを製造・販売している甲社の代表取締役Aは、ある添加物を用いるとパンのおいしさが増すことに気づいた。もっとも、Aは、その添加物を用いた食品を製造・販売することが食品衛生法に違反することも知っていた。しかし、それだけおいしいパンであれば消費者の支持を集めることができると考えて、違反の事実を隠し、製造・販売を開始した。実際にそのパンはヒットし、一時的には甲社に利益がもたらされた。ところが、その後、違反の事実がマスコミによって明らかにされた。そして、それをきっかけに、甲社の信用はなくなり、甲社のパンは全く売れなくなってしまった。

前に述べたように、取締役または会社が法令に違反した場合（Chart 3-13 の（b））には、法令遵守義務（第4節参照）に違反したとして、取締役は任務を懈怠したとされる。なお、この場合は、善管注意義務に違反したかどうかが問題とされることはない（Chart 3-14 参照）。

【取締役が遵守義務を負う「法令」の範囲】

│Chart 3-15│取締役が遵守義務を負う「法令」の範囲

○取締役を名宛人とする法令
○会社を名宛人とする法令
 ・会社・株主の利益を保護するための法律（会社法など）
 ・社会全体の利益を保護するための法律（食品衛生法・独占禁止法など）

　Chart 3-13 の（b）の場合、取締役は任務を懈怠したとされる。それでは、どのような法令に違反したとしても、そのように任務を懈怠したと判断されてしまうのだろうか。

（1）取締役が遵守義務を負う「法令」の範囲

　取締役は法令などを遵守する義務（法令遵守義務）を負っている（**第4節**参照）。したがって、取締役は当然に、取締役を名宛人とする法令を遵守しなければならない。たとえば、善管注意義務を定める会社法330条（民644条）や忠実義務を定める会社法355条に加えて、これらを具体化する形で取締役がその職務執行に際して遵守すべき義務を個別的に定める規定である会社法356条1項（同条同項については、**第6節**参照）などである。

　それだけではなく、取締役は、会社を名宛人とし、「会社がその業務を行うに際して遵守すべき」法令に会社が違反することがないようにしなければならない（最判平成12・7・7民集54巻6号1767頁【会社法百選47事件】）。そのような法令は、会社や株主の利益を保護するために置かれている会社法だけではない。たとえば、食品衛生法や独占禁止法のように、いわば社会全体の利益を保護するために置かれている法令も含まれる。つまり、取締役はあらゆる法令を遵守しなければならないのである。

(2) なぜ取締役はあらゆる法令を遵守しなければならないのか

　取締役は株主から経営を委ねられている。だからこそ、株主にできる限り多くの利益をもたらすよう経営することを実質的な内容とする善管注意義務・忠実義務を負っている（**第4節**参照）。そのことからすれば、取締役は当然に、主として会社・株主の利益を保護することを目的とする会社法を遵守しなければならない、ということは理解しやすい。

　しかし、なぜ取締役は、社会全体の利益を保護するために置かれている法令までも遵守しなければならないのだろうか。あらゆる法令を遵守すべきであることは、ヒトにも会社にも等しく妥当する最低限の社会規範であると考えられる。そうだとすれば、そのような会社の機関である取締役も、取締役が負う善管注意義務の一内容として、あらゆる法令を遵守すべきということになる。このような説明によれば、取締役は、「株主利益の最大化」（**第4節**参照）のために法令に違反したのである、ということを理由にして任務を懈怠していない、と主張することはできない。

【法令違反について故意がある場合】

　前で説明したことからすれば、Case 3-9 のAは、甲社が遵守すべき食品衛生法という法令（甲社を名宛人とする法令）に違反させたとして、その任務を懈怠した、ということになる。さらに、Aは、食品衛生法に違反することを知っていた。つまり、法令違反について故意があったのである。その結果、その任務懈怠（法令違反）によって甲社に損害（甲社の信用を回復させるために要した費用など）を生じさせたのであれば、その任務懈怠について故意があるAは、その損害を賠償する責任を負うことになる（**Chart 3-14**参照）。

　なお、Aは、甲社そして甲社の株主に利益をもたらすために食品衛生法に違反してでも特定の添加物入りのパンの製造・販売を行ったのである、ということを主張して損害賠償責任を免れることはできない。

● **法令違反について過失がない場合**

　前で説明したのは、法令に違反しないように注意するどころか、違反することについて故意がある（違反することを知っていた）Case 3-9 の取締役 A についてである。そのような故意はないが、法令に違反しないように注意をしていなかったとして過失があると判断される取締役も、故意があると判断される取締役と同様、損害賠償責任を負う。

　それでは、法令に違反したことについて故意がなく過失もないと判断された取締役はどうだろうか。そのような取締役は、法令に違反したとしてその任務を懈怠したと判断され、その任務懈怠により会社に損害を生じさせたと判断されたとしても、損害賠償責任を負わない（**Chart 3-14** 参照）。たとえば、取締役が結果的に法令に違反するとされた行為をすることを決定したが、その行為を実施した当時、その会社と同業のいずれの会社もそれらの会社を監督する官庁も、その行為が法令に違反するとは認識していなかったような場合には、過失がないと判断される（前掲・最判平成 12 年参照）。

第6節　会社の利益を犠牲にして取締役自身の利益を図らないように仕向けるための規律づけ

1. 会社の利益を犠牲にして取締役自身の利益を図らないように仕向けることの必要性

　取締役である者もヒトであるから、他の者の利益を犠牲にしてでも自分自身に利益をもたらすことができるのであれば、うれしいと感じるか

もしれない。したがって、もし
会社の利益を犠牲にすることに
よって自分自身の利益を図るこ
とができる機会があれば、その
機会を利用して実際に自分自身
の利益を図ろうとするかもしれ

| Chart 3-16 | 会社の利益を犠牲にして
取締役自身の利益を図る
ことが懸念される場面

・競業取引
・利益相反取引
・報酬の支払

ない。その結果、会社に不利益が生じ、会社の利益が減少することにな
れば、株主に分配される利益も少なくなってしまう。

　そこで、取締役が会社ひいては株主に不利益をもたらすことがないよ
うに、（Ⅲ）会社の利益を犠牲にして自分自身の利益を図ることがない
よう仕向けること（マイナスが生じないように仕向けること）が必要とな
る（Chart 3-9 参照）。なお、取締役が会社の利益を犠牲にして容易に自
分自身の利益を図ることが懸念されるのは、Chart 3-16 に掲げた場面な
どである。会社法は、それらの場面で、取締役が自分自身の利益を図る
ことがないように仕向けるために用いることができる規定を置いている
（もちろん、その場面で会社に損害を生じさせた場合には、取締役は解任され
る可能性もある〔第 3 節 2 参照〕）。

2. 競業取引

　乙駅前の店舗のみにおいてパンを製造・販売している甲社（代表
取締役 A）は、丙駅前に新たに店舗を設けることを具体的に計画し
た。そして、丙駅周辺の市場調査や用地探しを始めていた。ところ
が、その計画を知った甲社の取締役 B は、甲社内で得た情報（ノウ
ハウなど）を用いて、自ら丙駅前に店舗を設け、パンの製造・販売
を開始しようと考え始めた。

　開始するにあたって B は何か手続を踏むことが必要なのだろうか。

なお、B は甲社の取締役を辞任していない。

| Chart 3-17 | 競業取引を行おうとする取締役

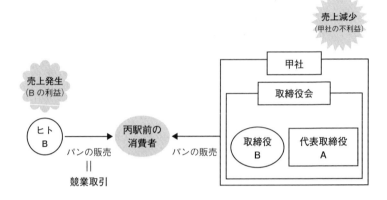

【競業取引の問題点】

　取締役は、自身が現在就任している会社の業務執行の決定・実行に関与しているから、そのノウハウや顧客リストなどの内部情報を簡単に知ることができる。取締役がそのような情報を使用して「自己又は第三者のために」その「会社の事業の部類に属する取引」（会356条1項1号。この取引を**競業取引**という）を行ったらどうなるだろうか。その取締役や第三者は、そのような情報を使用しない場合と比べれば、簡単に利益を得ることができるだろう。反対に、情報を使用されてしまった会社は、現在または将来の顧客を奪われることになるだろう。結果的に、その会社の利益が減少することになる。つまり、取締役は、競業取引を行えば、会社の利益を犠牲にして容易に自分自身の利益を図ることができるのである。そこで、会社法は、そのような競業取引を規制するための規定を

置いている（同項同号）。

【会社法が競業取引を禁止していないのはなぜか】

　前に説明したとおり、取締役は、競業取引を行えば、会社の利益を犠牲にして容易に自分自身の利益を図ることができる。そうであるなら、そもそも競業取引を禁止すべきであると思うかもしれない。しかし、禁止してしまうとどうなるだろうか。会社に多くの利益をもたらすことができる有能な人材ではあるが、もうすでに「自己又は第三者のために」競業取引に該当するような取引を行っている者がいるとしよう。有能であるので是非とも取締役に就任してくれるよう頼んでも、就任すればその取引を行うことができなくなることを嫌がって、就任を断ってくるかもしれない。また、すでに取締役に就任しており、現に会社に多くの利益をもたらしている有能な人材である者がこれから競業取引を行おうと考えた場合はどうだろうか。その会社の取締役に就任している間は競業取引を行うことができないから、競業取引を行うために辞任してしまうかもしれない。つまり、競業取引を禁止してしまえば、かえってその会社に利益がもたらされないことになってしまいかねないのである。

　したがって、会社法は、競業取引を禁止してはいない（Chart 3-18 参照）。すでに競業取引を行っている者が取締役に就任するときには、また、すでに取締役に就任している者が競業取引を行おうとするときには、その取引につき取締役会の承認を受けなければならない、といった制限を規定しているにすぎない（会356条1項1号、365条）。なお、取締役会は、2つの利益（不利益）を衡量して、競業取引を承認するか判断することになる。具体的には、競業取引が行われることによって犠牲にされる会社の利益（会社が被ることになる不利益）と、その者が会社の取締役であることによってその会社にもたらされる利益である。

| Chart 3-18 | 規制の強弱（イメージ）

強 ◄━━━━━━━━━━━━━━━━━━━━ **弱**

完全に禁止　＞　　何らかの制限　＞　　完全に自由

【承認を受けなければならない取引】

　厳密にはどのような取引が競業取引に該当するのだろうか。つまり、取締役会の承認を受けなければならない「自己又は第三者のために」行われる「会社の事業の部類に属する取引」（会356条1項1号）とは何だろうか。

（1）「会社の事業の部類に属する」取引

　「会社の事業の部類に属する取引」に該当するかどうかは、定款に記載されている会社の目的として掲げられている事業に関係する取引であるかどうか（**第7章第2節**参照）が基準になるのではない。原則として、その会社が現在行っている事業に関係する取引であるかどうかが基準になる。ただし、現在は行っていない事業に関係する取引であっても、「会社の事業の部類に属する取引」に該当する場合がある。具体的な計画に基づいて、市場調査や用地探しが始まっているような事業（会社が将来行うことを具体的に予定している事業）に関係する取引である（東京地判昭和56・3・26判時1015号27頁【会社法百選53事件】参照）。また、現在行っている（または現在は行っていないが将来行うことを具体的に予定している）事業に関係する取引であっても、同じ地域で行うことになるものでなければ、「会社の事業の部類に属する取引」には該当しない。

	会社が現在行っている事業に関係する取引	会社が現在行っていない事業に関係する取引
同じ地域で行うことになる取引	該当する	該当しない ※将来行うことを具体的に予定している事業に関係する取引であれば該当する
同じ地域で行うことにはならない取引	該当しない	該当しない

| Chart 3-19 | 「会社の事業の部類に属する取引」の範囲

(2) 「自己又は第三者のために」行われる取引

「自己又は第三者のために」行われる取引とは、少なくとも、自己または第三者の名で自己または第三者の計算で行われる取引を意味する（「第三者のために」の例としては、**3** 参照）。

(3) Case 3-10 について

前（(1)(2)参照）に説明したことからすれば、Case 3-10 では以下のようになる。とくに丙駅前でのパンの販売のための売買契約締結は、B が現在取締役に就任している甲社が（現在は行っていないが）将来行うことを具体的に予定している事業に関係する取引である。しかも、丙駅前という同じ地域で行うことになる取引である。したがって、「会社の事業の部類に属する取引」に該当する。また、パンの販売のための売買契約は B の名で締結されるはずであるし、パンをたくさん販売することができれば B 自身が利益を得ることができる。したがって、「自己のため」に行われる取引である。以上から、その取引は競業取引に該当するので、B は実際にその取引を開始する前に、その取引につき甲社の取締役会の承認を受けなければならない。

【承認を受けずに取引を開始したら任務懈怠責任を負う】

　競業取引につき取締役会の承認を受けなければ、取締役は、法令（会356条1項1号、365条1項）に違反したとして、その任務を懈怠した、ということにもなる（Chart 3-14、第5節4参照）。もっとも、会社（または株主）が取締役の任務懈怠責任を追及するには、任務懈怠による取引によって生じた損害の額が実際にいくらであったかを証明しなければならない（第5節2参照）。しかし、もし取締役会の承認を受けられずにその取引がなされなかったとしたら会社に生じた利益がいくらであったか、ひいては、その取引によって会社に生じた損害の額がいくらであったかを会社（または株主）が証明することは難しい。利益の額は景気の変動などにも影響されるからである。

　そこで、会社法は、取締役会の承認を受けずに行った競業取引によって取締役自身または第三者が得た利益の額を、その取引によって会社に生じた損害の額であると推定する、と規定している（会423条2項）。この規定により、会社（または株主）は、承認を受けずに行われた競業取引によって会社に生じた損害の額が実際にいくらであったかを証明をする必要がなくなる。結果的には、取締役の任務懈怠責任が認められやすくなるから、実際に責任を負わされることをおそれる取締役は、取締役会の承認を受けようとするであろう。つまりは、会社の利益を犠牲にして取締役自身の利益を図ろうとする競業取引が制限されることになるのである。

3. 利益相反取引

Case 3-11

　甲社（代表取締役A）の取締役Bは、B個人が所有している土地をその実勢価格（1億円）を著しく上回る価格（2億円）で甲社に売却できないかと考えている。この売却についてBは何か手続を踏

むことが必要なのだろうか。

| Chart 3-20 | 利益相反取引（自己のための直接取引）

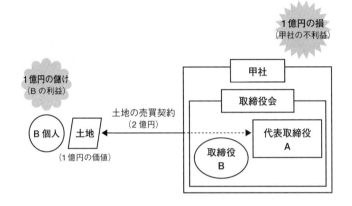

【利益相反取引の問題点】

　取締役は、現在就任している会社と取引を行うことによって（このような取引を**利益相反取引**という）、その会社の利益を犠牲にして自分自身の利益を図ろうとするかもしれない。 Case 3-11 でいえば、実際に2億円という価格で取引（甲社とBとの間の売買契約）が行われれば、甲社の利益が犠牲にされ、取締役Bに利益がもたらされることになる。つまり、取締役は、利益相反取引を行えば、会社の利益を犠牲にして容易に自分自身の利益を図ることができるのである（**Chart 3-20** 参照）。そこで、会社法は、そのような利益相反取引を規制するための規定を置いている（会356条1項2号・3号）。

【会社法が利益相反取引を禁止していないのはなぜか】

　前に説明したとおり、取締役は、利益相反取引を行えば、会社の利益

を犠牲にして容易に取締役自身の利益を図ることができる。そうであるなら、そもそも利益相反取引を禁止すべきであると思うかもしれない（**Chart 3-18** 参照）。しかし、禁止してしまうとどうなるだろうか。たとえば、パンを製造・販売している会社が、新たな店舗を設けるために最適な駅前の一等地を探しているという場面を考えてみよう。この場合に、自社の取締役がそのような土地を所有していることもあるかもしれない。しかも、**Case 3-11** とは異なり、その取締役が、その土地を実勢価格（1億円）よりも安い価格（9000万円）で会社に売却してくれるということもあるかもしれない。形式的に見れば、この取引も会社とその会社の取締役との取引であるから、利益相反取引に該当する。もっとも、この取引が実際に行われれば、会社にとって利益がもたらされることになる。つまり、このような利益相反取引を禁止してしまえば、かえってその会社に利益がもたらされないことになってしまいかねないのである。

　したがって、会社法は、利益相反取引を禁止してはいない。利益相反取引をしようとするときに取締役会の承認を受けなければならない、といった制限を規定しているにすぎない（会356条1項2号・3号、365条）。

【承認を受けなければならない取引①（直接取引）】

　厳密にはどのような取引が利益相反取引に該当するのだろうか。つまり、取締役会の承認を受けなければならない利益相反取引とは何だろうか。

(1) 自己のための直接取引

　第1に、「取締役が自己又は第三者のために株式会社」とする取引（この利益相反取引を**直接取引**という。会356条1項2号）である。**Case 3-11** の取引（甲社とBとの売買契約）は、B自身のために行われるものである。したがって、「自己」「のために株式会社」とする直接取引である。

（2）第三者のための直接取引

 Case 3-12　甲社（代表取締役 A）の取締役 B は、乙社の代表取締役でもある。

B はその乙社が所有している土地をその実勢価格（1億円）を著しく上回る価格（2億円）で甲社に売却できないかと考えている。

B は何も手続を踏むことなく売却することができるのだろうか。

| Chart 3-21 | 第三者のための直接取引

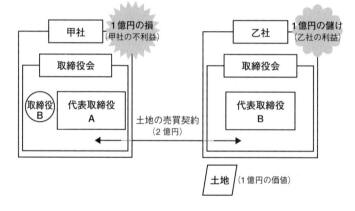

Case 3-12 の取引（甲社と乙社との売買契約）は、B が、甲社でも B 個人でもない第三者である乙社のために乙社の代表取締役として行ったものである。したがって、「第三者のために株式会社」とする直接取引である（Chart 3-21 参照）。

【承認を受けなければならない取引②（間接取引）】

甲社（代表取締役 A）の取締役 B は、生活資金が必要となったので、B 個人として乙銀行から金銭の貸付を受けるために（B が乙銀行との間で金銭消費貸借契約を締結するために）、乙銀行の店舗に赴いた。ところが、乙銀行の貸付担当者から、貸付を受けたいのならば、この貸付に対する保証をしてくれる誰かを探してきてください、と言われた。そこで、B は、甲社がこの貸付に対する保証をしてくれるよう（甲社が乙銀行との間で保証契約を締結してくれるよう）A に対してお願いした。この保証について B は何か手続を踏むことが必要なのだろうか。

| Chart 3-22 | 間接取引

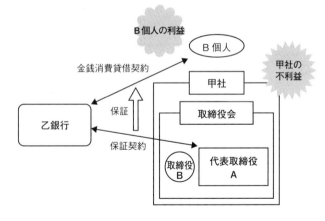

Case 3-13 の A が甲社を代表して乙銀行との間で保証契約を締結したらどうなるだろうか。甲社が保証契約を締結してくれれば、貸付を受け

ることができ、それを生活に充てることができるという利益がBにもたらされることになる（取締役Bの利益）。ところが、Bが乙銀行に対して貸付金を返済できないときには、とりあえず甲社がBの代わりに乙銀行に対して貸付金を返済（保証債務を履行）しなければならなくなる。実際に甲社が乙銀行に対して返済した場合に、甲社はBに対してその返済額を返してくれるよう請求すること（求償）はできる（民446条1項、459条）。もっとも、Bが求償に応じなければ（応じることができなければ）、乙銀行に対する返済額などに相当する甲社の費用は増加することになってしまう（甲社の不利益）。つまり、この保証契約が締結されれば、甲社の利益が犠牲にされBの利益が図られることになるのである（Chart 3-22参照）。

そこで、会社法は、このような取引も利益相反取引の1つとして制限している。具体的にいえば、このような取引は「株式会社が取締役の債務を保証する」取引にあたり、乙銀行のような取締役以外の者との間において甲社のような株式会社とBのような取締役との利益が相反する取引（会356条1項3号。この取引を**間接取引**という）であると定めている。そして、取締役は取締役会の承認を受けなければならないと規定している（同項同号、365条）。

その他、会社が取締役の債務を引き受ける場合（最大判昭和43・12・25民集22巻13号3511頁【会社法百選56事件】）や、取締役の債務について会社が担保を提供する場合（東京地判昭和50・9・11金法785号36頁）も同様である。

【承認を受けずに取引をしたら任務懈怠責任を負う】

利益相反取引につき取締役会の承認を受けなければ、取締役は、法令（会356条1項2号・3号、365条1項）に違反したとしてその任務を懈怠した、ということにもなる（Chart 3-14、第5節4参照）。したがって、任務懈怠責任を負う可能性があるから、実際に責任を負わされることをお

それる取締役は、取締役会の承認を受けようとするであろう。つまり、会社の利益を犠牲にして取締役自身の利益を図ろうとする利益相反取引が制限されることになるのである。

4. 報酬の支払

【報酬の支払の問題点】

取締役に選任された者は、会社との間で任用契約（委任契約）を締結する（第2節1参照）。そして、通常は、役務を提供する（会社で仕事をする）対価として、その会社から報酬を受け取る。なお、その会社の代表取締役が、取締役に選任された者との間で任用契約の締結を行うことになる（第2節2参照）。

取締役が努力して経営すればするほど多額の報酬を受け取ることができるのであれば、取締役は努力して経営するように仕向けられるだろう（ Case 3-1 参照）。他方で、その任用契約によって何らの制約もなく報酬額を決定することができるのであれば、どうなるだろうか。取締役である者もヒトであるから、できるだけ多くの財産（金銭）を手に入れたいと思うだろう。したがって、そのような取締役同士が馴合うことによって、提供される役務（行われる仕事）に見合う額と比べて多額の報酬を支払うことが決定されてしまうかもしれない。その場合、会社としては、提供される役務に見合う額よりも多額の報酬を支払うことになるから、会社の利益は減少することになる。つまり、取締役は、取締役同士で報酬額を決定することができるのであれば、会社の利益を犠牲にして容易に自分自身の利益を図ることができてしまうのである（これを**お手盛りの弊害**という。Chart 3-23 参照）。そこで、会社法は、報酬額の決定（報酬の支払）を規制するための規定を置いている（会361条）。

【規制の方法と判例】

（1）株主総会決議による取締役の報酬額の決定

　会社法は、取締役の報酬額の決定は、原則として株主総会決議によらなければならないと定めている（会 361 条 1 項。金銭だけではなく、その会社の株式などを報酬とすることもできる）。取締役が多額の報酬を受け取ることを期待して努力して経営すればするほど、会社の利益は増加する可能性が高くなる。その結果、株主は、その分だけ多くの利益を分配してもらえることになる。他方で、取締役の報酬額が提供される役務に見合う額よりも多額であれば、会社の利益は減少する。その結果、株主は、その分だけ利益を分配されなくなるという不利益を被る（**Chart 3-23** 参照）。そこで、会社法は、そのような株主に報酬額を決定させているのである。

| Chart 3-23 | 取締役同士による報酬額の決定（お手盛り）の弊害

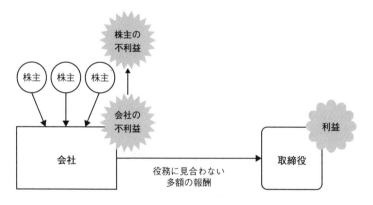

（2）報酬額の決定の実務と判例

　もっとも、判例によれば、株主総会決議によって複数の取締役個人の

報酬額をそれぞれ決定しなければならない、というわけではない。その合計の最高限度額を決定すればよいのである（たとえば、取締役3名の報酬の合計額は、1億円を上限とするといった決定。最判昭和60・3・26判時1159号150頁）。そして、その場合は、その限度額の枠内で、取締役会が取締役個人の報酬額を決定することになる（たとえば、取締役Aは5000万円、取締役Bは3000万円、取締役Cは2000万円とするといった決定）。さらには、取締役会から委任を受けて（再一任）代表取締役が決定することも少なくないのだが、判例はいずれも問題視していない。

（3）実務と判例の問題点

　確かに、株主総会が最高限度額を決議しさえすれば、複数の取締役個人の報酬額の合計でみれば、提供される役務に見合う額よりも多額の報酬が支払われる可能性は低くなる。つまり、お手盛りの弊害を除去することはできる。したがって、このような最高限度額のみを株主総会の決議によって決定するという方法は、会社法361条に違反するものではない、と理解されていたのである。

　しかし、とくに代表取締役が取締役個人の報酬額を決定するという状況では、代表取締役以外の取締役が代表取締役の機嫌を損なわないように、顔色をうかがって行動することになりかねない（第4章 Case 4-1 も参照）。その結果、取締役を構成員とする取締役会が、代表取締役による業務（職務）の執行に対する監督（第2節2参照）を十分に行わなくなるおそれがある、とも指摘されている（第4章第3節参照）。

Column 3-4

● 取締役の個人別報酬の内容についての決定方針などの開示

　2019（令和元）年会社法改正によって、監査役会設置会社（第4章第1節1参照）のうち公開会社である大会社では、複数の取締役個人の報酬額の合計の最高限度額のみが株主総会決議によって決定された場合

（第6節4参照）には、その決定に基づく取締役の個人別の報酬の内容についての決定に関する方針を取締役会の決議によって決定しなければならないものとされた（会361条7項1号）。さらに、その方針に関する事項や、代表取締役が取締役個人の報酬額を決定する場合（再一任された場合には、そのことに関する事項を開示しなければならないともされた（会社則121条4項）。株主は、そのような開示を受けて、取締役個人の報酬額の決定の方法に不満があれば、株主総会決議において報酬議案に反対することもできる、ということになる。つまり、とくにこの開示は、株主自らによる取締役に対する規律づけを機能させるために役立つ可能性がある。

第7節 対会社責任の追及方法

前（第5節参照）に説明した任務懈怠責任を課されることによって会社に対して損害を賠償しなければならなくなることをおそれる取締役は、（Ⅱ）注意して経営するように仕向けられる（Chart 3-9参照）。また、任務懈怠責任は、取締役が会社の利益を犠牲にして自分自身の利益を図った場合にも課される可能性がある（第6節2・3参照）。したがって、取締役は（Ⅲ）そのように行動しないようにも仕向けられる（Chart 3-9参照）。

そのように仕向けられていたにもかかわらず、取締役が会社に対して損害を与えてしまったとしよう。ところが、取締役は任務懈怠責任を負うことを自ら認め、すすんで賠償しようとはしないかもしれない。そこで、取締役に実際に賠償させるためには、その取締役が任務懈怠責任を負うと裁判所に判断してもらう必要がある。そのためには、誰かが任務懈怠責任を追及する訴えを提起しなければならない。

そうであるにもかかわらず、もし誰も責任追及の訴えを提起しないとしたらどうなるだろうか。取締役は、実際に会社に対して損害を賠償しなければならなくなることをおそれなくなってしまうだろう。その結果、（Ⅱ）や（Ⅲ）のように仕向けられることはなくなってしまうのである。そこで、会社法は、責任追及の訴えが提起されやすくなるような仕組みを設けている。

1. 会社による責任追及の訴えの提起

【代表取締役が自らまたは同僚の取締役の責任追及の訴えを提起することは期待できるか】

　まず再確認しておかなければならないのは、任務懈怠責任に基づいて取締役に対して損害賠償を請求する権利は、会社が有する権利であるということである。なぜなら、任務懈怠責任は、取締役がその任務を懈怠することによって会社に損害を生じさせた場合に課されるものであるからである（**第5節2**参照）。したがって、その損害賠償請求権は、本来であれば、会社がその任務を懈怠した取締役に対して行使すべきものである。以上からすれば、取締役の任務懈怠責任を追及する訴えも、まずは会社が原告となって提起されることになる。

　もっとも、法人である会社は、自らの意思（心）や自らの手足（肉体）によって訴えを提起することはできない（**第1章第3節**参照）。そうであれば、その会社の代表取締役が訴えを提起することになるということになりそうである（会349条4項。**第2節2**参照）。しかし、代表取締役である者もヒトであり、自らの不利益になるような行為をすることは考えづらい。したがって、自らの任務懈怠責任を追及する訴えを提起することは期待できないだろう。同僚である取締役の任務懈怠責任を追及する訴えも、代表取締役がその取締役に対して身内意識を感じている場合には、期待できないだろう。

【監査役による取締役の責任追及の訴えの提起】

そこで、会社法は、その会社が監査役設置会社（第4章第1節1参照）である場合に、会社が取締役の任務懈怠責任を追及する訴えを提起するときには、代表取締役ではなく、監査役が会社を代表すると定めている（会386条1項。**Chart 3-24** 参照）。なぜなら、監査役は、代表取締役と比べれば、取締役から独立して会社の利益のために行動することを期待できるからである（第4章第1節3参照。ただし、本節2も参照）。なお、訴えを提起するかどうかだけでなく、訴えをどのように追行するかどうかを判断する権限も監査役に帰属する。

|Chart 3-24| 監査役による取締役の責任追及の訴えの提起

2. 株主による責任追及の訴え（株主代表訴訟）の提起

Case 3-14

Case 3-9 において、甲社の監査役Ｄは、取締役Ａの任務懈怠責任を追及する訴えを提起しようとしない。この場合、株主Ｐは自ら訴えを提起することはできるだろうか。

【株主による責任追及の訴えの提起】

Case 3-9 では、取締役が任務懈怠責任を負っていることは明らかである。ところが、Case 3-14 のＤのように、訴えを提起するかどうかを判断する権限を有している（1参照）監査役が訴えを提起しようとしない場合もある。監査役にとって取締役は同じ会社の同僚であるともいえるから、監査役がその取締役に対して身内意識を感じていることもありうる。その場合には、訴えを提起することを躊躇することもあるかもしれないのである。そこで、会社法は、監査役の代わりに株主が自ら訴えを提起することができるという仕組みを設けている（会847条以下）。株主が訴えを提起する場合に、この訴えのことを**株主代表訴訟**という。

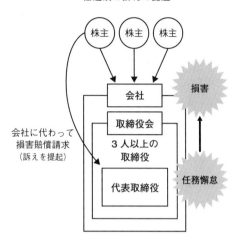

| Chart 3-25 | 株主による取締役の任務懈怠責任追及の訴えの提起

【株主代表訴訟を提起するために踏まなければならない手続】

　もっとも、任務懈怠責任に基づいて取締役に対して損害賠償を請求する権利は、会社が有する権利である（1参照）。したがって、その権利を行使するために取締役の責任を追及する訴えを提起するかどうかは、まずは会社が判断する事柄であるはずである。そこで、会社法は、（6か月前から引き続き株式を有する）株主は、原則として、会社（監査役）に対して取締役の責任を追及する訴えを提起するよう請求する、という手続を踏まなければならないと定めている（会847条1項、386条2項1号）。そして、その請求の日から60日以内に会社が訴えを提起しない場合にはじめて、その請求をした株主は、会社のために、自ら訴えを提起することができると規定しているのである（会847条3項）。

【株主代表訴訟を提起しやすくするために（裁判関連費用の負担）】

Case
3-15

　株主 P は代表取締役 A の任務懈怠責任を追及する訴え（株主代表訴訟）を提起しようと考えていた。ところが、訴えを提起し追行するには多額の裁判関連費用を P が個人で負担しなければならない、という話を友人から聞いた。そのため、P は訴えを提起するかどうか迷っている。

　制度上は株主が株主代表訴訟を提起することができる。しかし、提起した株主が、提起し追行するためにかかる多額の裁判関連費用（提訴手数料など）を個人で負担しなければならないとしたらどうなるだろうか。実際には提起されなくなる可能性が高くなるだろう。そうなれば、取締役が（Chart 3-9 参照）（Ⅱ）や（Ⅲ）のように仕向けられることはなくなってしまう。

　そこで、株主が株主代表訴訟を提起しやすくなるような仕組みが設けられている。たとえば、株主代表訴訟を提起する際に裁判所に支払わなければならない提訴手数料の負担の軽減である。本来であれば、民事訴訟を提起する場合には、請求しようとしている損害賠償額（請求額）に応じて提訴手数料を支払わなければならない（請求額が高額になればなるほど、多くの提訴手数料を支払わなければならない）。他方で、株主代表訴訟を提起する場合には、請求額が低額であろうが高額であろうが、1 万 3000 円を支払えばよい（会 847 の 4 条 1 項、民事訴訟費用等に関する法律 4 条 2 項、別表第 1）。また、株主が株主代表訴訟で勝訴し、取締役が任務懈怠責任を負うと判断された場合には、弁護士費用などを自らに支払うよう会社に対して請求することができる（会 852 条 1 項）。

● 責任の免除・限定・D&O 保険・会社補償

　任務懈怠責任が課されることをおそれる取締役は、たとえば、注意して経営するように仕向けられることになる（第5節～第7節参照）。もっとも、任務懈怠責任が課されることをおそれて、その業務の執行が萎縮する（第5節3参照）などの弊害が生じる、という指摘もある。その指摘に従えば、任務懈怠責任を免除したり限定したりすることも必要であるということになる。そこで、会社法はそのような免除・限定についての規定を設けている（会424条以下など）。

　また、上場会社では、任務懈怠責任の一部をも塡補の対象とするD&O 保険（会社役員賠償責任保険）が普及している。このD&O 保険には、取締役の業務の執行が萎縮するなどの弊害を除去する意義があるという指摘もある。ところが、会社法には、D&O 保険に関する契約に関する規定は存在していなかったため、D&O 保険の位置づけが不明確であった。そこで、2019（令和元）年会社法改正によって規定が設けられることとなった（会430条の3）。この改正では、任務懈怠責任に関連して、会社補償に関する規定も新設された（会430条の2）。

第8節　取締役の任務懈怠による第三者に対する損害賠償責任

1. 対第三者責任とは何か
【間接損害を生じさせた取締役の責任】

　　パンを製造・販売している甲社の代表取締役 A は、小麦粉業者である乙社から小麦粉を購入した。その後、A は、とても仲の良い友人 Q からの頼みを断り切れず、しかも、返済してくれそうもないことはわかっていながら、甲社を代表して甲社が有する1億円もの大金を Q に貸し付けた。実際に Q は貸付金を甲社に返済しなかったため、甲社の資金繰りは悪化し、甲社は倒産するに至った。その結果、乙社は、小麦粉の代金を支払ってもらえなくなった。

| Chart 3-26 | 間接損害を生じさせた取締役の対第三者責任

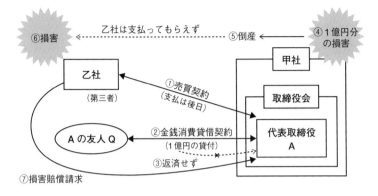

前（**第4節**参照）に説明した**任務懈怠責任**（対会社責任）に基づく損害賠償請求権は、取締役がその任務を懈怠したことによって損害を受けた会社が有する権利であった。もっとも、取締役に対する損害賠償請求権の中には、会社ではない者が有するものもある。

たとえば、Case 3-16 のAのように取締役がずさんな貸付をすることによってその任務を懈怠したとしよう（この任務懈怠については、**第5節1**参照）。その任務懈怠によって支払ってもらえなくなった小麦粉の代金額に相当する損害を受けた乙社のような債権者も、Aのような取締役に対して損害賠償請求権を有する可能性がある（**Chart 3-26**参照）。つまり、取締役は、その職務を行うについて悪意または重大な過失があったときは、これによって第三者（その会社でも取締役でもない者）に対して生じた損害を賠償する責任を負う（会429条1項）。この責任を**対第三者責任**という。

2. 対第三者責任による債権者保護の意義

【契約債権者は自衛できないのか】

　対第三者責任が認められれば、会社の債権者は被った損害の回復に損害賠償金をあてることができる。したがって、対第三者責任は債権者を保護する仕組みであるといえる。

　もっとも、対第三者責任は債権者にとって本当に必要なのだろうか。なぜなら、その会社に対して経営資金を融資する銀行のような契約債権者であれば、自衛することができるからである。たとえば、損害を受けることを予期するのであれば、銀行は、そもそも融資を行わなければよい。また、融資を行うとしても債権の全額を回収することができないという状況を想定して多くの利息を求めればよい。そのような高い利息を受け取ることによって、実際に債権の全額を回収できなくなった場合の損失（損害）を埋め合わせることができる。

　しかし、そのような契約債権者は、たとえば、被るかもしれない損害の回復にあてるのに必要な水準を超えて、多すぎる利息を求めてくるかもしれない。つまり、自衛が過剰になされるかもしれないのである。また、銀行などと同じく契約債権者であるといっても Case 3-16 の乙社のような原材料の納入業者（取引先）は、そのような自衛をしないかもしれない。

【対第三者責任の意義】

　前に説明した問題があることからすれば、対第三者責任のように債権者を保護する仕組みはやはり必要であるということになる（ただし、4参照）。損害を受けることを予期していたとして、実際に損害を受けた場合には対第三者責任が認められればその損害の一部が塡補されることになる。したがって、契約債権者は安心でき、過剰な自衛をすることなく、会社と取引してくれるかもしれない。その結果、その取引によって

（少ない利息で）融資を受けたり、原材料を仕入れることができる会社の取締役は、会社にできる限り多くの利益をもたらすよう経営することができる。

　また、対第三者責任を課されて、自分自身の個人財産から損害を賠償しなければならなくなることをおそれる取締役は、（Ⅱ）会社だけではなく、第三者に対しても損害を与えることがないよう注意して経営するように仕向けられることになる。さらに、（Ⅲ）会社の利益を犠牲にして自分自身の利益を図ることがないように仕向けられることになる（Chart 3-9 参照）。その結果、そもそも債権者が損害を受けることは少なくなる。

3. 対第三者責任と不法行為責任との関係

【同時に不法行為責任を追及することもできる】

　対第三者責任という仕組みが設けられていても、会社の債権者は、不法行為責任（民709条）に基づいて取締役に対して損害賠償を請求することもできる（最大判昭和44・11・26民集23巻11号2150頁【会社法百選66事件】）。

　なお、 Case 3-16 の乙社のような債権者は、甲社とは契約関係にあるが、取締役であるA個人とは契約関係にはない。つまり、Aは甲社の代表取締役として甲社を代表して乙社のような債権者と契約を締結したりするが（対外的業務執行。**第2節2**参照）、その契約の当事者はあくまでも甲社と乙社のような債権者である（Chart 3-26 参照）。したがって、取締役に対しては、契約関係にない者に対しても負う可能性がある不法行為責任を追及することはできるが、契約関係にある者に対して負うものである債務不履行責任（民415条）を追及することはできない。

【不法行為責任との違いなど】

　不法行為責任を追及する場合には、被害者である債権者は、取締役がその債権者自身に対する加害につき故意または過失があったことを証明しなければならない（民709条参照）。他方で、対第三者責任を追及する場合には、取締役がその任務（職務）を懈怠したことにつき悪意または重過失があったことを証明しなければならない、という違いがある（会429条1項参照）。したがって、債権者は、取締役がその任務（職務）を懈怠したことにつき悪意または重過失があったことを証明することができるのであれば、その債権者自身に対する加害につき故意または過失があったことを証明することができなくても、対第三者責任に基づいて損害を填補してもらえることになる。つまり、不法行為責任という仕組みだけではなく、対第三者責任という仕組みがあることによって、しかも、要件を満たしていることを証明しやすい場合があることによって、債権者は厚く保護されることになる。

4. 間接損害と直接損害

【間接損害】

　Case 3-16 では、取締役Aがずさんな貸付をすることによってその任務を懈怠したといえる。そして、その任務懈怠によって、Qから返済されなかった貸付金に相当する額の損害を甲社が被った。その結果、甲社は倒産し（**第10章参照**）、甲社の債権者である乙社は代金を支払ってもらえなくなったことによって小麦粉の代金額に相当する損害を被ったのである。つまり、取締役の任務懈怠によって会社が損害を受け、その結果、会社の債権者が損害を受けたという場合である（**Chart 3-26 参照**）。この場合に債権者である乙社が被った損害のことを**間接損害**という（なお、Case 3-16 の乙社のように間接損害を受けた第三者は、債権者代位権〔民423条〕により実質的に損害を填補してもらえる可能性がある。したがっ

て、そのような第三者に取締役の対第三者責任を追及することを認める必要はないともいえるかもしれない）。

【直接損害】

それに対して、取締役の任務懈怠によって、会社は損害を受けずに、直接、会社の債権者が損害を受けた場合はどうだろうか。この場合、債権者が被った損害のことを**直接損害**という。

パンを製造・販売している甲社の資金繰りは悪化し、その倒産は時間の問題であった。ところが、その代表取締役 A は、甲社が倒産するまではパンを製造・販売しようと考えた。そこで、甲社が倒産すれば、小麦粉の代金を支払えなくなると考えながらも、小麦粉業者である乙社から小麦粉を購入した。その後、実際に甲社は倒産してしまった。その結果、乙社は、小麦粉の代金を支払ってもらえなくなった。

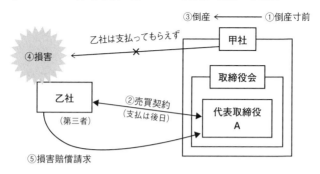

| Chart 3-27 | 直接損害を生じさせた取締役の対第三者責任

Case 3-17 の乙社は、支払ってもらえなくなった小麦粉の代金額に相当する損害を受けている。この損害は直接損害である。なぜなら、甲社自体は、代表取締役Aによる小麦粉の購入（仕入れ）という行為によって、小麦粉を取得することができている。したがって、甲社自体は損害を受けていない。そして、乙社が小麦粉の代金を支払ってもらえなくなっているからである（ただし、甲社は損害を受けていないのであるから、代表取締役Aがその任務を懈怠したといえるかどうかは疑わしい、という問題はある）。

判例によれば、債権者は、間接損害・直接損害いずれの損害についても、対第三者責任によって賠償するよう請求することができる（前掲・最大判昭和44年）。

第1節　監査役

1. 監査役による取締役に対する規律づけ

　株式会社では、出資者である株主自らが会社の経営を行うわけではない。会社の経営は、株主によって選任された取締役に委ねられる。つまり、株式会社では制度上所有と経営が分離しているのである（**第1章第1節3**参照）。

　このように株主が会社の経営を取締役に委ねるのは、その取締役が経営者として会社を経営することによって会社に利益をもたらし、その利益が株主に分配されることを期待するからである。ところが、会社に損害などのような不利益が生じれば会社の利益は減少することになる。そこで、取締役が会社に不利益をもたらすことがないように仕向ける必要がある（取締役に対する規律づけ）。そのような規律づけの方法として、前（**第3章**参照）に説明した方法に加えて、監査役という制度が用意されている。この制度は、株主が株主総会で監査役を選任し（会329条1項）、取締役の職務の執行を監査（チェック）させるというものである（会381条1項）。なお、公開会社（取締役会設置会社）では原則として、そのような監査役の設置が強制されている（**第1章第3節**参照。取締役会設置会社は原則として**監査役設置会社**〔会2条9号〕である）。

　なお、本章では、公開会社（**第1章第2節**参照。公開会社は取締役会設置会社である）について説明する。

2. 監査役による監査の種類と監査役の権限・義務・責任

【監査役による監査の種類】

(1) 会計監査と業務監査

監査役は取締役の職務の執行を監査する（会381条1項。取締役の職務とは、業務の執行に限られない。取締役会の構成員として行う業務執行の決定や他の取締役の業務〔職務〕の執行の監督〔会362条2項など〕を含む。それらの行為については、**第3章第2節**参照）。その監査は、①**会計監査**と②**業務監査**の2つに分けられる。①会計監査とは、取締役の職務の執行のうち会計に関する事項に対する監査である（詳しくは、**第5章第2節4**参照）。②業務監査とは、取締役の職務の執行のうち会計に関する事項以外の事項に対する監査である。

(2) 適法性監査と妥当性監査（取締役会による監督との差異）

| Chart 4-1 | 監督と監査の対象

	適法性に関する事項	妥当性に関する事項
取締役会による監督	○	○
監査役による監査	○	△

取締役の職務の執行に対しては、取締役会によって監督（会362条2項2号）も行われる（**第3章第2節2**参照）。そのような取締役会による監督と比較して、監査役による監査はどのような点で異なっているのだろうか。

取締役会による監督は、取締役の業務（職務）の執行（実行）が法令・定款を遵守して行われているかどうかという適法性の観点から行われるにとどまらない。それに加えて、取締役による業務の執行が効率的

に行われているかどうかといった妥当性の観点からも行われるのである（第3章第2節2参照）。

それに対して、監査役による監査は原則として、適法性の観点からの監査（これを**適法性監査**という）にとどまる。なぜなら、株主から会社の経営を委ねられているのは取締役であるにもかかわらず、もし監査役に妥当性の観点からの監査（これを**妥当性監査**という）まで行わせることでその経営に口出しさせるということになると、取締役は経営を円滑に行うことができなくなってしまうだろう。また、そのような監査を行うことは、監査役にとって負担が大きすぎる。ただし、個々の条文をみると、後で述べるように、監査役も妥当性監査に関連する権限を与えられてはいる（以上については、**Chart 4-1**参照）。

【監査役の権限・義務・責任】

（1）監査役の権限

監査役は、以下のような会社法によって与えられた権限（その一部については、**第3章第7節1**も参照）を行使

| Chart 4-2 | 監査の流れ

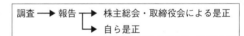

しながら、調査・報告・自ら是正するという形で、監査を行う（**Chart 4-2**参照）。そして、監査報告を作成すること（**第5章第2節4**参照）が主な職務である。

まず、監査役は、会社の業務や財産の状況をいつでも調査する権限を与えられている（会381条2項・3項）。この調査の範囲は、適法性に関する事項に限定されていないから、監査役は妥当性に関する事項も調査することができる。

その調査を行った結果、取締役などの職務の執行について、法令・定款に違反している事項（適法性に関する事項）や、著しく不当な事項（妥

当性に関する事項）がある場合、監査役は取締役会や株主総会に報告しなければならない（会382条、384条）。その報告を受けた取締役会は、そのような職務の執行を是正するよう代表取締役などに対して求めることになる。それでも是正されない場合には、その代表取締役などを解職したりする（取締役会による監督である。**第3章第2節2、第3節2参照**）。また、株主総会もそのような取締役を再任しないという行動をとったり、解任したりする場合もある（**第3章第3節2参照**）。

さらに、法令・定款に違反する行為（適法性に関する事項）がある場合、または、そのおそれがある場合、監査役は自ら是正することもできるし、是正しなければならない（監査役による**違法行為差止請求**〔会385条〕）。

以上の権限などが行使されることによって、取締役は、会社に損害などのような不利益をもたらすことがないように仕向けられることになる。

(2) 監査役の義務と責任

監査役に選任された者は、取締役と同様（**第3章第2節1参照**）、会社との間で委任関係に立ち（会330条）、善管注意義務を負うことになる（**第3章第4節1参照**）。そして、監査役である者もヒトであるから、前（(1) 参照）に述べた権限を適切に行使しなかったり、義務を果たさなかったりすることがありうる。その場合には、善管注意義務に違反したと判断される可能性がある。実際に善管注意義務に違反し、その任務を怠ったとされる場合には、監査役はそれにより会社や第三者に生じた損害を賠償する責任を負う（会423条、429条）。この点も取締役と同様である（**第3章第5節～第8節参照**）。

3. 取締役からの独立性の確保

【取締役から独立していなければどうなるか】

Case 4-1

　もし Case 3-2 の甲社で、代表取締役 A が監査役 D の報酬をいく
らにするかを決定することができるということになっていたとした
らどうなるだろうか。できる限り多くの報酬を受け取りたい D は
A の機嫌を損なわないように注意しながら日々すごすことになる。
このような D は A の職務の執行の監査を十分に行うだろうか。

　取締役の職務の執行を監査する立場にある監査役は、取締役から独立
している必要がある。なぜなら、監査される立場にある取締役の言いな
りになるような監査役では、取締役の職務の執行の監査を十分に行うこ
とはできないからである。

　そこで、監査役が取締役の言いなりになることがないように、会社法
は、監査役が取締役から独立しているという状況を確保し、監査を十分
に行うことができるようにするための規定を設けている（ただし、**第3
章第7節2、本章第3節1参照**）。

【取締役からの独立性を確保するための規定】

| Chart 4-3 | 取締役と監査役の任期などの違い

	取締役	監査役
任期	短期・短縮可	長期・短縮不可
報酬規制の趣旨	お手盛り防止	独立性確保
解任	株主総会の普通決議	株主総会の特別決議

(1) 選　任

　監査役は株主総会の決議によって選任される（会329条1項、309条1項、341条）。通常は取締役がその株主総会に監査役の選任に関する議案（**第2章第3節**参照）を提出するが、そのときには現在の監査役の同意が必要である（会343条1項）。つまり、現在の監査役が、次の監査役に誰を選任するかどうかに関与することができる。現在の監査役が取締役の言いなりでなく独立していれば、取締役は自らの指示に従うような者を次の監査役に選任することもできなくなる。その結果、次の監査役も取締役から独立しているという状況が確保される。

(2) 任　期

　監査役の任期は、約4年間である（正確には、選任後4年以内に終了する事業年度のうち最終のものに関する定時株主総会の終結の時まで。会336条1項）。公開会社においては、取締役とは異なり（**第3章第2節1**参照）、その任期を短くすることはできない。つまり、監査役として選任されれば（解任〔**(5)** 参照〕されない限り）少なくとも4年は、取締役の顔色をうかがうことなく、監査役としての身分が保障されるのである（**(4)** も参照）。

(3) 兼任禁止

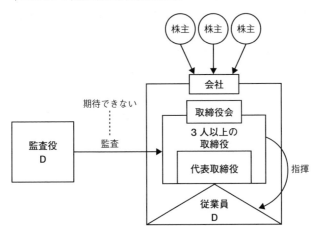

| Chart 4-4 | 監査役の兼任禁止の趣旨

　監査役である者もヒトであるから、自分自身のことを厳しく監査すること（これを自己監査という）は期待できない。したがって、取締役を監査する立場にある監査役である者は、監査される立場にある取締役となる（取締役を兼任する）ことはできない（会335条2項）。

　また、監査役は、従業員（使用人）となることもできない（会335条2項）。なぜなら、従業員は、取締役の指揮のもとでその補助者として業務執行に携わっている（第3章第2節1・2）。つまり、日頃から取締役の指揮を受けながら役務を提供する（会社で仕事をする）立場にある。監査役がそのような従業員を兼任することになれば、まさに取締役からの独立性が確保されていない、という状況になってしまうからである（Chart 4-4参照）。

(4) 報　酬

　監査役も、取締役と同様、会社との間で任用契約（委任契約）を締結し（2参照）、通常は、役務を提供する（会社で仕事をする）対価として、その会社から報酬を受け取る。その会社の代表取締役が、監査役との間でその契約の締結を行うことになる（**第3章第2節2参照**）。しかし、もしその任用契約によって何らの制約もなく報酬額を決定することができるのであれば、どうなるだろうか。監査される立場である代表取締役は、厳しい監査を行わない監査役には、行われた監査に見合う額と比べて多額の報酬を支払うことを決定し、厳しい監査を行う監査役には、少額の報酬を支払うことを決定するだろう。もしそうなれば、監査役は、代表取締役の機嫌を損なわないように、顔色をうかがって行動することになる（ Case 4-1 参照）。つまり、監査役は、（代表）取締役から独立していない状況になり、監査を十分に行わなくなってしまう。そこで、会社法は、監査役の報酬は、原則として、株主総会の決議によって定めるとしている（会387条1項）。

　なお、取締役の報酬額の決定も監査役の報酬額の決定も、株主総会の決議が必要である点では共通している。しかし、取締役の報酬額の決定はお手盛りの弊害を防止するために（**第3章第6節4参照**）、他方で、監査役の報酬額の決定は取締役からの独立性の確保のために株主総会による決定が必要とされているという点で、その目的は異なる。

(5) 終　任

　任期が満了すれば自動的に終任となる。ただし、株主総会で再び選任（再任）されることはある。また、自らの意思で辞任した場合も終任となる（民651条1項）。その他、解任された場合も終任となる。監査役の解任は、取締役の解任と同様に（**第3章第3節2参照**）、株主総会の決議による（会339条1項）。もっとも、取締役の解任とは異なり、株主総会の普通決議ではなく、特別決議によらなくてはならない（会309条

2項7号、341条、343条4項)。これも、監査役の地位を強化し、監査役の独立性を確保するためである。

第2節　監査役会

1. 監査役会の設置による監査体制の強化

【大規模な会社における監査の難しさなど】

　公開会社のうち大会社（**第1章第2節**参照）では、株主や債権者などの数も多いから、取締役の職務の執行に何らかの問題が生じれば、その影響は大会社でない会社と比べれば大きくなる。ところが、会社の規模が大会社のように大きければ、取締役の職務の執行の数も多くなり、その範囲も広くなる。したがって、そのすべての監査を1人の監査役で行うことは難しい。また、複数の監査役がいたとしても、分担を決めなければ複数の監査役が同じ範囲の監査を重複して行うことになり無駄でもある。そこで、取締役の職務の執行を監査するための体制を強化したり、その体制の詳細を定めておくことが必要となる。

【監査役会の設置による監査体制の強化】

　会社法は、公開会社である大会社では3人以上の監査役を選任しなければならないと規定している（**2**以下参照）。そして、それらの監査役で組織される監査役会を設置し、監査範囲の分担などを決定するとしている（会328条1項、335条3項、390条1項・2項）。つまり、監査役会の設置を強制することによって、監査役会が設置されていない会社と比べて監査体制を強化しようとしている。

2. 監査役会の構成など

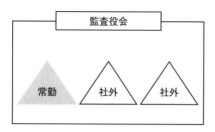

│Chart 4-5│監査役会の構成

【社外監査役】

　監査役会は 3 人以上の監査役により組織される（1参照）。また、その
うち半数以上は、社外監査役（厳密な定義は、会 2 条 16 号）でなければ
ならない（会 335 条 3 項）。なお、過半数ではなく半数以上なので、た
とえば、監査役が 4 人いれば、そのうち、3 人ではなく、2 人が社外監
査役であればよい。

　従業員（使用人）を辞職せずに監査役に就任することはできないが
（第1節3参照）、いったん従業員を辞職して監査役に就任することはで
きる。つまり、最近まで従業員として（代表）取締役の指揮のもとでそ
の補助者として業務執行に携わっていた者（第3章第2節2参照）が監査
役に就任することは禁止されていない。もっとも、そのような者ばかり
が監査役に就任してしまうと、（代表）取締役の職務の執行に対する監
査が十分に行われなくなってしまうかもしれない。そこで、会社法は、
監査役が取締役から独立している状況を確保するための規定（第1節3
参照）を設けることに加えて、監査役会を構成する監査役の少なくとも
半数が社外監査役でなければならないとしているのである。

【常勤監査役】

　監査役会設置会社では、監査役のうち1名が常勤の監査役でなければならない（会390条2項2号、3項参照）。会社法では「常勤」の意味は定められていないが、基本的には会社の営業時間中（たとえば、平日午前9時から午後6時まで）は職務に専念する、という意味であると理解されている。したがって、常勤監査役であれば監査を日常的に行うことになる。その結果、取締役の職務の執行に関する情報を多く入手することになる。

　他方で、非常勤であることが多い社外監査役は、最近まで従業員であったわけでもないからそのような情報をもともと有してはいないし、日常的に監査を行うわけでなければ入手することも難しい。そこで、常勤監査役が監査役会の場においてそのような情報を非常勤の社外監査役と共有すれば、それによって各監査役が連携して行動することができるようになる。つまり、監査役会が設置されていない会社と比べて監査体制が強化されることになる。

3. 監査役会の権限と運営

【監査役会の権限】

　監査役会は、監査報告（第5章第2節4参照）の作成、常勤監査役（2参照）の選定および解職を行う。また、監査の方針や業務および財産の状況の調査の方法なども決定する（会390条2項）。この決定によって、無駄な重複なく監査を行うことができるように、各監査役の分担も定まる。

【監査役の独任制】

甲社（監査役会設置会社）の監査役 D は、監査役会で決定した分担に従って監査を行っていた。ところが、分担外ではあるが、取締役 A が法令に違反していることが疑われる事項があることに気づいた。そこで、その事項を分担する同僚の監査役 E にそのことを報告した。ところが、E は調査をしようとはしない。この場合、D は、そのような分担外の事項を自ら調査することができるだろうか。

　監査役会では各監査役の分担が決定される。しかし、その決定によって、個々の監査役が与えられている権限（調査権限など。**第1節2参照**）を行使することを妨げることはできない（会390条2項ただし書）。これを監査役の**独任制**という。つまり、分担の決定は、あくまでも無駄な重複なく監査を行うことができるようにするためのものであるにすぎない。したがって、Case 4-2 の D は、分担外の事項であっても自ら調査することができる。

第3節　指名委員会等設置会社および監査等委員会設置会社

1. 監査役設置会社の問題点と2つの機関設計の登場

　これまでは監査役設置会社（**第1節1参照**）について説明してきた。ところが、監査役設置会社では、取締役会による監督（**第3章第2節2参照**）や監査役による監査など（**第1節・第2節参照**）による取締役に対す

る規律づけが十分に機能していない現状にある、とも指摘されてきた。そのような現状に対処するために新設された機関設計が、指名委員会等設置会社と監査等委員会設置会社である。

【監査役設置会社の取締役会による監督や監査役による監査の現状】
（1）取締役会による監督の現状

　業務執行の決定は、取締役会での取締役全員による審議を経て行われるはずである。また、実務上社長という名称が付された（Column 3-1 参照）代表取締役（代表取締役社長）は、取締役会決議によって選定・解職されることになっている。そのような状況では、取締役会は代表取締役社長の職務の執行（実行）を実効的に監督することになるはずである（第3章第2節2参照）。ところが、現実には、取締役会の構成員である取締役の多くが、同じく取締役会の構成員の1人であるにすぎない代表取締役社長の意向に従ってその審議を行っているといえる場合も多い。取締役の多くがそのように代表取締役社長の意向に従うのはなぜなのだろうか。

　取締役会を構成する取締役の多くは、代表取締役以外の業務執行取締役（業務担当取締役）となっている。業務担当取締役は、取締役会から業務執行の決定の大部分を委任されている（第3章第2節2参照）。代表取締役の指揮のもとで業務を執行（実行）する。そうでなければ、会社の業務執行の統一性が確保されず、効率的に業務が執行されなくなってしまうからである。このように普段から代表取締役の指揮のもとで業務を執行している業務担当取締役は、取締役会の審議でもその意向に従う傾向にある。

　このような状況では、業務担当取締役がその構成員の大部分を占めている取締役会が、代表取締役による業務（職務）の執行に対する監督を行うことは難しい（第3章第6節4も参照）。

（2）監査役による監査の現状

　取締役の職務の執行を監査する役割は、主として監査役が担当している（**第1節1参照**）。監査役がその役割を十分に果たすように、監査役に関する会社法の条文は頻繁に改正されてきた。しかし、そのような改正にもかかわらず、代表取締役である社長の不祥事（例として Case 3-7 、 Case 3-9 、 Case 3-16 ）を防ぐことができない事例が定期的に発生している。その要因の1つとして、監査役には、取締役会において議決権がなく、代表取締役を解職する権限がないことが指摘されてきた。また、監査役は、日本独自の制度であるため、アメリカなど海外の投資家からすると、その仕組みが分かりにくいという難点もあった。

【2つの機関設計の登場】

　そこで、2002（平成14）年商法改正によって、新しく、**指名委員会等設置会社**という機関設計を採用することができるようになった。この会社は、アメリカの上場会社を参考にしたものである。監査役の代わりに監査委員である取締役（社外取締役〔**第3章第2節1**〕がその中心を担う）が取締役の職務の執行を監査・監督する。

　さらに、2014（平成26）年会社法改正によって、**監査等委員会設置会社**という機関設計を採用することもできるようになった。この会社は、ごく単純化していうと、日本型の監査役会設置会社とアメリカ型の指名委員会等設置会社の中間形態である。

　大会社である公開会社は、監査役会設置会社であるか、上記の2つのタイプの会社であることが義務づけられている（**第1章第3節参照**）。新しく認められた2つのタイプの会社とも、監査役を置くことは認められていない。その代わりに、取締役会の中に、監査委員会や監査等委員会といった委員会が置かれるのである。以下では、これら2つのタイプの会社について簡単に説明する。

● 監査役会設置会社での社外取締役の義務づけ

　2019（令和元）年会社法改正によって、監査役会設置会社（監査役会設置会社のうち公開会社であり、かつ、大会社であるものに限る）の一部にも、社外取締役を置かなければならない、という条文が新設された（会327条の2）。これによって、本文で述べたような現状にあった監査役会設置会社の一部では、社外取締役が代表取締役などの業務執行取締役から独立した立場から監督を行うことが期待されることになる。

| Chart 4-6 | 機関設計の比較

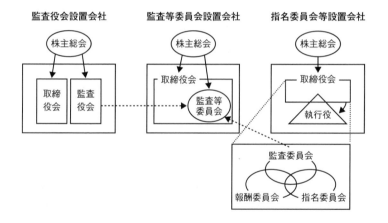

2. 指名委員会等設置会社

【指名委員会等設置会社の基本的な仕組み】

　指名委員会等設置会社において、主として経営を担当するのは、執行

役という機関である（会418条）。執行役は、取締役会によって選任される（会402条2項）。執行役の任期は、約1年間（**第3章第2節2参照**）である（同条7項）。

一般に、複数の執行役の中から、代表執行役が取締役会によって選任される（会420条1項）。代表取締役ではなく、代表執行役が会社のトップとなるのである（会420条3項、349条4項参照）。

執行役が適切に経営を行っているかどうかをチェックするのは、指名委員会等設置会社の取締役会の役割である。具体的には、取締役会の内部に、3つの委員会（指名委員会、監査委員会、報酬委員会。3つ合わせて指名委員会等という）が設置される（会327条1項4号、2条12号）。

【3つの委員会の権限】

監査委員会は、執行役の職務の執行を監査するほか、監査役と同様の権限を有する（会404条2項、405条〜408条）。指名委員会は、取締役の人事に関する議案の内容を決定する（会404条1項）。報酬委員会は、執行役・取締役の個人別の報酬の内容を決定する（同条3項）。個々の執行役の働きぶりをチェックして、それに見合った報酬額を決定するとともに、翌年度の人事に反映させることを通じて、取締役会は執行役・取締役を監督する（会416条1項2号）。

【取締役の任期などと取締役会の権限】

指名委員会等設置会社の取締役の任期は約1年間（**第3章第2節2参照**）であり（会332条6項）、各委員会の委員は、取締役会決議によって取締役の中から選定される（会400条2項）。各委員会の委員は、3名以上で、そのうち過半数は社外取締役でなければならない（同条1項・3項）。

指名委員会等設置会社の取締役会は、基本的に、執行役の職務の執行の監督を行い、特に重要な事項についてのみ業務執行の決定を行う（会

416条1項・4項）。つまり、指名委員会等設置会社では、執行と監督の分離が徹底されており、迅速な対応が可能となるのである。これはモニタリング・モデルと呼ばれる。

たとえば、重要な財産の処分などの重要な業務執行の決定についても（Case 3-3 参照）、指名委員会等設置会社では、取締役会の決議によって執行役に委任することができる（会416条4項）。このことは、監査役会設置会社において、このような重要な業務執行について、取締役会が必ず決定しなければならない（会362条4項）とされていることと対照的である（第3章第2節2参照）。

【指名委員会等設置会社の利用の現状】

現在のところ、指名委員会等設置会社は、あまり利用されていない。2019年6月末の時点で、上場会社の約2％、80社程度に留まっている（その理由については、3参照）。

3. 監査等委員会設置会社

【指名委員会等設置会社と監査等委員会設置会社の差異】

前（2参照）で述べた指名委員会等設置会社は、制度として非常に洗練されたものである。しかし、実務上、人事に関する指名委員会の運営が主として社外出身の社外取締役を中心になされることに対して、心理的な抵抗があるといわれている。

そこで、監査等委員会設置会社の制度が創設された。この会社では、実務上の抵抗感を抑えながら、指名委員会等設置会社と同じように、執行と監督の分離を図ることができる。この会社では、指名委員会等設置会社における3つの委員会の機能を、監査等委員会という1つの委員会が代替している。

【監査等委員会設置会社の基本的な仕組みなど】

　監査等委員会設置会社の経営のトップは、代表取締役である（会399条の13第3項）。執行役は置かれない。

　監査等委員会設置会社において、取締役の不正のチェックを担当するのは、主として、取締役会の中に設置される監査等委員会である（会327条1項3号、2条11の2号、399条の2以下参照）。

【取締役の任期など】

　監査等委員会設置会社においては、監査等委員である取締役と、それ以外の一般の取締役が、区別されて株主総会で選任される（会329条2項）。前者の任期は約2年間であり（会332条1項・4項）、後者の任期は約1年間である（同条3項）（**第3章第2節2参照**）。監査等委員である取締役は、3名以上で、そのうち過半数は社外取締役でなければならない（会331条6項）。

【監査等委員会の権限】

　監査等委員会は、取締役の職務の執行に対する監査を行うほか（会399条の2第3項）、監査役と同様の権限を有する（会399条の2～399条の7）。さらに、監査等委員は、株主総会において、監査等委員以外の取締役の人事や報酬について意見を述べる権限を有している（会342条の2第4項、361条6項）。指名委員会等設置会社における指名委員会や報酬委員会の権限に近い権限が監査等委員会に与えられているのである。

【取締役会の権限】

　監査等委員会設置会社の取締役会の権限をどのようにするかは、定款であらかじめ定めることができる（会399条の13第6項）。重要な業務執行の決定について、取締役会決議によって代表取締役などの取締役に委任すると定款で定めておけば、指名委員会等設置会社と同様に、取締

役会の機能を監督に特化させることもできる。逆に、そのような定めを置かなければ、監査役会設置会社と同様に重要な業務執行の決定は、取締役会の権限として残る（会399条の13第4項・5項。2参照）。

【監査等委員会設置会社の利用の現状】

　証券取引所の規制や会社法によって、上場会社に複数の社外取締役を選任することが求められつつある（Column 4-1参照）。しかし、比較的規模の大きい上場会社にとっても、社外監査役（1参照）に加えて複数の社外取締役を選任することは、費用などの面から負担が大きい。そこで、社外監査役を置かなくてもよい監査等委員会設置会社の形態は、こうした会社にとって魅力的な選択肢として受け止められている。実際、2019年6月末の時点で、上場会社の約25%にもあたる約1000社が、監査等委員会設置会社となっている。

第 5 章　　計　算

第 1 節　会社法による会社の計算（会計）規制の目的

Case 5-1　パンを製造・販売している甲社の代表取締役 A は、来年度に向けて今年度よりも多くの利益をもたらすことができるような計画を立てようとしている。そのためにどのような情報を把握しておくことが必要になるだろうか。

　取締役が会社を経営する場合、事業年度（Column 2-2 参照）ごとに会社の財産および損益の状況（財務状況）を把握し、その推移を確認することが重要になる。たとえば、**Case 5-1** では、今年度よりも低い費用（コスト・原価）でパンを製造しながら、今年度と同じ値段（価格）でそのパンを売り上げる（販売すること）ことができるような計画を立て、実際に実行することができれば、今年度よりも多くの利益を甲社にもたらすことができるはずである。そのためには、そもそも今年度のパンの製造にかかった費用を削減できる余地はないかどうかを検討することが必要になる。

　したがって、代表取締役 A は、会社法が強制しなくても、どのくらいの費用がかかったのかを計算するといった原価計算および会計処理を自ら進んで行うだろう。そうだとすれば、会社法が、会社の計算に関する規制を定めなくてもよいのではないかと思うかもしれない。しかし、その規制は、以下のとおり、大きく 2 つの理由から必要になる。

【債権者を保護する目的での規制】

（1）財務状況に関する適正な情報を提供するという目的での規制

Case 5-1 で、甲社は資金を調達するため、乙銀行に貸付を依頼した。しかし、乙銀行は、甲社に貸付した後に、貸付金の元本を返済してもらえるかどうか、さらに、利息を支払ってもらえるかどうかを心配している。どのような情報があればそのような心配をあまりすることなく貸付することができるだろうか。

　株主有限責任の原則（**第1章第1節2**参照）のもとでは会社財産が会社債権者に対する唯一の担保になる。したがって、 Case 5-2 では、甲社の会社財産が少なければ、甲社に貸付をした後に甲社の経営が悪化してしまった場合に、乙銀行は、貸付金に対する利息を受け取ることができないだけではなく、貸付金自体（元本）も返済してもらえなくなってしまうかもしれない。もちろん、代表取締役Aは、そのような心配をする乙銀行に対して、自ら進んで行った会社の計算（会計）に基づいて甲社の財務状況を示そうとするだろう。たとえば、甲社は、パンを順調に販売できており、多額の財産も持っているということを示しながら、元本や利息を支払えなくなることはないから心配しないでほしい、と説明するだろう。しかし、乙銀行としては、そもそもその計算が適正に行われておらず、パンの販売や財産の状況に関する情報は嘘であると考えるかもしれない。実際に乙銀行がそのように考える場合には、甲社に対して貸付をすることはないだろう。その結果、甲社は貸付を受けるという方法によって資金を調達することができなくなってしまう。そこで、会社法は、会社の計算が適正に行われるように規制している。そして、そのような適正な計算に基づいて整理された財務状況に関する適正な情報が債権者に対して提供されるようにしているのである（**第2節**参照）。

(2) 過大な会社財産が株主に対して支払われないようにするという目的での規制

Case 5-3　Case 5-2 で、乙銀行は、甲社に貸付した後に、甲社の代表取締役 A が甲社の株主を喜ばせるために利益の配当として多額の現金を甲社の株主に対して支払ってしまえば、貸付金の元本を返済してもらえなくなるかもしれないことも心配している。どのような規制があればそのような心配をすることなく貸付することができるだろうか。

　前（(1) 参照）に説明したように、乙銀行にとって、甲社の会社財産が唯一の担保になる。したがって、乙銀行は、甲社に貸付を行った後に、Case 5-3 のように多額の現金が甲社の株主に対して支払われてしまい、甲社の会社財産が大きく減少してしまうことも心配するだろう。その結果、そもそも甲社に対して貸付をしなくなってしまうかもしれない。甲社からすれば貸付を受けられなくなってしまうかもしれないのである。そこで、会社法は、あまりに過大な会社財産が株主に対して支払われないようにするための規制も定めている（第3節参照）。つまり、会社債権者と株主の利害調整を行っているのである（第1章第1節3参照）。

【株主を保護する目的での規制】

Case 5-4　パンを製造・販売している甲社の株主 P は、株主総会招集通知を受け取った。その通知によれば、①任期が満了する取締役 A・B・C を再度選任（再任）することを内容とする議案や②利益の配当額をいくらにするかを内容とする議案が審議される予定であるとのことである。P は、どのような情報があればどのように議決権を

行使するかを適切に判断することができるだろうか。

株主は、株主総会で議決権を行使して、取締役を選任したり、その報酬を決定したりする（第2章第2節参照）。そのとき、会社の財務状況を知らなかったとしたら、株主はどのように議決権を行使するべきであるか（議案に賛成するか反対するか）を判断することができるだろうか。たとえば、Case 5-4 の甲社の取締役A・B・Cのようにこれまで取締役であった者が甲社を経営することによって、パンを順調に販売できていたか、その結果、甲社にどれくらいの利益がもたらされたのか（損益の状況）といった財務状況を株主Pが知らなければどうなるだろうか。Pが今後利益の分配を受けることができるように、Aらの再任議案に対して賛成の議決権行使をし、Aらに引き続き甲社を経営させるべきであるかどうか判断に迷うであろう。

ところが、株式会社においては所有と経営が分離している（第1章第2節参照）。したがって、日常的な経営には関与していない株主が会社の財務状況を知ることは難しい。そのような状況では、株主が議決権を行使することによって取締役が努力して経営するよう仕向けること（第3章第3節2参照）がうまくできなくなってしまうかもしれない。そこで、会社法は、会社の計算が適正に行われるようにするとともに、そのような適正な計算に基づいて整理された会社の財務状況に関する情報（いわば経営成績）を株主に対して提供させている（第2節参照）。つまり、株主と取締役の利害調整を行っているのである（第1章第2節3参照）。

また、株主が財務状況を知ることは、利益の配当額をいくらにし、いくらを社内に留保するか（第3節3、第8章第1節参照）を判断することにも役立つ。さらに、株主のみならず投資家（株主になるかどうか検討している者）が財務状況を知ることによって、会社の株式を保有し続けたり、取得したりすることによって将来どの程度の利益の分配を受けることが

できるかを予測することもある程度可能になる。

第2節　決算の手続

1. 計算書類などの作成

| Chart 5-1 | 計算書類の種類

・貸借対照表
・損益計算書など

　会社の財産や損益の状況（財務状況）は、会社の日々の経営に応じて常に変動している。そこで、会社法は、会社が事業年度という一定の期間（Column 2-2 参照）を設けて、**計算書類**（貸借対照表、損益計算書など）、事業報告およびこれらの附属明細書を作成しなければならないと定めている（会435条2項、会社計算59条1項）。実際にこれらの書類を作成するのは業務執行取締役とその補助者である従業員である（対内的業務執行。**第3章第2節2**参照）。

　なお、この計算書類およびその附属明細書は、会計帳簿に基づいて作成される（会社計算59条3項）。会計帳簿とは、日々行われる取引の金額などを項目ごとに整理する帳簿である（お小遣い帳や家計簿をイメージしてほしい）。具体的には、総勘定元帳、仕訳帳などがある。

2. 計算書類の内容

　以下では、計算書類のうち**貸借対照表**と**損益計算書**について説明する。

【貸借対照表】

　貸借対照表は、事業年度末日時点における会社財産の状況を明らかに

| Chart 5-2 | 貸借対照表の例

(単位：万円)

資産の部		負債の部	
科目	金額	科目	金額
流動資産		流動負債	
現金・預金	3,000	買掛金	1,000
売掛金	2,000	短期借入金	1,000
製品	500	固定負債	
原材料	500	長期借入金	10,000
		負債合計	12,000
固定資産		純資産の部	
建物	4,000	株主資本	
機械	1,000	資本金	1,000
土地	4,000	資本剰余金	1,000
		資本準備金	900
		その他資本剰余金	100
		利益剰余金	1,000
		利益準備金	100
		その他利益剰余金	900
		純資産合計	3,000
資産合計	15,000	負債および純資産合計	15,000

するものである。具体的には、資産・負債・純資産が記載される。つまり、会社に財産がどのくらいあるか、会社は貸付をどのくらい受けているか、これまで株主から出資された金額はいくらかといった情報が示されるのである（**Chart 5-2** 参照）。

【損益計算書】

　損益計算書は、一事業年度における損益の状況を明らかにするものである。つまり、製品を製造するのにどのくらいの費用（コスト・原価）がかかったのか、その製品をどのくらい売り上げること（販売すること）

| Chart 5-3 | 損益計算書の例

（単位：万円）

科目	金額
売上高	3,000
売上原価	2,000
売上総利益	1,000
販売費及び一般管理費	500
営業利益	500
営業外収益	100
営業外費用	200
経常利益	400
特別利益	100
特別損失	200
税引前当期純利益	300
法人税等	90
税引後当期純利益	210

ができたのか、その結果、会社にどのくらいの利益がもたらされたのかといった情報が示されるのである（Chart 5-3 参照）。

3. 計算書類の作成基準

【計算書類の作成基準の重要性】

　大部分の資産は、評価しなければその価額を定めることはできない。また、価額を定めた後にその資産の価値が上下する可能性もある。そのような資産の評価といった会社の計算が適正に行われなければ、その計算に基づいて作成される計算書類は信頼できないものになってしまう。その結果、債権者や株主が会社の財務状況に関する情報を正確に知ることができなくなる（第1節参照）。

　また、資産の価値が上がっていないにもかかわらず上がったと評価して、それに基づいて利益を計上する（会社に利益がもたらされたとして扱う）ということになればどうなるだろうか。この場合、過大な会社財産が株主に対して支払われたりしないようにする規制（第1節・第3節参照）が無意味になるおそれがある。

　そこで、資産の評価の基準といった計算書類の作成基準が必要となる。

【計算書類の作成基準】

　たとえば、資産の評価の基準には、時価基準と原価基準という2つの基準がある（会社計算5条）。時価基準は、資産の現在の価額を資産の

価額であると評価するものである。原価基準は、取得価額（その資産を取得するときに支払った価額）を資産の価額であると評価するものである。

　なお、法令には会社の計算（会計）に関する規制が細かに定められているわけではない。そこで実際の計算にあたっては、一般に公正妥当と認められる企業会計の慣行に従うことになる（会 431 条）。なぜなら、計算の方法は複雑であり、法令でそのような方法のすべてを規定することは容易ではない。しかも、法令で定めてしまうと、それを変更する際に時間がかかり、経済社会の動きに迅速に対応することが難しいからである。企業会計の慣行としては、たとえば、企業会計審議会が公表している企業会計原則などの会計基準がある。

4. 計算書類の監査・取締役会による承認

| Chart 5-4 | 計算書類の承認までの基本的な流れ

> ① 業務執行取締役などによる計算書類の作成
> ② 監査役・会計監査人による計算書類の監査
> ③ 取締役会による計算書類の承認
> ④ 株主総会による計算書類の承認

　作成された計算書類は、監査役設置会社では、以下のとおり監査を受けることになる。この監査は、計算書類が前（3 参照）に説明した作成基準に従って作成されているかどうかなどをチェックするためのものである。つまり、会社の計算が適正に行われるようにするための規制の 1 つである（**第1節**参照）。

　具体的には、計算書類は、①監査役設置会社（会計監査人設置会社を除く）では、監査役による監査を受けなければならない（会 436 条 1 項）。また、②会計監査人設置会社（**第1章第3節**参照）では、監査役および会計監査人の監査を受けなければならない（同条 2 項）。

そのような監査の後、監査役は監査報告を作成し、会計監査人は会計監査報告を作成する（会381条1項、390条2項1号、396条1項。**第3章第1節2**も参照）。そして、①②の監査を受けた計算書類は、取締役会の承認を受けなければならない（会436条3項）。

5. 計算書類の提出提供・株主総会による承認・公告

　取締役会設置会社の取締役は、監査・承認を受けた計算書類（**4**参照）を定時株主総会に提出・提供しなければならない（会438条1項）。そして、提出・提供された計算書類は、定時株主総会の承認を受けなければならない（同条2項）。つまり、原則として、株主総会が計算書類の確定権限を有しているのである。

　ただし、会計監査人設置会社では、一定の条件を満たせば、定時株主総会の承認が不要となり、取締役会の承認（**4**参照）により計算書類が確定する（会439条、会社計算135条）。なぜなら、会計監査人設置会社は大会社であることが多いが（**第1章第3節**参照）、大会社では計算書類も複雑であり、それを株主自らが精査することは難しい。また、そのような会計監査人設置会社では、会計のプロである会計監査人がすでに計算書類の監査をしているからである。

　そして、会社は、定時株主総会の終結後遅滞なく、貸借対照表（大会社にあっては、貸借対照表および損益計算書）を公告しなければならない（会440条1項、会社計算136条）。この公告によっても、会社の財務状況に関する情報が会社債権者、株主や投資家に対して提供されることになる（**第1節**参照）。

第3節　資本金・準備金と剰余金の配当

　本章以外と本章第1節・第2節では、「利益の配当（分配）」という表現を用いてきた。もっとも、厳密には、**剰余金の配当**（分配）である。本節でのみ剰余金の配当という表現を用いて資本金・準備金と併せて説明する。

1. 過大な剰余金の配当に対する規制の意義

　剰余金の大部分は、取締役が経営することによってもたらされて積み重なった利益に相当する（**3**参照）。剰余金の配当は、そのような利益を分配可能額（**2・3**参照）の範囲内で出資者である株主に対して分配する行為である。つまり、利益を株主に対して分配するための仕組みである株式会社の本質的な行為なのである（会105条1項1号・2号、453条。**第1章第1節3**も参照）。

　もっとも、会社財産は会社の債権者に対する唯一の担保でもある。したがって、過大な会社財産が株主に対して支払われないようにして、会社財産を確保するための規制が必要である（**第1節・第3章第8節2**参照）。その規制の1つとして、分配可能額を設定し、それを超える剰余金の配当を認めないというものがある（そのほかに**第2節3**も参照）。

　以下では、まず、そのような分配可能額に関連する資本金と準備金を説明する（**2**参照）。そのうえで、剰余金の配当に関する規制について説明する（**3**参照）。なお、会社財産の分配手段としては、剰余金の配当のほかにも、自己株式の取得もあるが、その規制については、別（**第6章第5節**参照）に説明する。

2. 資本金と準備金

| Chart 5-5 | 用語の整理

```
純  資  産 ＝ 資産 － 負債
        ≒ 資本金 ＋ 資本剰余金 ＋ 利益剰余金
資本剰余金 ＝ ①資本準備金 ＋ ②その他資本剰余金
利益剰余金 ＝ ③利益準備金 ＋ ④その他利益剰余金
準  備  金 ＝ ①資本準備金 ＋ ③利益準備金
剰  余  金 ＝ ②その他資本剰余金 ＋ ④その他利益剰余金
分配可能額 ≒ 剰余金
                              ※Chart 5-2 も参照
```

【会社債権者の保護のためのクッションとしての資本金・準備金】

　純資産は、**資本金・資本剰余金**（資本準備金とその他資本剰余金）・**利益剰余金**（利益準備金とその他利益剰余金）から構成されるものである（資本準備金と利益準備金の合計額は**準備金**と呼ばれる。会445条4項、会社計算76条5項2号）。純資産の額は、資産の額から負債の額を差し引くことによって計算される。そして、会社法は、基本的には、その他資本剰余金とその他利益剰余金の合計額（その合計額は**剰余金**と呼ばれる）に一定の加算・減算を行った額を分配可能額と定めている（以上については、3参照）。言い換えれば、資産の額のうち負債の額と資本金・準備金の額に相当する部分を株主に分配することはできない、とされているのである（以上の用語については、**Chart 5-2**、**Chart 5-5** 参照）。

　確かに、負債の額に相当する資産は、まさに会社債権者の債権の回収に資するものである。したがって、株主に分配することはできないものとされているのである。しかし、資本金・準備金の額に相当する資産についても分配できないとされているのはなぜなのだろうか。もし負債の額に相当する資産の額を超える資産（資本金・準備金の額に相当する資産

も含まれることになる）であれば株主に分配できるとしたら、どうなるか考えてみよう。会社に対して貸付をしている銀行などの会社債権者は、資産が分配された後、その残りの資産が会社の財務状況の悪化により急激に減少したような場合に、短期間のうちに債権を回収することが困難になってしまいかねないのである。そうしたことをおそれる者は、そもそも甲社に対して貸付をしなくなってしまうかもしれない（Case 5-3参照）。甲社からすれば貸付を受けられなくなってしまうのである。

　そこで、会社法は、資本金・準備金の額に相当する資産についても、会社債権者の保護のためのクッションとして残しておくことを要求しているのである。つまり、おおざっぱに言えば（Column 5-1 など参照）、その他資本剰余金・その他利益剰余金の額に相当する資産しか株主に分配することはできないのである。その結果、そのような剰余金の配当後、その残りの資産が会社の財務状況の悪化により急激に減少したような場合であっても、ある程度の資産がなおも残ることになる。

● 純資産額が 300 万円に満たない会社での剰余金の配当に対する制限

　会社法は最低資本金の制度を撤廃している（Column 1-1 参照）。したがって、もともと資本金・準備金の額が少額である会社も存在している。そのような会社では、資本金・準備金の額に相当する資産が会社債権者の保護のためのクッションとして役立つとはいいづらい。ただし、純資産額（Chart 5-2、Chart 5-5 参照）が 300 万円に満たない会社は、剰余金の配当をすることはできないという規制もあり（会 458 条、461 条 2 項 6 号、会社計算 158 条 6 号）、その規制は別の形のクッションとして役立つ。

【資本金と準備金の額の決定】

　会社債権者の保護のためのクッションとして役立つ資本金の額と準備金の額は、以下のような流れで決定される。資本金の額は、原則として、設立または株式の発行に際して株主となる者が当該会社に対して払込みまたは給付をした財産の額である（会445条1項。**第7章、第8章第2節3参照**）。もっとも、その額の2分の1を超えない額は、資本金として計上しないことができる（同条2項）。ただし、資本準備金としては計上しなければならない（同条3項）。また、剰余金の配当（3参照）をする場合、会社は配当により減少する剰余金の額に10分の1を乗じた額を、準備金の額が資本金の額の4分の1に達するまで、計上しなければならない（同条4項、会社計算22条）。

　おおざっぱな例として、株式の発行により株主となる者から会社に対して1000万円が払い込まれた場合には、500万円を資本金として計上し、残り500万円を資本準備金として計上することができる。また、資本金1000万円の会社が剰余金のうち100万円を配当しようとする場合、剰余金のうち10万円を資本準備金または利益準備金として計上しなければならない（合計110万円分の剰余金が減少することになる）。そして、そのような計上は、配当のたびごとに、準備金の額が250万円（1000万円×4分の1）に達するまで続く。

【資本金と準備金の額の減少】

　一定の手続を踏めば、資本金の額や準備金の額を減少することもできる（会447条、448条）。それらの額の減少に伴って剰余金の額が増加することもあるが（会社計算27条1項1号・2号、29条1項1号）、その場合には、前に述べた債権者の保護のためのクッションは弱くなってしまう。

　そこで、会社法は、資本金の額を減少させる場合には、会社債権者の保護に関する手続（同様の手続として、**第9章第2節1参照**）を踏まなけれ

ばならないとしている（会449条）。他方で、準備金の額はそのような
手続を踏まずに減少させることができる場合もある（同条1項ただし書）。
したがって、その額を減少させる場合に会社債権者の保護に関する手続
を必ず踏まなければならないという点で、準備金の額よりも資本金の額
の方が会社債権者の保護に役立つ。

3. 剰余金の配当

【剰余金の額】

　剰余金とは、基本的には、その他資本剰余金とその他利益剰余金の合
計額である（会446条、会社計算149条）。通常、剰余金の大部分を占め
るのは、その他利益剰余金である。その他利益剰余金は、主に、取締役
が株主による払込みや金融機関からの借入などにより調達した資産（資
金。第8章第1節参照）を用いて会社の経営を行い、それによって会社に
もたらされた純利益の金額が積み重なったものである。つまり、その他
利益剰余金が増加するのは、主に、当期純利益額（Chart 5-3参照）が
生じた場合（会社計算29条1項2号）である。他方で、その他資本剰余
金の額は、たとえば、自己株式の処分（第6章第5節、Column 8-1参照）
に際して増加するものである（会社計算14条2項1号）。

　そのような剰余金の配当は、以下のとおり規制されている（準備金へ
の計上については、2参照）。

【分配可能額による規制】

　剰余金の配当は、株主に対して交付される財産（金銭など）の帳簿価
額の総額が、その配当が効力を生じる日における**分配可能額**を超えては
ならないとされている（会461条1項8号）。分配可能額とはおおざっぱ
に言えば、これまで会社にもたらされた利益と一致する剰余金について
一定の加算・減算を行った額である（同条2項。Column 5-1も参照）。

【剰余金の配当手続】

　剰余金の配当は、原則として、株主総会の普通決議により、配当財産の種類（通常は金銭〔現金〕）、帳簿価額の総額、割当てに関する事項および効力発生日を定めて行われる（会454条1項。同じ種類の株式を有する株主間では割当ては株式数に応じたものでなければならない〔同条3項〕）。つまり、株主が、剰余金をいくら配当するかなどを決定するのが原則である。なぜなら、剰余金の配当は、利益を分配するための仕組みである株式会社において（第1章第1節3）、まさに出資者である株主に対して利益を分配する行為であるからである。

　もっとも、剰余金の一部のみを配当し、残りは社内に留保（内部留保。第8章第1節参照）しておいたほうがよいときもある。たとえば、会社に有利な投資機会が見つかった場合に備えて、当面は剰余金を株主に配当せずに残しておく。そして、実際に有利な投資機会が見つかった場合に新規投資にあててより多くの利益を会社にもたらすことができれば、将来、より多くの配当を株主にすることができる。そのような投資機会が見つかるかどうかなどは、株主から経営を委ねられている取締役会のほうが適切に判断できる事柄であろう（第3章参照）。

　そこで、配当を行うにあたっての基礎となる計算書類の精査がなされている会計監査人設置会社（第1章第3節参照）では、一定の条件を満たせば、取締役会限りで剰余金の配当を決定することができるとされている（会459条）。さらに一定の条件を満たせば、株主総会が配当を決定することができないとすることも可能である（会460条）。

【分配可能額を超える剰余金の配当が行われた場合】

　分配可能額を超えて剰余金の配当が行われた場合、配当を受けた株主や配当を行った取締役などは配当された金銭を会社に支払う義務を負う（会462条1項）。このような義務を負わせることで分配可能額を超えた剰余金の配当が行われないように仕向け、会社債権者を保護しようともしているのである。

第 1 節　株式の意義と種類

1. 株式の意義

【株式とは何か】

　株式とは何か、ここで整理しておこう。まず、株式会社に出資して、その構成員（社員）となった者が株主である。そして、その株主の地位を細分化して割合的単位の形にしたものが株式である、と一般的には説明される。

　細分化して割合的単位の形にするとは、全体を複数に分けることによって、それぞれ均一なピースを作り出すことを意味する。たとえば、ホールケーキを均等に 8 分割し、8 つのショートケーキにするイメージである。ケーキの場合だと苺の数が違ったりすることがあるが、株式の場合、細分化された一個一個の株式は、全く同一である点が重要なポイントである。

　なぜこのような株式という制度（仕組み）が設けられているのか。それは、会社と株主との間の法律関係の明確化のためであり、また、この制度を用いることにより、その譲渡を簡単に行うことができるようになるからである。

　たとえば、甲社を設立するにあたり、A が 600 万円、B が 300 万円、C が 100 万円を出資したとする。設立から 1 年経って、かりに甲社が 10 万円の儲けを得て、これを A〜C に配当することにしたとする（具体的な配当手続等については、**第 5 章第 3 節 3** 参照）。

　この場合、比例的に、A に 6 万円、B に 3 万円、そして C に 1 万円を配当することによって、出資者を平等に扱うことができる。このような結果を明確にするために、株式の制度が利用される。すなわち、この

場合、A が甲社の株式を 600 株、B が 300 株、C が 100 株有するとし、1 株当たり 100 円の配当を行うとすればよい。

また、たとえば、株主総会において取締役を選任する場面でも、株式が割合的な単位とされていることによって法律関係が明確になる。それぞれの出資額に比例した株式が与えられている限り、賛成および反対の各株主が有する株式数を集計することにより、結果を明確に判断することができる（第 2 章第 6 節参照）。新株が発行されて、株式の数が増えるような場合でも、同様である。

さらに、株式という制度を利用することにより、簡単に株主としての地位を別の者に譲り渡すことができる。上記の例で、C が急に現金が必要となった場合、C は甲社の株主である地位を別の者（D）に譲り渡すことにより、現金を手に入れたいと考える。

その場合、C が有する甲社の株式 100 株を D に譲り渡すことにより、C は対価として現金を得ることができる。出資者としての地位を譲り渡すために、株式という制度は、なくてはならない制度なのである。

以上のように、株式という制度を利用することにより、利益の配当や株主総会における議決権の行使の場面において、法律関係の明確化が図られるし、また、株主の地位を簡単に譲渡することができる。

【株式の自由譲渡性】

株式は、自由に譲渡されるのが原則とされている（会 127 条）。その理由は、出資者である株主に投下資本の回収の機会を与える必要があるからである。

たとえば、上記の C のように、100 万円を出資して甲社の株主となった者が、その後、急に何らかの事情で現金が必要になった場合どうすればよいか。C の側から、甲社に対して、出資の払戻しを求めることは認められていない（甲社の側から株式を取得する場合について、第 5 節参照）。

そこで、C としては、別の者（D）に株式を譲渡することが考えられ

る。これが認められないと、Cとすれば、事情が変わったときに株式を金銭に換えることができないのであれば、そもそも甲社に対して出資することをためらうことになり、株式会社の制度が利用されにくくなってしまうからである。

2. 株式の種類

【株式の種類とは】

　会社が発行できる株式は、1つの種類には限られない。たとえば、配当についてはほかの株式よりも優先して多く配当されるが、株主総会において議決権を行使することができないといった株式を発行することができる。

　会社に出資しようと考える者の中には、たとえば、会社の経営にはほとんど関心がないが、とにかく配当がたくさんもらえればそれでよいと考える者も存在する。このような者を含めた幅広いニーズに応えるための制度として、いくつかの種類を発行することが認められている。これを**種類株式**と呼ぶ。

　もっとも、発行できる株式の内容とその数については、会社が自由に決められるわけではない。会社法が、会社が発行できる株式の具体的な例を定めている（会107条1項、108条1項）。また、会社が複数の種類の株式を発行するためには、あらかじめ、その内容と数を定款で定めなければならない（会107条2項、108条2項）。複数の種類の株式を発行することができる会社を**種類株式発行会社**と呼んでいる（会2条13号）。

　以下では、よく利用されているものにしぼって、その概要を説明する。

【優先株式】

　会社は、利益の配当（および残余財産の分配）において、異なる定めをした種類株式を発行することができる（会108条1項1号・2号）。基準

となる株式（普通株式）よりも、優先的に多く配当される株式を**優先株式**と呼ぶ。

　優先株式は、以下で述べる無議決権株式として発行されることが多い。その場合、誰が取締役として選任されるかについて興味がないため、株主総会における議決権は不要だと考えるものの、配当金は多い方がよいと考える株主のニーズに応える株式となる。

【議決権制限株式】

　会社は、株主総会において議決権を行使することができる事項について、異なる定めをした種類株式を発行することができる（会108条1項3号）。この株式を**議決権制限株式**という。すべての事項について議決権を行使することができないと定めることもできるし（いわゆる無議決権株式）、一部の事項についてのみ議決権を行使することができると定めることもできる（同条2項3号）。

【譲渡制限株式】

　会社は、譲渡による当該株式の取得について会社の承認を要することを定めることができる（会107条1項1号、108条1項4号）。この株式を**譲渡制限株式**という。Aが、自分が保有する譲渡制限株式をBに対して譲渡しようとする場合、取締役会設置会社では、原則として、取締役会の承認を得なければならない（会139条1項。詳細について、**第4節**参照）。

第2節　株主平等の原則

【株主平等の原則の意義】

　会社法109条1項は、会社は、株主を、その有する株式の内容およ

び数に応じて、平等に取り扱わなければならないと定める。これを**株主平等の原則**と呼ぶ。

　団体において構成員を平等に取り扱わなければならないことは、すべての団体に妥当する。株式会社においては、出資額に応じた平等である点に特徴がある。

Case 6-1　甲社の発行済株式総数は、1000 株であり、A が 600 株、B が 300 株、C が 100 株を保有している。甲社において、10 万円の利益の配当がなされる場合、A〜C は、それぞれ配当として何円受けとることができるか。

　利益の配当においては、株式の数に応じて配当財産を割り当てなければならない（会 454 条 3 項）。**Case 6-1** のように発行済の株式が 1000 株である甲社において、全体で 10 万円の配当がなされるとすると、1 株あたり 100 円の配当がなされることになる。したがって、A は 6 万円（100 円×600 株）、B は 3 万円（100 円×300 株）、C は 1 万円（100 円×100 株）の利益の配当を受けることになる。株主には、その元々の出資の割合に応じて、いわば比例的に利益が分け与えられる。株主の人数に応じて（これを頭数の平等と呼ぶことがある）、3 万 3333 円ずつ配当を受けるのではない。

　株主平等の原則が定められているのは、多数派株主から少数派株主の利益を守るためである。すなわち、上記の例だと、利益配当を決定する株主総会決議において、A は、過半数の持株を有しており、多数派なので、A にだけ 10 万円を配当することを決議することが、理論上は可能である（株主総会の普通決議について、**第 2 章第 6 節**参照）。

　しかしながら、この決議は株主平等の原則を定めた会社法 109 条 1

項に違反するため、決議の内容が法令違反となり、そのような決議がなされても無効である（会830条2項。**第2章第7節【決議無効確認の訴え】**参照。最判昭和45・11・24民集24巻12号1963頁【会社法百選〔初版〕12事件】参照）。Aにだけ配当することはできないため、Aが配当を受ける際にはBやCも相応の配当を受けることができる。このように、少数派の株主が保護される。

　なお、上記のような決議は、現在では、株主に対する利益供与の禁止を定めた会社法120条1項に違反することにもなる（上記判決の当時、該当する規制は存在しなかった）。

【株主平等の原則と株式の内容】

　会社法109条1項の文言をもう一度丁寧にみると、単に株式の数に応じて平等とされているのではなく、株式の「内容」および数に応じて平等とされている。

　その意味するところは何か。**第1節**でみたように、会社は、複数の種類の株式を発行することができる。たとえば、利益の配当について、ほかの株主よりも優先的に多く配当されるような株式（優先株式）を発行することができる（会108条1項1号）。

　すべての会社がこのような株式を発行できるわけではない。こうした株式を発行できるのは、前もって定款でそのことが定められている場合に限られる。

　そこで、定款の定めに従って、普通株について1株あたり100円配当されるのに対して、優先株について1株あたり150円配当される場合、株式の内容に応じて扱われているため、109条1項には違反しない。

● **株主優待制度**

　株主優待制度について、耳にしたことがある読者もいるかもしれない。この制度によって、利益の配当以外に、営業年度末などの毎年一定の時期に、会社から株主に対してサービス券等が提供される。たとえば、外食チェーン店が自社レストランの無料食事券を配布したり、アパレルメーカーが自社製品の割引クーポンを配布したり、鉄道会社が自社の鉄道の無料乗車券を配布したりする。

　株主優待制度は、株主に便宜・利益を与える制度であるが、あくまでも任意のサービスであり、会社の都合で突然廃止されることもある。とはいえ、株主優待制度がきっかけとなって、株主になろうと考える者も少なくない。

　もっとも、株主優待制度は、必ずしも株式の数に応じて比例的になされていない。たとえば、ある外食チェーン店は、100 株を保有する株主に、1000 円分の優待券を配布するが、5000 株以上保有する株主には、一律に 3 万円分の優待券を配布している。かりに比例的に扱うのであれば、5000 株保有する株主は 5 万円分の優待券をもらえるはずだが、上限があるため 3 万円分しかもらえない。

　このような扱いは、本文で述べた株主平等の原則に反することにはならないのだろうか。この点については、合理的な目的（具体的には、自社製品やサービスの宣伝になることなど）が認められ、さらに優待取扱いの程度が軽微であって株主間に実質的な不平等が生じていない場合には、許容されるとするのが一般的な考え方である。

第3節　株式の流通

【株式の譲渡】

　甲社の株式を100株有するAが、これをBに譲渡しようとするとき、どのような手続が必要か。ここで重要な点は、①AとBとの間で譲渡が有効に成立する手続と、②そのような譲渡が行われたことを会社との間でも認めさせる手続の2つの手続が存在するということである。

　なぜ、①だけでなく②の手続も必要なのか。甲社としては、株主総会の招集通知を送付したり、利益配当をするために、誰が株主なのかを会社が知っている状態にする必要がある。ところが、株式は自由に譲渡されるのが原則なので、会社が知らないうちに元々の株主であるAが新しい株主であるBに株式を譲渡するということが起こりうる。そのため、②の手続が必要となる。

　②の手続に関連して、**株主名簿**という制度がある。株主名簿には、株主の氏名・名称や、株主の有する株式の数、株主が株式を取得した日などの情報が記載される（会121条）。株式を新たに取得したBは、そのままでは、甲社に対して自らが株主であることを主張することができない。甲社に対して、自らを株主名簿に登録するように請求し、それが認められた場合にはじめて、Bは甲社に対して、自らが株主であることを主張することができる。これを、法律用語で、Bが会社に「対抗する」ことができるという（会130条）。この手続は、一般に、**株主名簿の名義書換え**と呼ばれる。

　逆に、会社の立場からすると、甲社は、名義書換えが完了するまでは、名簿上の株主であるAを株主として扱えばよい（会126条1項）。

　実は、この2つの手続の関係については複雑な問題も含まれているのだが、まずは、上記のイメージをつかみ、2つの手続が必要であることを理解することが重要である。具体的な譲渡の手続は、株券が発行さ

れているか、発行されていないかで変わる。さらに、株券が発行されていない場合のうち、上場会社については、特別の手続が定められている。

【株券が発行されていない場合】

　株券（詳細は下記で述べる）が発行されていない場合、株式の譲渡は、譲渡人（株主名簿上の株主）であるＡと譲受人（取得者）であるＢの意思表示の合致によってなされる（会128条１項の反対解釈）。通常は株式の売買契約が書面で交わされるが、法的には、意思表示の合致があれば足りる（民555条参照）。

　では、どのようにして甲社に対して名義書換えを請求するのか。この場合、一般に、取得者であるＢは、株主名簿上の株主であるＡと共同して会社に対し請求することにより、名義書換えが行われる（会133条２項）。

【株券が発行されている場合】

　株券が発行されている場合、①株式の譲渡はどのようになされるのだろうか、また、②会社に対してどのように名義書換えがなされるのだろうか。

　②の点について、株主名簿の名義書換えのために、取得者であるＢが、名簿上の株主であるＡと必ず共同して会社に請求しなければならないのは、少し面倒である。もしＢのみの請求により名義書換えが認められれば、簡単である。

　そのためには、Ｂが新たな株主であることを示す手段が必要となる。残念ながら、株主であるという権利は目にみえる形としては存在しない。何らかの方法により、その権利を目に見える形にできないだろうか。そこで生み出されたのが、**株券**の制度である。

　株券とは、株主であるという地位を表章する証券（紙）である。「表章する」とは、権利が紙に結びつけられるという意味である。重要な点

は、この株券を有していれば、真の権利者であると推定されるというルールである（会131条1項）。このことにより、目に見えない権利である株主であるという地位を、簡便に譲り渡すことが可能となる（なお、株券のように、権利の移転などに紙〔証券〕を要するものを**有価証券**と呼んでいる。株券は、手形と並んで、代表的な有価証券の1つである。**第4編第7章参照**）。

したがって、上述の①の点について、株券が発行されている場合には、譲渡人であるAが譲受人であるBに対して、株券（という紙）を交付することによって、株式を譲り渡すことができる（会128条1項）。株券があることにより、株式の譲渡が容易となる。

そして、株券を有する者は、上記のように株主であると推定されるため、上述の②の点についてAからBへ株主名簿の書換えをするためには、取得者であるBは、甲社に対して、株券を提示して請求するだけでよく（会133条2項、会社則22条2項1号）、BがAと共同で請求する必要はない。株券があることにより、Bが株主であることを甲社に対して主張することも容易となる。

なお、下記に述べる通り、上場会社では株券が電子化されていることもあって、会社法では、株式会社が株券を発行しないことが原則とされている。そのため、株券を発行する場合は、その旨を定款で定める（会214条）。そのような定款の定めを置く会社を**株券発行会社**と呼ぶ（会117条7項）。

【上場会社の場合の特例】

もともと、すべての株式会社は株券を発行するのが原則であったが、上場会社については、2009（平成21）年1月から株券が電子化された。そのため、上場会社の株式については、その譲渡も、すべて電子的に扱われる（この場合、株券は発行されない）。

すなわち、AからBに株式が譲渡された場合、Aが取引するP証券

会社の A の口座の情報として、甲社株式が 100 株減らされる。そして、その情報が上場会社の株式を集中管理している振替機関（証券保管振替機構）に通知され、P 証券会社の顧客口座の甲社株式が 100 株減らされると同時に B が取引する Q 証券会社の顧客口座の甲社株式が 100 株増やされる。この情報が、Q 証券会社に通知され、最終的に B の口座の情報として、甲社株式が 100 株増加する。この記録によって、A から B への譲渡の効力が発生する（社債株式振替 132 条、140 条）。

| Chart 6-1 | 上場会社における株式の譲渡

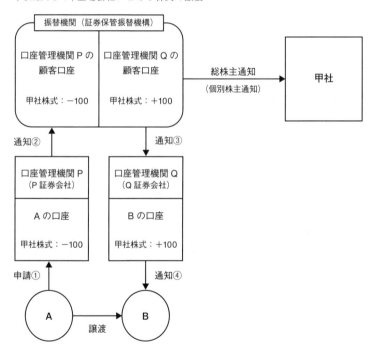

上場会社の株式は頻繁に譲渡されており、株主は、その都度（極端な

場合、何分の1秒単位で）入れ替わっている。では、どのようにして甲社の株主名簿の名義書換えが行われるのか。実は、上場会社では、株式が譲渡されるタイミングで、常に名義書換えがなされるわけではない。少なくとも半年に1度、たとえば3月31日の決算期末を基準日（会124条。Coulmun 2-2参照）として定めた場合などに、振替機関からの通知によって、一斉にその時点での株主に名簿書換えがなされる（社債株式振替151条1項）。これを**総株主通知**と呼ぶ。

　では、直前の総株主通知と次回の総株主通知の間に株主となった者は、どのようにして会社に対して自らが株主であることを主張できるのか。このような場合に備えて、株主が代表訴訟提起権などの少数株主権等（社債株式振替124条）を行使する場合には、特別に、自己の口座の情報を振替機関を通じて会社に通知してもらうことにより、株主はその権利を行使することができることになっている（社債株式振替154条）。これを**個別株主通知**と呼ぶ。

第4節　譲渡制限株式

【譲渡制限株式はなぜ認められているのか】

　これまで、株式は、自由に譲渡されるのが原則であると説明してきた（第1節参照）。しかし、原則には例外がある。会社法は、以下でみるように、自由に譲渡することができない（より正確には、譲渡先を自由に決められない）株式を認めている。これを**譲渡制限株式**という（会2条17号）。

　なぜそのような株式が認められているのか。それは、とりわけ中小企業においては、株主が誰かについて非常に関心が高いからである。すなわち、中小企業においては、仲間内の者が株主となっているケースが多い。家族や親族のみにより経営されている、いわゆる同族会社が少なく

ない。

　そのような会社では、素性の知れない、または会社にとって好ましくない者が新たに株主になることにより、効率的な経営が妨げられる可能性がある。すなわち、そうした株主が、株主の権利を濫用的に主張するなどした場合には、それまで波風を立てずに運営されてきた会社運営に悪影響を及ぼす。

　そうであるならば、いっそのこと株式の譲渡を禁止してしまえばよいようにも思われる。しかしながら、かりに譲渡が一切禁止されてしまうと、株主は、事情が変わったときに株式を譲渡して金銭に換えることができなくなってしまう。そのような制度のもとでは、そもそも誰も会社に出資をしようと思わなくなってしまうであろう。したがって、譲渡そのものを禁止することはできない。そこで、譲渡自体は認めるものの、譲渡先について制限することで、会社運営に悪影響が及ぶような状況になることを事前に防いでいるのである。なお、証券取引所のルールによって、譲渡制限株式を証券取引所で売買することはできない。

【譲渡制限株式の仕組み】

Case
6-2
　　ＡがＢに対して、甲社の譲渡制限株式100株を譲渡しようとするとき、どのような手続が必要か。

　この場合、2通りの方法がある。

（1）譲渡人からの請求に基づく場合

　1つ目の方法として、譲渡される前に、Ａが甲社に対して、Ｂが当該株式を取得することについて承認するか否かの決定をすることを請求することができる（会136条）。

甲社が承認すればよいが、承認されない場合はどうなるのか。この場合、Aは、Bへの譲渡をあきらめることも考えられる。もっとも、Aとしては、急に現金が必要となり、自らが有する譲渡制限株式を金銭に換えたいと考える場合もあるだろう。本来、株式は自由に譲渡されるべきものとされている。これを制限するのであれば、Aに対して、その他の方法により、その株式を金銭に換える手段を与えなければならない（これを**投下資本の回収**と呼ぶ）。

　そのため、かりに甲社が、Bを望ましくない者と考えて、その取得を承認しない場合には、Aは、別の者（これを**指定買取人**と呼ぶ）が買い取るように甲社に対して請求することができる（会138条1号ハ）。

　Aにとっては、Bへの譲渡はできないとしても、株式を譲渡することにより投下資本を回収する手段が保障されていることになる。このようにすることで、自社にとって好ましくない株主を排除したいという会社の利害と、自ら有する株式を金銭に換えたいという株主の利害が調整されている。なお、取得を承認しない場合、甲社は、指定買取人を指定するほかに、一定の条件のもとで、甲社自らが株式を買い受けることもできる（会140条。**第5節**参照）。

　指定買取人によって買取りがなされる場合であれ、会社が買い取る場合であれ、買取価格が問題となる。もし買取価格が当事者の合意によって決まらなかった場合は、裁判所により価格が決定される（会144条2項・3項）。

　Case 6-2 の場合、Aは、甲社に対して、①100株を譲り渡すこと、②Bに対して譲り渡すこと、および、③甲社が承認をしない場合には、指定買取人による買取を請求するときはその旨を明らかにして請求することになる（会138条1号）。

（2）譲受人からの請求に基づく場合

　2つ目の方法として、譲渡された後に、取得者であるBが、甲社に対

して、当該株式を取得することについて承認するか否かの決定をすることを請求することもできる（会137条）。なお、甲社による承認がなければ、そもそもAとBの間でなされた譲渡が有効でないのではないか、との疑問が生じる。しかし、この点について、AとBとの間では、甲社による承認がなくとも譲渡は有効に成立すると解されている（最判昭和48・6・15民集27巻6号700頁【会社法百選16事件】。ただし、甲社との関係では、Bは甲社の承認がなければ自らが株主であることを甲社に主張できない）。

Bが請求する場合にも、Aが請求する場合と同様に、別の者（指定買取人）による買取りを請求することができる（会138条2号ハ）。これを認めないと、Bはせっかく対価を払って株式を取得したのに、甲社から株主として扱ってもらえない状態が生じる。この状態のままだと、Bが議決権を行使することもできないし配当を受け取ることもできない。

そこでそのような状態を避けるために、会社にとって望ましいと考えられる別の者が買い取ることとされているのである。また、上述の(1)の場合と同じく、指定買取人を指定するほかに、甲社自らが株式を買い受けることもできる（会140条）。

Case 6-2 の場合、Bは、甲社に対して、①100株を譲り受けること、②譲受人たる自らの氏名、および、③甲社が承認をしない場合には、指定買取人による買取を請求するときはその旨を明らかにして請求することになる（会138条2号）。なお、請求するときに、株券発行会社では、株券の提示も必要となり、それ以外の会社では、通常、BとAが共同で請求する（会137条2項、会社則24条2項1号）。

(3) 譲渡を承認する機関

甲社が承認する場合、具体的にどの機関によって承認がなされるのか。原則として、取締役会設置会社では、取締役会によって承認される（会139条1項）。

第5節 自己株式

【自己株式の意義】

自己株式とは、会社が保有する当該会社の株式のことをいう。**自社株**または**金庫株**とも呼ばれる。甲社が、ほかの会社、たとえば乙社の株式を取得するのと同じように、甲社が甲社自身の株式を取得することが、一定の範囲で許容されている。

【自己株式取得の弊害】

2001（平成13）年の商法改正前までは、自己株式の取得は原則として禁止されていた。その理由の1つは、出資の払戻しとなり、債権者の利益を害するおそれがあるからである。

たとえば、発行済株式総数1000株の甲社において、Aが600株、Bが300株、Cが100株保有している場合に、甲社が、Cから100株の甲社株式を取得しようとする場合を考えてみよう。具体的には、たとえば、甲社の株式が譲渡制限株式であって、CがDに対して譲渡することの承認を求めたところ、会社としてはDが会社にとって好ましくない者であるため、会社が当該株式を買い取るケースなどが想定される（会138条1号ハ。**第4節**参照）。

かりに甲社の株式の価格が1株あたり3000円だとすると、甲社は、Cに対して30万円を支払うことにより、甲社株式（＝自己株式）を取得することになる。

その場合、甲社からすると、Cに対して出資の払戻しをしたことになる。その後、Bからも甲社株式300株を取得するとなると、さらに90万円が甲社の資産から失われることになる。

このように、甲社が自己株式を取得すると、会社から資産が流出することになる。甲社に資金を貸し付ける銀行などの債権者からすれば、こ

のような状況は望ましくない。

　なぜなら、万が一甲社の経営状況が悪化した際に、甲社から銀行に対して返済されるための資産が、甲社から流出することになるからである。そこで、2001（平成13）年の商法改正前までは、債権者の利益の保護のため、自己株式の取得は原則として禁止されていた。

【なぜ自己株式取得が解禁されたのか】

　では、なぜ、現在は、自己株式の取得が一定の範囲で認められているのか。これは次のようなケースを考えることで説明できる。

　たとえば、かりに甲社が、1株あたり300円の利益の配当ができる状態であると仮定すると、Aに18万円（300円×600株）、Bに9万円（300円×300株）、Cに3万円（300円×100株）の合計30万円の配当ができることになる。その場合、上述のCから自己株式を取得した場合（その場合、Cが有する100株の対価として30〔3000円×100株〕万円が会社からCに支払われる）と、会社から流出する金銭の額は変わらない。

　そこで、会社から株主に対して一定の金銭が払われるという点では、利益の配当も自己株式の取得も同じであるという点に着目して、一定の財源規制（会461条1項2号・3号参照）の範囲内であれば、一定の手続に服することにより、自己株式の取得が許容されている（**第5章第3節3**参照）。

　また、自己株式取得が解禁された理由として、とりわけ上場会社について、財務戦略の面から、自己株式取得を許容すべきであるという経済界からの意見があった。すなわち、会社に余剰資金があるものの、これを有効に活用する手段が見当たらない場合、資金をそのまま会社の財産としておくよりも、株主に返還することが望ましいという意見である。

【自己株式取得のその他の弊害と対応】

　自己株式の取得の問題としては、出資の払戻しとなることのほかに、

特定の株主から取得することが、株主間の公平性を害するという問題もあった。この点については、株主総会での承認手続を要求するなどの手続規制によって、株主間の公平性を確保するように規制されている（会156条など）。

【自己株式の法的地位など】

　自己株式には、議決権は与えられていない（会308条2項）。取締役が、保身のために自己株式の議決権を行使することになれば、会社支配の公正性が害されるからである（**第2章第5節【議決権の数の例外】**参照）。

　また、自己株式については、利益の配当を受けることもできない（会453条かっこ書。**第5章第3節3**参照）。

【自己株式の処分】

　前述の例で、発行済株式総数1000株の甲社において、甲社が自己株式を100株保有している場合に、甲社が自己株式100株をDに譲り渡したいと考えたとしよう。その場合、甲社がDに新株を100株発行する場合と同様の状況となる。そこで、会社法は、このような場合を「自己株式の処分」と呼んで、新株を発行する場合と同一のルールを適用している（会199条1項。新株発行について、**第8章**参照）。

第6節　株式の併合・分割・無償割当て

【株式の分割】

Case
6-3

　上場会社である製薬メーカーの甲社の株価は、従来、（最低売買単位である）100株あたり20万円前後で推移していたが（**Column 2-5**参照）、画期的な新薬を開発したことにより、現在、100株あた

り 200 万円前後にまで、株価が上昇した。株価が高くなり過ぎたため、資金力の少ない投資家は、甲社の株式を購入することができなくなってしまった。甲社としては、どのような対策をすることができるだろうか。

　甲社のように、株価が高くなり過ぎて、資金力のある限られた投資家だけしか株式を購入することができなくなるという事態は、好ましくない。なぜなら、証券市場においてその会社の株式が取引される機会が減ってしまい、何かのきっかけで株価が下落傾向に転じた際に、必要以上に暴落してしまう危険がある。

　そこで、会社法は、**株式の分割**という制度を設けている（会183条）。たとえば、1株を2株に、または1株を10株にというように分割し、既存の株式を細分化して従来よりも多数の株式とする。

　かりに、Case 6-3 の甲社が、1株を10株に分割することを決定した場合、甲社の株主であるAが100株を保有していたとすると、分割後は、Aは1000株を保有することになる。

　もっとも、1株あたり2万円前後だった株価は、1株が10株に分割されることによって、1株あたり2000円前後になるので、Aの保有する甲社の株式の価値が増えるわけではない（2万円×100株〔分割前〕＝2000円×1000株〔分割後〕＝200万円）。

　もし、投資家のBが、甲社の株式を購入したいと考えた場合、分割前なら200万円前後の資金が必要であったが、分割後は20万円前後の資金で甲社に投資できる。他方で、株主のAが、株式を売却して現金化したいと考えた場合、分割前なら甲社株式をすべて売却するしか方法がなかったが、分割後は、たとえば1000株のうち100株を売却することができる。その場合、Aは、100株を売却して20万円（2000円×100株）前後の現金を手にしつつ、180万円（2000円×900株）前後の

株式を保有する甲社の株主であり続けることができる。

株式の分割を決定するにはどのような手続が必要か。取締役会設置会社では、分割の割合や効力発生日などについて、取締役会の決議で決定しなければならない（会183条2項）。

【株式の併合】

株式の分割とは逆に、2株を1株、または、10株を1株というように、数個の株式を合わせてそれより少数の株式にする制度もある（会180条）。これを**株式の併合**という。株主数が増えすぎてしまったときの対策や、合併等の組織再編の準備として行われることが多い（**第9章第2節**参照）。

株主からすると、持株数が減るので、従来行使できていた権利が行使できなくなったり、株主としての地位を喪失するなど、不利益が生じるおそれがある。そのため、株式の併合をするには、株主総会の特別決議によらなければならない（会180条2項）。さらに、差止めや反対株主の買取請求権など、株主を保護する制度が設けられている（会182条の3、182条の4など）。

【株式無償割当て】

会社は、株主に対して新たに金銭などの払込みをさせないで株式を割り当てることもできる（会185条）。これを**株式無償割当て**という。

たとえば、既存の株主に、1株について新たに1株の株式を割り当てた場合、株式の分割として、1株を2株に分割した場合と同じ結果になる。

ただし、株式の分割の場合は、同じ種類の株式が増えるのに対し、株式無償割当ての場合は、違う種類の株式を割り当てることもできる。株式無償割当てを決定する手続は、株式の分割の場合とほぼ同様である（会186条3項）。

第7章　設立

第6章までは、株式会社が事業を行っている状態の経営に関する法規制を概説した。これに対し、本章以降は、会社が生まれたりなくなったりする場合（設立・組織再編等・解散）や、会社が事業規模を拡大するために金銭を用意する場合（資金調達）の法規制を概説する。

第1節　総　説

【株式会社の作り方】

Aは、観光ビジネスを目的とする株式会社を立ち上げたいと考えている。①ゆくゆくは株式上場したいとも考えているが、事業を始める時点では仲間だけが出資する。外部からスポンサーを募ることはしない。②出資した者だけが取締役となる。

　会社法は、株式会社の設立の方法として、発起人（ほっきにん）と呼ばれる者だけが財産を出資する発起設立（会25条1項1号）と、発起人以外からも出資者を募集する募集設立（同項2号）を用意している。実際には募集設立はほとんど使われず、外部から株主を募るのは成立後、特に株式上場の時点以降であることが多い。Case 7-1 のAも、発起設立を利用することになるだろう。

　本章では発起設立を中心に株式会社の設立の概要を説明する。

【財産の確保が重要】

Case
7-2

Aはネットビジネスを目的とする甲株式会社（甲社）を設立した
が、事業の見通しが甘かったため成立後ほどなくして甲社は倒産し
てしまった。甲社にはネットワーク機器の納入業者・営業所の賃貸
人など多数の債権者がいた。

　一般に、株式会社の設立においては、その会社に予定されたとおりの
価値のある財産（実質財産という）が確保されることが重要であると考
えられている。なぜならば、株式会社が成立直後に倒産する場合、事業
活動で利益をあげているとは考えにくく、設立時の財産を、債権者への
債務を返すためのものとして確保しなければならないからである。
　たとえば、 Case 7-2 のAが、自己の所有する土地を5億円相当のも
のとして会社に現物出資したとする。ところが、実際にはその土地は1
億円の価値しかなかった場合、債権者へ債務を返すための財産が不足す
る可能性が高まる。このようなことがないように、会社法は会社に実質
財産が確保されるような設立の規制を置いているのである。

第2節　発起設立

　発起設立は、概ね以下のような手続を踏んで行われる。

| Chart 7-1 | 発起設立の手続

・定款の作成	・設立時取締役等の選解任
・公証人による定款の認証	・会社の成立（本店所在地
・発起人による出資	における設立の登記）

1. 定款の作成

　発起人は、定款を作成し、その全員が署名または記名押印する（会26条1項）。定款には、会社の目的（たとえばパンの製造・販売その他これに付随する一切の事業といったもの）、商号、本店の所在地、設立に際して出資される財産の価額またはその最低額、発起人の氏名または名称および住所を記載する（会27条各号）。株式会社設立時に作成される定款を、特に**原始定款**と呼ぶことがある。なお、発行可能株式総数は会社の成立までに定めればよい（会37条1項）。公開会社（会2条5号）では、設立時発行株式の総数は、発行可能株式総数の4分の1を下ることができない（37条3項）。たとえば、発行可能株式総数が400株であれば、設立時発行株式数は100株以上である必要がある。この結果、公開会社では設立時発行株式の4倍を超える株式が発行されることはない（一般に**4倍ルール**という）。設立時の株主からみると、自己の持株比率が4分の1未満になることはないことになる。4倍ルールは成立後の会社の新株発行でも維持される。いわゆる**授権資本制度**（**授権株式制度**）である（**第9章参照**）。

【変態設立事項】

① 発起人であるBは、株式会社に出資する金銭はないものの、事業に適した不動産を有している。その不動産を出資することはできるだろうか。

② 発起人であるCは、会社の成立後事業のために必要となる製品の原材料をあらかじめ仕入れておくことができるだろうか。

　会社法28条は、通常の設立手続とは異なる場合を、変態設立事項と

名づけて規制している。28条に列挙されている行為は、発起人が自分の利益のために濫用する危険性が高いことから制限されているのである。

Case 7-3 ①のBが出資しようとする不動産は株式会社の事業にも適しているから、金銭に代わる出資を認めてよい。会社法では金銭以外の出資は**現物出資**と呼ばれ、定款に記載しなければ効力を生じない（会28条1号）。金銭以外の財産の評価は必ずしも容易ではないため、定款への記載を要求することで慎重な手続をとっているのである。また、現物出資の対象となる資産は、原則として裁判所の選任する**検査役**と呼ばれる機関の調査を経なければならない（会33条1項。現物出資財産が500万円を超えない場合や専門家の証明を経ている場合などには例外がある。同条10項各号）。株式会社に実質財産を確保するための規制である。

Case 7-3 ②のCが検討している原材料の仕入れも、成立後の株式会社にとって有用である。しかしこの行為は、株式会社が成立した直後に実質財産が流出する契約を、成立前に締結するものである。会社法は株式会社の実質財産確保の観点から、このような行為を**財産引受け**と呼び、やはり定款に記載しなければ効力を生じないとした（会28条2号）。

判例は、定款に記載のない財産引受けは絶対的に無効であり、株主総会による追認も認められないとした（最判昭和61・9・11判時1215号125頁【会社法百選5事件】）。

【開業準備行為】

Case
7-4
　　発起人であるDは、会社法28条に定められていないが成立後の株式会社にとって有用な行為を行うことができるだろうか。

従来の学説は、発起人が行う行為を、①定款の作成・登記といった設立行為そのもの、②設立事務所の賃貸借や事務スタッフの雇用など設立

に事実上・経済上必要な行為、③事業活動に有用な準備行為、④事業行為そのものに分けて検討してきた。このうち発起人が①②を行うことは認める必要がある。他方、④は会社そのものが行うべきものだから、発起人ができると考えるべきではない。従来問題とされてきたのは③であり、これを**開業準備行為**と呼んでいる。

　異論もあるが、③に該当するもののうち発起人ができるのは、あくまでも会社法28条に列挙された内容に限られる（財産引受けはこれに含まれる）と解すべきである。28条各号に該当しない行為を認めると、株式会社に実質財産が確保されない危険が高まるから、列挙されていない行為を定款に記載しても、その効果が成立後の株式会社に帰属することはなく、発起人に帰属すると解すべきである。Case 7-4 のDも、28条各号に該当しない行為を行った場合、その効果は自らに帰属する。

2. 公証人による定款の認証

　以上の内容を記載した定款は、内容のチェックを行う権限を有する公証人（公証1条3号）の認証を受けなければ、効力を生じない（会30条1項）。

3. 発起人による出資

発起人のEは、100万円の現金を出資する予定だったが、払込期間の末日になっても100万円を銀行の指定口座に振り込むことができなかった。Eは発起人でなくなるのだろうか。

　発起人は、設立時発行株式を1株以上引き受けなければならない（会

25条2項）。のEが払込期間の末日までに財産を出資できなかった場合、ほかの発起人は期日を定めて出資の履行をしなければならない旨通知する（会36条1項・2項）。その期日までに出資の履行ができなかった場合、Eは株主となる権利を失う（同条3項）。Eが1株も引き受けられなかった場合は、設立無効事由になる（**第4節参照**）。

4. 設立時取締役等の選解任

> **Case 7-6** Aは、一緒に発起人となったB・Cとともに、3人全員が成立後の株式会社の取締役になることを考えている。取締役や代表取締役の選び方はどのような方法によるのだろうか。

発起設立の場合、設立時に株式を引き受けるのは発起人のみだから、役員等を選任・解任するのも発起人のみでできる（会38条以下）。会社設立時に選任される取締役を、**設立時取締役**という。保有する株式数によって議決権数が定まること（会40条1項）のほか、基本的な規制内容は株主総会と同様なので、**第2章を復習**しておいてほしい。

5. 会社の成立

株式会社は、その本店の所在地において設立の登記をすることによって成立する（会49条）。株式会社が成立すると法人格を有することになるから、独立して権利義務の帰属主体となることができる（**第1章第1節参照**）。

6. 発起人の責任

Case 7-7 発起人で設立時取締役にも選任されたＡは、自己の有する土地を、5億円の価値があるとして現物出資した。その際には不動産鑑定士の鑑定評価と弁護士の証明があり、検査役の調査は行われていなかった。同じく発起人・設立時取締役のＢ・Ｃは、上記の証明があることからＡの不動産に十分な価値があると思っていた。しかし、実際にはその土地は評価額より著しく価値が低く、1億円程度の価値しかないものだった。Ａ・Ｂ・Ｃはどのような責任を負うだろうか。

【現物出資者の責任は重い】

現物出資財産の価額が出資したとされた額に著しく不足する場合には、会社に実質財産が確保されておらず、債権者に不利益が及ぶおそれがある。そのため、発起人・設立時取締役は、会社に対して連帯して不足額を支払う義務を負う（**不足額塡補責任**という。会52条1項）。会社に実質財産が確保されることによって、債権者にも迷惑がかからなくなる。

もっとも、現物出資者以外の者が、検査役調査があった場合や、専門家の証明があった場合にまで、現物出資財産の価値が低いことを見抜くことは容易ではない。そこで、現物出資者以外の者は、検査役調査を経た場合や、注意を怠らなかったこと（無過失）を証明した場合には免責される（会52条2項各号）。これに対して、現物出資をした者は法定の無過失責任を負う。過失の有無を問わず責任を負わされるのだから、過失責任より重い責任が課されているのである（**第4章第5節参照**）。

Case 7-7 ではＢ・Ｃは通常不動産鑑定士の鑑定評価・弁護士の証明を信用するので、無過失として免責される可能性が高い。これに対して

A は無過失責任を負う。

【出資の履行の仮装・任務懈怠責任・対第三者責任】

　このほか、発起人・設立時取締役等は出資の履行の仮装（会52条の2）、任務懈怠責任（会53条1項）、第三者に対する責任を負うことがある（同条2項）。任務懈怠責任・対第三者責任については**第2章**を復習してほしい。

第3節　募集設立

　募集設立は実務上ほとんど利用されていないので、発起設立と特に異なる点を一覧表にしておく。

| Chart 7-2 | 発起設立・募集設立の違い

	発起設立	募集設立
株式の引受人	発起人のみ	発起人・発起人以外の引受人（57条）
現物出資	可能	発起人のみ可能。その他の引受人は金銭出資のみ（63条1項）
引受人の失権	相当期間の催告後期間の経過	発起人は発起設立と同様。その他の引受人は払込期日・期間の経過（63条3項）
払込取扱機関	保管証明義務なし	保管証明義務あり（64条）
役員等の選任	発起人の議決権過半数	創立総会（65条以下）
現物出資に関する発起人等の責任	現物出資をした者のみ無過失責任、他の発起人は過失責任	発起人はすべて無過失責任（103条1項）

募集設立の場合、発起設立より株式会社の規模が大きくなることが想定される。そのため、債権者に不利益が生じないようにする必要がある。発起人は氏名または名称と住所を定款に記載するため（会27条5号）事後的な責任追及（**第3章第4節**参照）も容易だが、その他の募集株式の引受人の責任追及は容易ではない。そのため、発起人以外の引受人は金銭のみ出資できる。また、現物出資をした者以外の発起人等の不足額填補責任も加重されている。

　創立総会は、発起人以外の株式引受人も含めた会議体で、株主総会に類似するので、**第2章**を復習しておいてほしい。

第4節　設立の無効・不存在

　甲株式会社（甲社）の発起人であるAは、株式を1株も引き受けていない。発起人は設立時発行株式を1株以上引き受けなければならないとされているが、この場合、甲社は無事に設立できるのだろうか。

【訴え以外では無効主張できない】

　株式会社の設立の無効は、訴えをもってのみ主張できる（会828条1項1号）。通常の法律行為の無効は訴訟外でも主張できる。しかし、会社関係訴訟は、無効とされた場合に外部に与える影響が大きいので、法律関係安定の見地から、訴訟によることが必須とされている。

　また、長期間にわたり有効・無効が確定しない不安定な状態が続くのも問題だから、訴えを提起できるのは株式会社の成立の日から2年間に限られる。

原告となれるのは、株主・取締役など利害関係の強い一定の会社の関係者に限られる（会828条2項1号）。

【無効事由も限定される】

　株式会社の設立の無効事由は法定されておらず、解釈に委ねられている。発起人が1株も引き受けていないこと（会25条2項参照）、定款の必要的記載事項が欠けていること（会27条参照）、適法な創立総会が開催されていないことなどが該当するとされている。

　Case 7-8 の甲社においては、Aが株式を1株も引き受けていないので、甲社の設立には無効事由がある。設立無効を回避するためには、Aを原始定款の発起人から削除した定款を作成し直したうえで、再度公証人の認証を受けるほかない。

第 1 節　さまざまな資金調達の方法と会社法の
規律対象

【さまざまな資金調達の方法】

　　小麦粉を用いたパンの製造・販売をしている甲社の取締役会は、米粉を用いたパンが消費者の支持を集めつつあることに着目し、新たに米粉を用いたパンの製造・販売をすることを決定した。そのためにはまず米粉を購入しなければならないし、新たな工場を建設しなければならない。必要となる多額の資金を甲社はどのようにして調達（用意）することができるだろうか。

　取締役が株主から委ねられた経営を行い、それによってより多くの利益を株主にもたらすためには、Case 8-1 のように、まずは資金が必要になる。会社に内部資金があれば、それを利用することができる。内部資金としては、会社がそれまでに分配した利益の残り（内部留保）がある（第 5 章第 3 節 3 参照）。

　内部留保がないとか足りないといった場合には、外部から資金を調達することになる（外部資金の調達）。たとえば、会社が銀行のような金融機関から貸付を受けたり、社債（その発行を受けた者に対して負う金銭債務）を発行することによって調達するという方法もある。なお、それらの方法を用いた場合、貸付をしてくれた金融機関や社債の発行を受けた者は、会社の債権者となる。

　そのほかにも、会社が既存の株主や投資家（株主になるかどうか検討している者）に対して新たに株式を発行したり、新株予約権（会社に対して行使することによって株式の交付を受けることができる権利）を発行するこ

| Chart 8-1 | さまざまな資金調達の方法

○内部留保の利用
○外部資金の調達
　・金融機関から貸付を受ける
　・社債を発行する
　・株式を発行する
　・新株予約権を発行する

とによって資金を調達するという方法がある。それらの方法などを用いた場合、最終的に株式を取得した者は株主となる。その点で、会社が貸付を受ける場合などとは違いがある（株主と債権者との違いについて**第1章第1節3**参照）。

【**会社法の規律対象**】

　以上のような外部資金の調達による資金調達のうち、会社法は、新たな株式（新株）の発行（**新株発行**）、新株予約権の発行、社債に関する規定をとくに多く設けている。以下では、そのうち新株発行について説明する。

　なお、本章では、公開会社（**第1章第2節参照。公開会社は取締役会設置会社である**）について説明する。

第2節　募集株式の発行等

1. 募集株式の発行等による新たな株主の出現

【**株主割当てと第三者割当て・公募**】

　新株発行は、誰に対して新株を発行するかによって大きく3つに分

けられる。

　まず**株主割当て**による新株発行は、既存株主（その新株発行の前から株主であった者）の全員に対してその持株数に応じて株式の割当てを受ける権利を与えて発行するものである。もちろん既存株主は、その権利を与えられたとしても、発行される株式と引換えに出資することができる財産（通常は金銭）を有していない場合（財産に余裕がない場合）や、そもそも新たに出資したくない場合には、その権利を行使しなくてもよい。つまり、必ず出資して株式を引き受けなければならないというわけではない（割当てや引受けなどといった新株発行までの手続のおおまかな流れについては、**Chart 8-9** 参照）。

　これに対して、特定の投資家に対して新株を発行することを**第三者割当て**といい、不特定の投資家に対して新株を発行することを**公募**による発行という。なお、これらの投資家はその全員が既存株主ではない場合もあるが、その全員または一部が既存株主である場合もある。既存株主ではない場合には、新たな株主が出現することになる（**Chart 8-3** 参照）。

| Chart 8-2 | 誰に対する新株発行かによる区別

○株主割当て……既存株主に対する新株発行
○株主割当て以外
　・第三者割当て……特定の投資家に対する新株発行
　・公募……不特定の投資家に対する新株発行
　※投資家の全員または一部が既存株主である場合もある

【新たな株主の出現】

| Chart 8-3 | 新たな株主が出現する場合

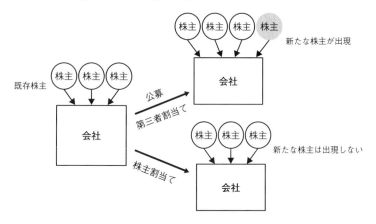

　会社は、新株を発行することによって資金を調達することができる（**第1節**参照）。会社を設立するときにも新たな株式が発行されるが、発起人になってくれる仲間などのように近しい者以外に発行されることはあまりない（**第7章第1節**参照）。他方で、本章の以下で説明するのは、設立後に新たに株式を発行しようとする場面である。その場面は、Case 8-1 のように、会社の事業を広げるために多額の資金が追加的に必要になった場面であることも多い。そのような多額の資金を調達するためには、近しい者やその後に新たな株式が発行されて株主となった者（既存株主）だけではなく（株主割当て）、それらの者以外の投資家（株主になろうかどうか検討している者）に対して新たな株式を発行せざるをえない（第三者割当て・公募。その理由については Case 8-3 参照）。

　そして、実際に投資家に対して株式を発行すれば、会社は資金を調達することができるが、その一方で、その投資家が新たな株主として出現

することで（**Chart 8-3** 参照）既存株主の利害に対して影響が及ぶ可能性がある。そこで、できる限り会社が資金を調達しやすいようにしつつも（資金調達の便宜に配慮しつつも）、既存株主の利害に対する影響も考慮する必要性が生じる（**2** 参照）。

● 自己株式の処分と募集株式の発行等

会社は、すでに発行し会社自らが保有していた株式（自己株式）を有償で売却すること（自己株式の処分）によって資金を調達することもある。このように自己株式の処分がなされれば、その株式を取得した者が新たな株主となって出現することになるから、新株発行と同様、既存株主の利害に影響を及ぼすこともある。そこで、会社法は、新株発行と自己株式の処分とを合わせて「募集株式の発行等」として規定し（会社法第2編第2章第8節表題）、共通の規律を及ぼしている（自己株式の処分については、**第6章第5節**参照）。

2. 既存株主の利害に対する影響と資金調達の便宜との調整の必要性

【既存株主の利害に及ぶ可能性がある2つの影響】

新株が発行されると、既存株主の利害に対して2つの影響が及ぶ可能性がある（**Chart 8-4** 参照）。

第1に、発行された株式（新株）の数の分だけ株主総会で行使される議決権の数が増加することになる。既存株主がその新株を引き受けなければ、既存株主の**持株の比率**が低下する。その結果、既存株主が株主総会で議決権を行使することによって自身の意見を決議に反映させて会社の経営に関与することがしにくくなる。つまり、会社支配権（共益権。

第2章第1節参照）に関する利害に対して影響が及ぶ可能性があるのである。

　第2に、会社は投資家から出資してもらえる。つまり、新株発行の対価（払込金額）を受領することになる（3参照）。その対価の額がいくらであるか、既存株主が新株を引き受けるかどうか次第では、既存株主の**持株の価値**が低下することがある。つまり、経済的利害（自益権。第2章第1節参照）に対して影響が及ぶ可能性があるのである。

| Chart 8-4 | 新株発行による既存株主の利害に対する影響

> ・持株の比率の低下（会社支配権に関する利害に対する影響）
> ・持株の価値の低下（経済的利害に対する影響）

【どのような場合に既存株主の利害に対して影響が及ぶのか（新株発行の4類型）】

　では、実際にはどのような場合に既存株主の利害に対して影響が及ぶのだろうか。

　Case 8-1 において、甲社は、発行済株式総数200万株の株式会社であり、その発行済株式の市場価格は1株300円である（説明の便宜上、甲社の純資産〔第5章第3節2〕の額に相当する資産は総計6億円であり、その額を反映して市場価格が1株300円となっているものとする〔6億円÷200万株＝300円〕）。この甲社が新たに6000万円の資金を新株発行によって調達しようとしている。新株が発行される前から甲社株式100株を保有していたP（既存株主）は、新株が発行された場合にどのような影響をどの程度受けるだろうか。

　なお、1株あたりの払込金額（新株発行の対価）は①300円か②

200 円かのいずれかであり、Ｐのような既存株主に対して新株の割当てを受ける権利を持株数に応じて（a）与えるか（b）与えないかのいずれかのパターンにより新株を発行するものとする（6000 万円の資金が調達されると甲社の純資産は 6 億 6000 万円になる）。

新株発行には、新株発行前から発行されている株式（発行済株式）の価格と比べて、①等しい額で発行する場合（有利発行ではない場合）と、②低い額で発行する場合（有利発行の場合）がある。たとえば、Case 8-2 のように市場価格が 1 株 300 円である場合に、誰かから 1 株を購入したければ 300 円を支払わなければならないはずである。そうであるにもかかわらず、1 株 200 円で新たな株式を発行してもらえるのであれば有利である。したがって、②の場合は**有利発行**と呼ばれる（ただし、実際の事案では、いつの時点の市場価格が 1 株何円である場合に 1 株あたりの払込金額を何円にしたら有利発行にあたるかの判断は難しい。**4** 参照）。

さらに、①と②のそれぞれについて、既存株主に対して新たに株式の割当てを受ける権利を持株数に応じて（a）与えて発行する場合（株主割当て）と、（b）与えないで発行する場合（第三者割当て・公募）がある。

| Chart 8-5 | 新株発行の 4 類型

	有利発行であるかどうか（①か②）	
株主割当てによるかどうか（(a) か (b)）	(a) 株主割当てによる場合 × ① 有利発行ではない発行	(b) 株主割当てによらない場合 × ① 有利発行ではない発行
	(a) 株主割当てによる場合 × ② 有利発行	(b) 株主割当てによらない場合 × ② 有利発行

以下では、この 4 類型それぞれにおいて、Case 8-2 の既存株主 P の持株の比率と持株の価値がどの程度影響を受けるのかについて説明する。まずは、①発行済株式の市場価格（1 株 300 円）と等しい額（払込金額 1 株 300 円）で新株を発行する場合（有利発行ではない場合）について考える。

| Chart 8-6 | 有利発行ではない場合

新たに発行されるべき株式数 6000 万円÷300 円＝20 万株		新株発行後の 1 株の価値（市場価格） 6 億 6000 万円÷220 万株＝300 円	
〈従来 100 株を有していた既存株主 P の地位〉		(a) 既存株主 P に割当てを受ける権利を与える場合（株主割当てによる場合）（20 万株÷200 万株＝0.1 より 100 株につき 10 株の割当てを受ける）	(b) 既存株主 P に割当てを受ける権利を与えない場合（株主割当てによらない場合）
持株の比率	新株発行前	100／200 万（0.005％）	100／200 万（0.005％）
	新株発行後	110／220 万（0.005％）	100／220 万（0.0045％）
持株の価値（－払込金額）	新株発行前	300 円×100 株＝3 万円	300 円×100 株＝3 万円
	新株発行後	300 円×110 株－300 円×10 株＝3 万円	300 円×100 株＝3 万円

　Chart 8-6 によれば、①の場合、(a) と (b) とのいずれにおいても、既存株主 P は持株の価値の低下という不利益を受けない（3 万円で変わらず）。しかも、① (a) の場合には、既存株主 P は、持株の比率の低下という不利益も受けない（0.005％ で変わらず）。他方で、① (b) の場合には、持株の比率の低下という不利益を受ける（0.005％ から 0.0045％ に低下）。

　次に、②発行済株式の市場価格（1 株 300 円）よりも低い額（払込金額 1 株 200 円）で新株を発行する場合（有利発行の場合）について考える。

| Chart 8-7 | 有利発行の場合

新たに発行されるべき株式数 6000 万円÷200 万円＝30 万株	新株発行後の 1 株の価値（市場価格） 6 億 6000 万円÷230 万株≒287 円	
〈従来 100 株を有していた既存株主 P の地位〉	(a) 既存株主 P に割当てを受ける権利を与える場合（株主割当てによる場合）（30 万株÷200 万株＝0.15 より 100 株につき 15 株の割当てを受ける）	(b) 既存株主 P に割当てを受ける権利を与えない場合（株主割当てによらない場合）
持株の比率　新株発行前	100／200 万（0.005%）	100／200 万（0.005%）
持株の比率　新株発行後	115／230 万（0.005%）	100／230 万（0.0043%）
持株の価値（－払込金額）　新株発行前	300 円×100 株＝3 万円	300 円×100 株＝3 万円
持株の価値（－払込金額）　新株発行後	287 円×115 株－200 円×15 株＝3 万円	287 円×100 株＝2 万 8700 円

Chart 8-7 によれば、②（b）の場合、既存株主 P は、持株の比率の低下と持株の価値の低下という二重の不利益を受ける（0.005% から 0.0043% に低下し、3 万円から 2 万 8700 円に低下）。他方で、②（a）の場合には、既存株主 P の持株の比率は低下しない（0.005% で変わらず）。しかも、持株の価値も低下しない（3 万円で変わらず）。なぜなら、株主割当てでは、新株が発行済株式の市場価格よりも低い額で発行されても、旧株についての損失は新株による儲けで塡補されるからである。

【資金調達の便宜にも配慮する必要性】

株主割当てによって新株を発行する場合（(a) の場合）には、既存株主は、持株の比率と持株の価値とのいずれについても不利益を受けない。したがって、新株発行による既存株主の利害に対する影響を考慮する必要はない。そうであるなら、株主割当て以外の方法による新株発行を禁止し（Chart 3-18 参照）、常に株主割当てによって新株を発行するように会社法が強制してしまえばよいのではないかと思うかもしれない。しか

し、それは資金調達の便宜を害することになるから難しい。

Case 8-3

Case 8-1 Case 8-2 のとおり、甲社は新株を発行することによって多額の資金を調達しようと考えている（金融機関から貸付を受けるといったほかの資金調達の手段〔Chart 8-1〕を用いることは難しいものとする）。しかし、Pを含めて甲社の既存株主の多くは、株主割当てが行われ、割当てを受ける権利を与えられても、出資することができるほど財産に余裕はない。この場合、甲社もその既存株主も、米粉を用いたパンを製造・販売することによって多くの利益がもたらされることをあきらめるしかないのだろうか。

　株主割当てによって新株が発行される場合、この Case 8-3 の既存株主のように財産に余裕がなければ、実際には出資してもらえず、会社は資金を調達できないということになってしまいかねない。つまり、株主割当てを常に強制することによって会社の資金調達の便宜が害されてしまいかねない。その結果、米粉を用いたパンを製造・販売してより多くの利益を会社にもたらすことはできなくなり、ひいてはより多くの利益を既存株主に分配することもできなくなる。

　反対に、株主割当てを強制せずに、株主割当て以外の方法を認めれば、会社は、財産に余裕がある特定または不特定の投資家から出資してもらうことで、多額の資金を調達できる可能性が高くなる。そこで、株主割当てを強制せずに、株主割当て以外の方法（第三者割当てまたは公募）により資金を調達することを認めて会社の資金調達の便宜にも配慮する必要がある。

3. 会社法による調整

【会社法の基本構造】

　会社法は、前（2参照）に述べた既存株主の利害に対する影響と資金調達の便宜の調整をどのように行っているのだろうか。以下では、公開会社での調整について説明する。

| Chart 8-8 | 既存株主の利害に対する影響と資金調達の便宜の優先順位（公開会社）

← 優先順位高い　　　　　　　　　　　　　　　　　　優先順位低い →

持株の価値の維持　＞　資金調達の便宜　＞　持株の比率の維持

（1）持株の比率の維持よりも資金調達の便宜を優先

　株主割当てによらずに新株を発行する場合には、既存株主は持株の比率の低下という不利益を受ける。しかし、会社法は、公開会社では、既存株主の持株の比率が多少は低下してもやむをえないと考え、広い範囲から資金を調達することができるようにしている。つまり、持株の比率の維持に関する利害よりも資金調達の便宜を優先しているのである（Chart 8-8 参照）。

　なぜなら、Chart 8-6 および Chart 8-7 中の 0.005％ などのような低い持株の比率では議決権を行使したところで会社の経営にそれほど関与できるわけではない。したがって、公開会社（とくに上場会社）の既存株主の多くは、低下することなく維持された持株の比率に基づいて議決権を行使して、会社の経営に関与することにはあまり関心がない。むしろそのような株主は、持株の比率が低下したとしても、取締役会が（迅速にかつ広い範囲から）調達した多額の資金を用いて最終的にはより多く

の利益を会社および既存株主にもたらしてくれることを望んでいる、と考えられる。

　具体的に言えば、募集事項の決定は、原則として取締役会の決議による（会199条2項、201条1項）。その決議によって、既存株主に株式の割当てを受ける権利を与える旨を定めること（株主割当て）もできるが（会202条1項・3項3号）、与えないこと（株主割当て以外の方法）もできる。つまり、会社法は、公開会社では、（非公開会社〔**第1章第2節**参照〕と比べれば株主の数が多いから）開催に時間と費用がかかる株主総会を経ることも原則として（（2）参照）強制していないし、株主割当ても強制していない。その結果、調達した資金を用いて実際に会社を経営する取締役会が、株式市場の状況に応じて迅速かつ株主割当て以外の方法によって広い範囲から資金調達を行うことができるようにしているのである。

　ただ、会社法は、持株の比率の維持にまったく配慮していないわけではない。具体的には、発行可能株式総数を定款で定めると規定している（**第7章第2節**参照）。したがって、株主総会決議によって定款を変更しない限り、最大でもその総数のうち4分の3を取締役会決議によって発行することができるにすぎない（授権資本制度）。つまり、持株の比率の低下が多少は抑止される。そのほかにも、既存株主は、違法または著しく不公正な新株発行に対する救済措置なども利用することができる（**4**参照）。

（2）資金調達の便宜よりも持株の価値の維持を優先

　株主割当てによらずに新株を発行する場合には、既存株主は持株の価値の低下という不利益を受けるおそれがある。少なくともそのような不利益を与えないようにする必要がある。なぜなら、既存株主は、経営を委ねた取締役会が会社および既存株主に利益をもたらしてくれると考えているからこそ株主になっている。そのように利益がもたらされるどこ

ろか持株の価値の低下という不利益を受けることが予測されるのであれば、そもそも株主になろうとする者はいなくなってしまうかもしれない。その結果、株式会社という仕組みが成り立たなくなってしまいかねない（第1章第1節3参照）。

　株主割当てによらずに新株を発行する場合に既存株主に対して持株の価値の低下という影響を与えないようにするためには、公正な払込金額で新株を発行すること（有利発行ではないこと。Chart 8-6参照）が必要になる。そこで、会社法は、取締役会決議のみによって株主割当てによらずに新株を発行する場合には、公正な払込金額で発行することを要求している。つまり、取締役会決議のみによって有利発行を行うことまではできないとしている。資金調達の便宜よりも持株の価値の維持に関する利害を優先しているのである（Chart 8-8参照）。

　ただし、有利発行を行うこと自体を禁止しているわけではない。行うのであれば株主総会決議を経て行わなければならないという制限をかけているにすぎない（Chart 3-18参照）。

Case 8-4

　甲社は、その経営状態が悪化したため、新株を発行することによって資金を調達しなければならない状況にある（金融機関から貸付を受けるといったほかの資金調達の手段を用いることも難しいものとする）。しかし、Pを含めて既存株主の全員が財産に余裕がないため、株主割当てによる資金調達は難しい。そこで、Q（特定の第三者）に対して新株を発行し（第三者割当て）、資金を提供してもらおうと考えている。ところが、Qは、特に有利な払込金額で発行（有利発行）されるのでなければ新株を引き受けるつもりはない。この場合、甲社が資金を調達することはできないのだろうか。

Case 8-4 の場合、甲社の既存株主は、短期的にみれば、有利発行が行われることによって持株の価値の低下という不利益を受ける（Chart 8-7 参照）。しかし、長期的にみれば、有利発行によって調達した資金を用いて取締役会がより多くの利益を会社および既存株主にもたらしてくれることを望むかもしれない。既存株主の多くがそのように望んでいる場合にまで、有利発行を行うことを認めない、というのでは、かえって会社および既存株主に利益がもたらされないことになりかねない。

　そこで、会社法は、株主総会の特別決議を経れば、株主割当てによらなくとも、Ｑのような者に対して特に有利な払込金額で新株を発行すること（有利発行）ができると定めている（会 199 条 2 項・3 項、201 条 1 項、309 条 2 項 5 号）。つまり、有利発行が行われることによって短期的には持株の価値の低下という不利益を受けてもやむをえないという株主の意思が株主総会で確認できた場合には、有利発行を行うことができる、という仕組みを採用しているのである。

【新株発行の効力が発生するまでの手続の流れ】

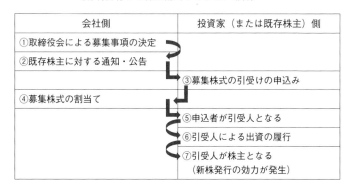

| Chart 8-9 | 新株発行の効力が発生するまでのおおまかな流れ
　　　　　　　（有利発行でも株主割当てでもない場合）

会社側	投資家（または既存株主）側
①取締役会による募集事項の決定	
②既存株主に対する通知・公告	
	③募集株式の引受けの申込み
④募集株式の割当て	
	⑤申込者が引受人となる
	⑥引受人による出資の履行
	⑦引受人が株主となる （新株発行の効力が発生）

公開会社が株主割当て以外の方法によって新株を発行する場合に必要になる手続は、おおむね以下のとおりである（Chart 8-9 も参照）。

　第1に、募集株式の数、払込金額、それと引換えにする金銭の払込期日などの募集事項を決定しなければならない（会199条1項・2項、201条1項）。この決定は、取締役会決議または株主総会決議によって行われる。どのような場合にいずれの決議によって決定されるかについては、前に説明した。

　第2に、取締役会決議によって募集事項を決定した場合には、払込期日の2週間前までに、その募集事項を既存株主に対して通知または公告をしなければならない（会201条3項・4項。201条5項も参照。その意義については Case 8-6 参照）。ただし、有利発行を行うために株主総会決議によって募集事項を決定する場合には、通知または公告は不要である（会201条3項参照）。既存株主は、株主総会の場でその募集事項を知ることができるからである。

　第3に、以上の募集事項に応じる者が会社に対して募集株式の引受けの申込みをする（会203条参照）。その後、代表取締役が引受けの申込者のうちのどの者にいくつの募集株式を割り当てるのかを決定すること（会362条4項、363条1項1号）によって引受人が決まる（会204条1項、206条）。そして、引受人は、払込期日までに払込金額の全額を払い込むと（出資を履行する。金銭ではなく動産などを出資することも可能である〔現物出資〕。会199条1項3号、207条。現物出資については、**第7章第2節**も参照）、払込期日に募集株式の株主となる（新株発行の効力が生じる。会208条1項、209条1項）。

4. 違法または著しく不公正な新株発行などに対する救済措置

【違法な新株発行などに対する救済措置の必要性】

Case 3-6 の場合において、甲社（上場会社）株式の市場価格は低迷していた。そのとき、その価格で甲社株式の過半数を取得したうえで、甲社の取締役であるＡ・Ｂ・Ｃを解任しようとする敵対的な投資家Ｒが現れた（第3章第3節3参照）。解任をおそれたＡらは、自身を解任しない（支持）してくれるであろう友好的な投資家Ｑを別にさがしあてた。そして、Ｒが甲社株式の過半数を取得することが難しくなるようにＱに対して大量の新株を有利発行しようとしている（有利発行であることについては争われていないものとする）。もっとも、表向きＡらは、Ｑに対する新株発行によって調達した資金を用いて、新たな事業を立ち上げる予定であると主張している。この場合に、Ｒはどのような救済措置を利用することができるだろうか。

| Chart 8-10 | 取締役の自己保身のための新株発行

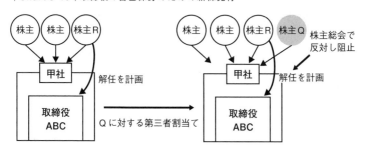

Case 8-5 のような新株発行が行われれば、いったんは甲社株式の過半数を取得した R の持株の比率が低下する（Chart 8-6（b）および Chart 8-7（b）参照）。したがって、R は、低下した持株の比率を再度過半数まで回復するために追加的な費用をかけて甲社株式を追加取得しなければならなくなってしまう。また、R が費用をかけることができるほど財産に余裕があるとしても、新株を引き受けた Q が R に対してその新株を売却することは考えづらい。つまり、Q に対して大量の新株発行が行われれば、R が甲社株式の過半数以上を再び取得することは難しくなってしまう。このように、新株発行が、Case 8-5 の A らのように解任をおそれる取締役の自己保身のために行われることもある。

このような取締役の自己保身のための新株発行に対して、R のような投資家が何らの救済措置も利用することができないとしたらどうなるだろうか。そもそも R のような投資家は現れることはなくなり、甲社株式の市場価格が低迷する状況が続きかねない。その結果、甲社の既存株主は、甲社株式をそのように低迷した価格で売却するか、利益の分配を受けられないまま保有し続けるかの選択肢しか有しないことになる。

他方で、R のような投資家が何らかの救済措置を利用することができるとしたら、R のような投資家が現れる可能性が高まる。R のような投資家が実際に現れた場合には、新たな取締役に選任することでその会社

に利益がもたらされることを期待して、低迷していた市場価格よりも高値で甲社の株式を購入しようとする。したがって、甲社の既存株主は、低迷していた市場価格よりも高値で株式を売却することができる。また、Rのような投資家が現れることをおそれる甲社の取締役は努力して経営するように仕向けられることになる。その結果、甲社の株主は利益の分配を受けることができる（以上、**第3章第3節3**参照）。

　そこで、新株発行が取締役の自己保身のために行われないよう取締役を規律づけるために、違法または著しく不公正な新株発行に対する救済措置が必要になるのである。

【違法な新株発行などに対する救済措置の2類型】

│ Chart 8-11 │ 各救済措置を利用することができる時期

新株発行の効力が発生

（時間の流れ）

(1) 新株発行差止請求　　　(2) 新株発行無効の訴えなど

　既存株主（ Case 8-5 のRも新株発行前の段階で既存株主となっている）は、違法または著しく不公正な新株発行に対して救済措置を利用することができる。この救済措置は、(1) 新株発行の効力が生じる（**Chart 8-9**⑦参照）前に利用することができるものと、(2) 新株発行の効力が生じた後に利用することができるものに分けられる。具体的には、**新株発行差止請求**が (1) の措置であり、**新株発行無効の訴え**などが (2) の措置である（**Chart 8-11** 参照）。

　以下では救済措置のうち新株発行差止請求と新株発行無効の訴えにつ

いて説明する（ほかの救済措置としては、たとえば、212条以下によるものがある。

【新株発行差止請求（事前の救済措置）】

　新株発行差止請求は、新株発行が①法令または定款に違反する場合、または、②著しく不公正な方法で行われる場合で、しかも、その発行により（既存）株主が不利益を受けるおそれがあるときに行うことができる（会210条）。

(1) 要件①（法令・定款違反）

　前に説明したように、新株発行差止請求は、新株発行の効力が生じる前に利用することができる救済措置である。実際に差止めが認められれば、新株発行の効力が生じることはなく、その新株の株主になった者は存在しない。したがって、その新株の株主になった者が行った株式譲渡（第6章第3節参照）の効力を否定しなければならなくなることはない。また、新株発行の効力が生じていないのであるから、発行されてしまった新株に対して行われた利益の配当（第5章第3節3参照）を返還させるとか、その新株にかかる議決権行使の効力を否定しなければならない（第2章第7節参照）といった状況にはならない。つまり、新株発行が差し止められても、取引の安全や法律関係の安定性に影響が及ぶことはない。

　新株発行差止請求には以上の特徴があるから、要件①に該当する法令・定款違反の範囲については広く解してもよい。つまり、軽微な法令・定款違反もその要件に該当するということになる（新株発行無効の訴えと対比）。具体的には、3に説明したような手続を踏まずに新株を発行しようとする場合に、法令・定款違反に該当する。

　なお、法令・定款に違反する新株発行が行われようとしていることを理由とする新株発行差止請求の多くは、有利発行であるにもかかわらず

株主総会決議を経ずに（Case 8-5 のように取締役の自己保身のために自身を支持してくれる友好的な投資家に対して）取締役会が新株発行を行おうとする場合（3 参照）になされる。ただ、行われようとしている新株発行が有利発行であるかどうか（いつの時点の市場価格が 1 株何円である場合に 1 株あたりの払込金額を何円にしたら有利発行にあたるか）の判断は難しいことも多い。実際、多くの裁判例でその点が争われてきた（最判昭和 50・4・8 民集 29 巻 4 号 350 頁、東京地決平成元・7・25 判時 1317 号 28 頁、東京地決平成 16・6・1 判時 1873 号 159 頁【会社法百選 20 事件】など）。

（2）要件②（著しく不公正な方法）

| Chart 8-12 | 主要目的ルール

・(a) 資金調達などの目的　＞　(b) 取締役の支配権の維持・強化の目的
　→　著しく不公正な方法による新株発行ではない
・(a) 資金調達などの目的　＜　(b) 取締役の支配権の維持・強化の目的
　→　著しく不公正な方法による新株発行である

著しく不公正な方法による新株発行が行われようとしていることを理由とする新株発行差止請求の多くは、Case 8-5 のように、公開会社のうち上場会社において会社支配権（誰が取締役として今後の経営を行うか）の争いがある場合になされる。

裁判所は、行われようとしている新株発行が著しく不公正な方法によるものであるかどうかを判断するにあたって、**主要目的ルール**といわれる考え方に依拠してきた（前掲・東京地決平成元年など）。すなわち、行われようとしている新株発行が（a）資金調達などの目的と（b）取締役の支配権の維持・強化（自己保身）の目的のいずれを主要な目的としているのかに着目して、その新株発行が著しく不公正な方法によるものかどうかを判断するという考え方である（**Chart 8-12** 参照）。

もっとも、（ Case 8-5 のRのような〔既存〕株主が主張するように）実際には取締役の支配権の維持・強化が主要な目的であるとも言えるような場合であるにもかかわらず、（ Case 8-5 のAらのような取締役が表向きは主張しているように）資金調達の目的もありさえすれば、裁判所は資金調達の方が主要な目的であると認める傾向にあった（東京高決平成16・8・4金判1201号4頁【会社法百選96事件】など）。しかし、主要目的ルールがそのように運用されてしまうと、 Case 8-5 のような取締役の自己保身のための新株発行が簡単に行われてしまう。その結果、新株発行差止請求という救済措置によって取締役を規律づけることができなくなってしまう。もっとも、最近はそのような傾向に変化が見られる（東京地決平成20・6・23金判1296号10頁など）。

【新株発行無効の訴え（事後の救済措置）】

(1) 新株発行無効の訴えの特徴

　Chart 8-11 の説明で述べたように、新株発行無効の訴えは、新株発行の効力が生じた後に利用することができる救済措置である。新株発行の効力が生じれば、その新株の株主になった者が現に存在することになる。ところが、その後に新株発行が無効であるとされた場合、一般原則によれば、その新株の株主になった者が行った株式譲渡の効力を否定しなければならなくなる。また、新株に対してすでに行われた利益の配当を返還させるとか、その新株に係る議決権行使の効力を否定したりしなければならなくなる。つまり、新株発行が無効であるとされれば、取引の安全や法律関係の安定性に影響が及びかねないのである（新株発行差止請求と対比）。

　そこで、会社法は、新株発行無効の訴えという制度を設けて、たとえば、公開会社の場合には提訴期間を新株発行の効力が生じた日から6か月に制限したり（会828条1項2号）、提訴権者を株主などに限定している（同条2項2号）。つまり、その無効の主張が行われることを可能な

限り制限しているのである。また、訴えが認められ、新株発行が無効であるとされる場合でも、その無効を画一的に確定する（対世効）という規定（会838条）や、無効であるとされた新株発行は将来に向かってその効力を失う（会839条）という規定を置いている。その結果、株式譲渡の効力は否定されない。また、新株に対してすでに行われた利益の配当自体を返還させたり、議決権の行使の効力が否定されることもない。なお、無効とされた時点の株主は株式を失う代わりに、会社から金銭を受け取る（会840条1項）。

（2）無効事由

会社法は、どのような事由があれば新株発行が無効となるかどうかについて何ら規定も置いていない。前（(1) 参照）に説明したように、新株発行が無効であるとされれば、取引の安全や法律関係の安定性に影響が及びかねない。したがって、無効であるとされる法令・定款違反の範囲については狭く解する必要がある。つまり、重大な法令・定款違反がある場合に限って無効であるとされる（新株発行差止請求と対比）。

具体的にいえば、裁判所は、公開会社の場合に、以下のように判断してきた。たとえば、取締役会決議を経ることなく新株が発行された場合や有利発行であるにもかかわらず株主総会決議を経ることなく新株が発行された場合（いずれも法令違反がある。3 参照）にも無効であるとはされない（最判昭和36・3・31民集15巻3号645頁、最判昭和46・7・16判時641号97頁【会社法百選22事件】）。また、著しく不公正な方法によって新株発行が行われた場合であっても同様である（最判平成6・7・14判時1512号178頁【会社法百選100事件】）。しかし、発行可能株式総数（3参照）を超える新株発行は無効となる（東京地判昭和31・6・13下民7巻6号1550頁）。

確かに、法令・定款に違反したり、著しく不公正な方法によって新株発行が行われようとしている場合には、新株発行の効力が生じる前に新

株発行差止請求を行えばよい。そうであるにもかかわらず既存株主が新株発行差止請求を行わなかった場合にまで、新株発行の効力が生じた後になってから、その発行を無効とするという取り扱いをして既存株主を救済する必要はない。しかし、以下の場合はどうであろうか。

Case 8-5 の場合において（ただし甲社は非上場会社であるとする）、甲社は、その取締役会限りで募集事項を決定した。ところが、すでに甲社株式の過半数を取得していたRを含む既存株主に対してその募集事項の通知・公告をしなかった。そして、Qは出資を履行し、その新株の株主となった（新株の効力が生じた。以上の手続については、**Chart 8-9** 参照）。その後になって、Rを含む既存株主は、Qに対する新株発行が行われたことに気づいた。

　Rらは何らの救済措置を利用することもできないのであろうか。

Case 8-6 のような場合、Rを含む既存株主は、新株発行の効力が生じる前に新株発行差止請求を行っていれば、その新株発行を差し止めることができた可能性が高い。なぜなら、その新株発行は有利発行であると裁判所が認めれば、その新株発行は取締役会決議ではなく株主総会決議を経なければならないものであったにもかかわらず、実際には経ていないことによって法令に違反する新株発行であったからである（著しく不公正な方法によるものであると裁判所が認めても、差し止めることはできる）。

　ところが、募集事項の通知・公告（**Chart 8-9②**参照）が行われなかったため、Rを含む既存株主は、新株発行が行われることに気づかず、新株発行差止請求を行う機会を逃してしまった。このような場合には、新株発行の効力が生じた後であっても、その発行を無効にするという取り

扱いをして救済する必要がある、ということになろう。

　実際、最高裁は、募集事項の通知・公告が行われなかった場合には、そのほかに法令違反（通知・公告が行われなかったこと以外の法令違反）・定款違反などの差止事由があれば、新株発行は無効となると判示している（最判平成9・1・28民集51巻1号71頁【会社法百選24事件】）。他方で、そのような差止事由がなければ、通知・公告が行われなかったとしても、無効とはならない。この判例に従えば、Case 8-6 の場合、その新株発行は有利発行であると裁判所が認めれば、その新株発行は無効とされることになる。

| Chart 8-13 | 通知公告の有無・差止事由と新株発行の有効・無効

	通知・公告あり	通知・公告なし
差止事由なし	有　効	有　効
差止事由あり	有効（ほとんどの場合）	無　効

第9章　　組織再編

第1節　事業の再構築

　　甲株式会社は、化粧品の製造・販売業を営む会社である。甲社は、専門店販売方式で大きく成長し、現在は、中・高価格帯のメイクアップ化粧品を百貨店などで販売している。甲社の研究開発力には定評があり、近年は、中国のECサイトを通じて日本からの輸入品を販売するなど、中国の富裕層・中産階級層をターゲットとした販売チャネルの構築に力を注いでいる。他方、甲社の子会社が製造・販売している低価格帯の化粧品については、それまでの専門店販売方式が行き詰まりを見せており、業績は芳しくない。

　　ところで、乙株式会社も、化粧品の製造・販売業を営む会社である。乙社は、創業以来、シャンプーなどのヘアケア、ボディケア商品を主として手掛けてきたところ、近年の業績は低迷している。近時は、ドラッグストア流通や量販店の販売網を用いて、メイクアップ商品の製造・販売にも進出していたものの、研究開発力に強みがなく、売上げは頭打ちになっている。

　　甲社と乙社はそれぞれ、甲社の研究開発力と乙社の流通網とを両社にとってプラスになるように利用したいと考えている。両社の社長は、①甲社が乙社のメイクアップ商品事業を引き取るか、②甲社が乙社を完全子会社化して、経営統合するか、いっそのこと、③甲社が乙社を吸収して、両社を完全に統合するか、相談している。

【企業の統合と事業の切り出し】

　　現代社会では、企業は1つの会社としてのみ活動しているのではない。他の企業と結合することによって企業規模を拡大したり、あるいは、適

正な規模に縮小することで、よりよい経済状態を目指している。

　会社法748条以下では、そのような組織再編の方法として、合併、会社分割および株式交換・株式移転が定められている。企業を法的に一体化するのが合併、企業の法人格はそのままで、完全親子会社（**第1章第2節 (3)**）の関係を通じて経済的に一体化するのが株式移転・株式交換、企業から事業を切り出すのが会社分割である。

　なお、2019（令和元）年の改正により、**株式交付**という制度が新設されている（会774条の2以下、816条の2以下）。株式会社が他の株式会社を子会社（**第1章第2節 (3)**）としたいときに利用されるものである。株式交付は、親会社となる会社が、子会社となる会社の株式を譲り受け、その株式譲渡人に対してその対価として親会社となる会社の株式を交付することで実現される（会2条32の2）。

【合　併】

　合併とは、複数の会社が一体化し、1つの会社になることをいう。合併の当事会社のうち、一社が存続する会社（「存続会社」という）となり、他の会社は消滅して（これを「消滅会社」という）、その権利義務の全部を存続会社に承継させる**吸収合併**（会2条27号）と、当事会社のすべてが消滅して、その権利義務の全部を新たに設立した会社（「新設会社」という）に承継させる**新設合併**（同条28号）とがある。 Case 9-1 の③では、甲社を存続会社、乙社を消滅会社とする吸収合併が検討されている。

　合併は、複数の法人格が1つに合体するという意味において、企業の一体化を完全に実現するものである。甲社と乙社が合併すれば、存続する甲社の市場占有率は拡大し、甲社の研究開発力と乙社の流通網とが統合されることによる相乗効果（シナジー）の発生が期待できるほか、重複部門の整理などによる効率化も図られる。

　もっとも、実際上、合併を行うには、当事会社の人事政策や給与体系など基盤の部分から統合することが必要となるため、そのプロセスを進

めるうえで時間と労力が予想以上に必要とされることがある。

【株式交換・株式移転】

　株式交換・株式移転は、会社の法人格は独立したまま、完全親子会社の関係を形成することによって、経営統合を行うものである。持株会社を作るときによく利用される（**第1章第2節（3）Column 1-3 参照**）。既存の会社を完全親会社とするのが**株式交換**、新たに完全親会社を設立するのが**株式移転**であるが、いずれも完全子会社となる株式会社が、その発行済株式のすべてを完全親会社となる会社に取得させることで実現される（会2条31号・32号）。 Case 9-1 の②では、甲社を完全親会社とする株式交換が検討されている。

　株式交換・株式移転によれば、法人格の一体化はないため、基盤部分の統合といった合併のデメリットを回避して経営統合できる。しかし、実際には、経営統合の効果を高めるために、組織・人事面の整理も同時に行われることが多い。また、株式交換・株式移転は、合併を最終的な統合と位置づけて、その過渡的な措置として行われることも少なくない。

【会社分割】

　会社分割とは、会社が事業に関して有する権利義務を他の会社に承継させるものである。既存の会社に承継させる場合を**吸収分割**（会2条29号）、新たに設立した会社に承継させる場合を**新設分割**（同条30号）という。会社の権利義務について承継が行われる点では合併と同じだが、会社分割をした会社の法人格が消滅することはない。

　会社分割を用いれば、ある事業を丸ごと他の会社に承継させることができるほか、事業用財産の一部だけを承継させることもできる。 Case 9-1 の①では、吸収分割の方法により、乙社がメイクアップ商品事業を甲社に承継させることが検討されている。承継対象財産に債務が含まれるときは、合併と同じく債権者異議手続（**第2節1（5）**）がとられ

ることがある。

　なお、承継させる債務が雇用契約に基づくものであるときは、一方的に勤務先の変更などが行われることは、従業員にとって重大な不利益となりかねない。そのため、会社分割によって雇用契約を承継させる場合には、特別法（「会社分割に伴う労働契約の承継等に関する法律」）に基づく手続をとる必要がある。

　以上でみてきた組織再編（合併、会社分割、株式交換・株式移転および株式交付）について、会社法は、契約または計画で定めるべき内容と基本的な効果を定めたうえ（会748条以下）、承継型（吸収合併、吸収分割、株式交換）と新設型（新設合併、新設分割、株式移転）とに分けて共通の手続を定め（会782条以下、803条以下）、続けて部分的な組織再編となる株式交付についての手続を定めている（会816条の2以下）。

　基本となる吸収合併の手続・効果を押さえれば、他の組織再編もそれとの相違により理解できるので、以下では、吸収合併の手続と効果を取り上げる。また、事業を承継させる方法としては、合併や会社分割といった組織再編の方法によらずに、事業を対象として取引を行うという方法もあるため（事業譲渡）、事業譲渡と合併との相違点について確認していく。

| Chart 9-1 | 吸収合併・吸収分割・株式交換（承継型）

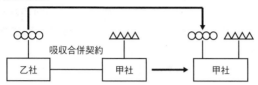

＜吸収合併＞

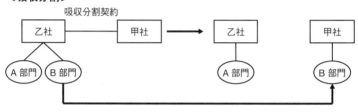

＜吸収分割＞

＜株式交換＞

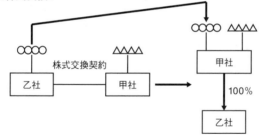

Column 9-1

● **M&A とは（TOB を含む）**

　新聞報道などで「M&A」という言葉を聞いたことがあるかもしれない。M&A とは、Mergers（合併）and Acquisitions（買収）の略であり、一般的には、会社ないし会社の経営支配権の取得を意味する。合併して

ある会社をまるごと取得したり、会社の中身である事業を取得したり、あるいは、株式を取得して会社の経営支配権を取得することもある。

　株式会社の場合、発行済株式の過半数を取得すれば、基本的な経営支配権を取得することができる。これによって、株主総会の普通決議事項（取締役の選任・解任など）を可決できるようになるからである。さらに、発行済株式の3分の2以上を取得すれば、株主総会の特別決議事項も可決できるようになるため、定款の変更や合併などの会社の基礎的な変更を行うこともできる（第3章第1節【株主総会の権限】参照）。

　なお、買収者が上場会社（第1章第2節 Column 1-2 参照）の株式を証券取引所での取引によらずに（市場外で）買い集めるときには、株式公開買付け（TOB）という方法が利用される。買収者にとっては、市場外で株式を買い付ければ、市場価格が高騰し過ぎて買収金額の予想がつかなくなるということはない。株主にとっても、すべての株主に対して同一条件で、市場価格より高い値段が買収者から提示されるため、より高く株式を売却する機会が平等に与えられる。このような市場外での株式取引のルールを整備するため、金融商品取引法は株式公開買付けについて詳細な規定を置いている（金商27条の2以下）。

第2節　合　併

　　甲社と乙社との間では、最終的に、甲社を存続会社、乙社を消滅会社とする吸収合併を行うことが決定された。甲社と乙社は、この合併を成立させるために、それぞれどのような手続をとらなければならないだろうか。

　　また、乙社の株主Aは、甲社との合併に反対であり、合併後の

甲社では投資を継続したくないと考えている。甲社の取引先で、甲社に化粧品の原材料を納入している債権者 B は、乙社と合併することで債権回収に影響が出るのではないかと考えている。会社法は、A や B を保護するため、とくにどのような制度を設けているだろうか。

1. 吸収合併の手続と効果

【吸収合併とはどのようなものか】

吸収合併が行われると、簡単にいえば、消滅する乙社の財産はすべて甲社に承継され、乙社の株主は合併の対価（通常は甲社株式）を受け取る。同じようなことは、消滅する乙社の全財産をバラバラにして換価処分したうえで（解散・清算。**第10章参照**）、甲社が新株発行（**第9章第2節参照**）を行うという方法でも実現できるかもしれない。ただ、このような方法によると、手続的に不便というだけでなく、乙社がバラバラに解体されたことによって、乙社の企業としての経済的価値も不利になってしまうだろう。このような不便・不利を取り除き、法定の手続によって2つ以上の会社が1つの会社になることができることに、合併の意義がある。会社法は、そのための手続を詳細に定めている。

【吸収合併の手続】

（1）吸収合併契約の締結

吸収合併を行うには、まず、当事会社の間で吸収合併契約を締結し（会748条）、法定の事項を定めた吸収合併契約書を作成しなければならない（会749条）。合併は、当事会社にとって重要な業務執行（**第4章第2節2**）に該当するため、取締役会設置会社では取締役会決議により決

定しなければならない（会362条4項）。

（2）事前開示書類の備置

　各当事会社において、吸収合併契約の内容や合併対価の相当性に関する事項などを記載した書面を作成し、本店に備え置かなければならない。株主や債権者が事前にこれらの書類を閲覧できるようにするためである（会782条、794条）。

（3）株主総会決議による承認

　吸収合併契約は、各当事会社において株主総会の特別決議による承認を受けなければならなならない（会783条1項、795条1項）。

　これが原則であるが、規模の大きい会社が存続会社となって、規模の小さい会社を飲み込む吸収合併を行うような場合には、存続会社において株主総会決議による承認が不要となることがある（簡易合併。会796条2項）。

（4）合併の差止め

　合併手続が進行する中で、たとえば法定の事前開示書類が備置されていないといった法令違反が認められることがある。このような場合で、株主が不利益を受けるおそれがあるときは、株主は、会社に対し、合併をやめるよう請求することができる（会784条の2第1号、796条の2第1号）。

（5）株式買取請求

　合併に反対する株主は、会社に対して、自己が保有する株式を買い取るよう請求できる（会785条1項、797条1項）。これを**反対株主の株式買取請求権**という。合併は株主に重大な影響を及ぼすため、合併に反対する株主に投下資本を確実に回収させて、経済的な救済を与えるのがこ

の制度である。

　株主が株式買取請求をするには、合併を承認する株主総会の前に、会社に対して反対の意思を通知したうえで、その総会において反対票を投ずる必要がある（これを「反対株主」という。会785条2項、797条2項）。反対株主は、吸収合併契約に定められた効力発生日の前日までに、会社に対して株式買取請求を行わなければならない（会785条5項、797条5項）。 Case 9-2 でも、合併に反対するAは、乙社に対し、株式買取請求を行うことができる。

　株式買取請求を受けた会社は、買取価格について株主と協議したうえで、買取代金を支払う。協議が調わなかった場合には、裁判所によって買取価格を決定してもらうこともできる（会786条、798条）。

(6) 債権者異議手続

　各当事会社は、債権者に異議を申し出る機会を与え、申し出た債権者に対して、債務を返済するなどの措置をとらなければならない。これを**債権者異議手続**という（会789条、799条）。吸収合併が行われると、消滅会社の債権者にとっては、債務を返済してくれる債務者が変わることになる。また、存続会社の債権者にとっては、消滅会社の権利義務を承継することにより会社の財産状況が変動するため、それによる影響をうける。

　各当事会社は、債権者に対して、合併に異議があるときには一定期間（1か月以上）内に異議を申し出ることができる旨を官報により公告し、かつ、会社に存在が知られている債権者に対しては、個別に催告をしなければならない。官報による公告に加え、定款に定める公告方法（日刊新聞紙または電子公告）により公告を行うときは、個別の催告は不要となる。債権者が異議を申し出たときは、会社はその債権者に対し、債務を返済するなどの措置をとらなければならない。 Case 9-2 でも、Bは、甲社に対して異議を申し出て、債務の返済などの措置をとってもらうこ

とができる。

(7) 合併の効力発生と登記

　合併の効力は、債権者異議手続が終了した後、吸収合併契約に定められた効力発生日に発生する（会750条）。なお、合併の登記も必要になる（会921条）。

(8) 事後開示書類の備置

　存続会社は、効力発生日後遅滞なく、消滅会社から承継した権利義務などの事項を記載した書面を作成して本店に備え置き、株主や債権者が閲覧できるようにしなければならない（会801条）。

【吸収合併の効果】

　吸収合併の効力発生により、①消滅会社は、法定の厳格な清算手続をとることなく、解散する（会471条4号、475条1号）。②消滅会社の権利義務の全部が、存続会社に承継される（会750条1項）。③消滅会社の株主には、消滅会社株式と引き換えに、合併の対価（通常は存続会社の株式）が与えられる（同条2項）。

2. 合併の無効

【合併無効の訴え】

　合併の効力発生後に合併手続に瑕疵があったことが判明することがある。しかし、合併が実現された後は、それを前提にさまざまな法律関係が積み重ねられていくから、一般原則に従って合併を無効としてしまうと、法的安定性が害されてしまう。そこで、会社法は、株主や取締役などの一定の会社関係者だけが、効力発生日から6か月以内に限り、合併無効の訴えを提起できるものとしている（会828条1項7号・2項7号）。

合併の無効事由について法は定めていないため、解釈の問題になるが、法的安定性の見地から、重大な手続違反に限られると解されている。たとえば、合併契約書に法定の記載事項が記載されていなかったような場合である（大判昭和19・8・25民集23巻524頁）。

【合併比率の不公正】

　　甲社と乙社が吸収合併契約を締結する際、乙社株式の1株あたりの価値は500円、甲社株式の1株あたりの価値は2000円とされた。吸収合併契約においては、甲社は乙社の株主に対し乙社株式4株につき甲社株式1株を交付すること、すなわち乙社と甲社との間の合併比率を1対0.25とすることが定められた。乙社株式1000株を保有するCは、この合併比率による合併が実現すれば、甲社株式250株を保有することになる。しかし、Cは、事前開示書類等を検討した結果、乙社株式は本来1株あたり500円以上の価値があるはずだと考えて、この合併比率に不満をもっている。

　Case 9-3 でCは、吸収合併契約で定められた合併比率に不満を持っている。それでは、合併比率の不公正は合併の無効事由にあたるだろうか。学説上争いがあるが、判例は、無効事由にはあたらないとする（東京高判平成2・1・31資料版商事法務77号193頁【会社法百選89事件】）。反対株主は、株式買取請求権を行使できるためである。Case 9-3 でも、甲社と乙社とが独立した当事者として吸収合併契約を締結し、それが株主総会の特別決議による承認を受けているような場合には、株主は自分に不利と考える合併契約には賛成しないだろうから、合併を無効とする必要はない。合併比率に不満をもつCは、株式買取請求権を行使すれば足りるといえる。

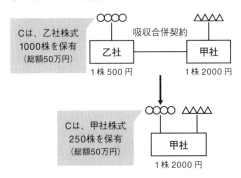

| Chart 9-2 | 合併比率

Cは、乙社株式 1000株を保有（総額50万円）

吸収合併契約

乙社 1株500円 ── 甲社 1株2000円

Cは、甲社株式 250株を保有（総額50万円）

甲社 1株2000円

合併比率とは、消滅会社（乙社）株式1株に対して、存続会社（甲社）の株式がどのくらい交付されるかを示す割合である。乙社と甲社との間の合併比率が1対0.25ということは、Cの保有する乙社株式1000株が、甲社株式250株になることを意味する。

　もっとも、甲社が乙社の大株主であったような場合や両社に共通する大株主がいるような場合には、判例の考え方に例外を認める余地がある。そのような大株主が株主総会で議決権を行使したことによって著しく不当な合併比率による合併が承認された場合には、吸収合併契約を承認する株主総会決議に取消事由（会831条1項3号）が認められるから（**第2章第7節【決議取消しの訴えの対象】**参照）、そのことが合併における無効事由になると考えられる。このような場合には、株主によるまともなチェックが働いていたとはいえないからである。

第3節　事業譲渡

【「事業」とはどういうものか】

　株式会社は、その事業の全部または重要な一部を譲渡することができる（**事業譲渡**）。このとき譲渡会社は、事業譲渡契約について株主総会の特別決議による承認を受けなければならない（会467条1項1号・2号）。株主総会の特別決議を要する事業譲渡がどのようなものかについては争いがあるが、有機的一体性を有する組織的財産を譲受人に受け継がせるものをいうと説明されることが多い（最大判昭和40・9・22民集19巻6号1600頁【会社法百選82事件】）。たとえば、パンの製造・販売業を営む会社が、その工場・設備・従業員・取引先関係やノウハウなどを一体として譲渡し、譲受先でもパンの製造・販売業が継続されるような場合である。

【事業譲渡と合併の相違】

　事業譲渡と合併の手続には共通する部分がある。いずれも、会社の運営を左右し、株主の利害に重大な関係があるため、株主総会の特別決議による承認が必要となり（事業譲渡につき会467条1項1号・2号、合併につき会783条1項、795条1項）、また、反対株主の株式買取請求権が認められている（事業譲渡につき会469条、合併につき会785条1項、797条1項）。

　もっとも、事業譲渡の場合は、それが譲受会社の側で譲渡会社の事業の全部を譲り受ける場合（会467条1項3号）にあたらない限り、譲受会社において株主総会決議による承認は不要である。また、合併の場合、消滅会社の権利義務は、法律上当然に存続会社に承継されるのに対し（会750条1項）、事業譲渡では、事業を構成する各種の財産が移転するに過ぎない（個別の移転手続を要する）。たとえば譲渡会社が債務を移転するには、債権者の個別の同意が必要となることがある（免責的債務引受けについて、民472条3項）。

第10章　解散・清算、倒産

【会社をたたむとき】

　株式会社が事業活動をやめることがある。現実に会社が事業活動をやめるというだけでなく、会社が消えてなくなるには、会社を**解散**しなければならない。

　会社法が定める株式会社の解散事由（会471条）は、①定款で定めた存続期間の満了、②定款で定めた解散事由の発生、③株主総会の特別決議による解散、④会社の合併、⑤破産手続開始の決定、⑥解散を命ずる裁判、である。解散を命ずる裁判とは、裁判所による解散命令（会824条1項）および少数株主（**第2章第1節【共益権】**）の訴えに基づく解散判決（会833条1項）である。

【後始末のやり方】

　株式会社は、解散しても直ちに消滅するわけではなく、後始末をしなければならない。その手続が**清算**である（会475条以下）。ただし、合併および破産手続開始決定により解散した場合には清算手続は要らない。破産の場合は破産手続により後始末が行われるし、合併の場合は、解散した会社の財産はそのまま存続会社か新設会社に承継されるからである。

　清算に関する職務を行う者を**清算人**という。定款に定める者も株主総会の決議により選任された者もいないときは、取締役が清算人となる（会478条1項。なお3項も参照）。清算人は、現在の業務を終わらせて、債権の取立てや債務の返済を行った後、残余財産を株主に分配する（会481条）。

　清算事務が終了すると、清算人は、遅滞なく決算報告を作成し、株主総会を招集して、株主総会の承認を受けなければならない（会507条1項・3項）。以上をもって清算結了となり、会社は、2週間以内に清算結了の登記をしなければならない（会929条）。これらの手続が終わると、法人としての株式会社は消滅する。

【会社が倒産したとき】

会社が事業に失敗するなどして経営破綻し、債務の返済ができなくなることがある。一般に、このような状態を倒産と呼んでいる。倒産した会社が会社をたたもうとするときには、できるだけ総債権者の平等が図られなければならない。そのための手続として、破産法による破産がある。また、株式会社の清算中に清算の遂行に著しい支障をきたすべき事情または債務超過の疑いが判明した場合には、裁判所の監督のもとに厳重な清算が行われる（**特別清算**。会510条以下）。これらの場合、裁判所の関与のもとに破産・清算手続が行われた後、会社は消滅する。

これに対し、いったんは経営破綻したとしても、会社に再建の見込みがあるときには、会社をたたまずに再生を図った方がよい。そのための手続として、会社更生法による会社更生（株式会社に限る）や民事再生法による民事再生がある。これらの場合、会社は存続しながら、裁判所の関与のもとに事業の立て直しを図ることになる。これらの法的手続の詳細は、倒産法の分野で学ぶ。

第2編

商法総則

第1章　　商人と営業

第1節　商人と商行為

1. 商法の特徴

【民法と商法の違いとは】

① 商人ではない A は、持っていた甲社のゲーム機が古くなったので、ネット上のオークションサイトで売却して生活費の足しにしようとしている。これまで商品を売却したことはなく、これからもとくにその予定はない。売却相手も学生で、いい取引ができてよかったと高評価が返ってきた。この取引には、何の法律が適用されるだろうか。

② 流通業者の B は、新品のゲーム機を製造メーカー甲社から仕入れて、おもちゃ屋さんの C に売却しようとしている。一見取引の内容は①と変わらないが、適用される法律は変わるのだろうか。

Case 1-1 の①のような、普通の人（**消費者**と呼ばれる）同士の契約には、一般に民法が適用される。これに対して、②のように、商売をする人と消費者との契約、さらに商売をする人同士の契約には、商法が適用される。民法と商法では、いったい何が違うのだろうか。

2017（平成 29）年に民法が改正される前は、①の民法とは異なり、②の商法では営利性・迅速性の特徴があると説明されてきた。たとえば、商法の場合、債務の履行が遅れた場合の利息が高かった。これは、商売として契約を結んでいる商人に配慮したものと言われ、営利性の表れと

されていた。また、民法の債務の消滅時効に比べ、商法の消滅時効は短かった。これは商行為の迅速性から説明されていた。

【民法と商法の接近】

　しかし、2017（平成29）年民法改正に伴い、法定利率、債権の短期消滅時効に関する規定は削除され、いずれも民法の原則（法定利率は民404条、消滅時効は民166条以下）に従うことになった。これらの旧条文は商人・商行為の営利性・迅速性の典型例とされていたため、従来の説明を維持することが若干難しくなった。では、現在の商法は、民法とどのような点で異なっているのだろうか。

【動的安全・静的安全の保護】

| Chart 1-1 | 民法・商法が想定する取引の特徴

商人対商人（B to B取引）	商法が主に想定する取引	動的安全の保護の重視
商人対消費者（B to C取引）	一部の場合（商3条。**第3編**参照）を除き民法が適用される	両者の中間
消費者対消費者（C to C取引）	民法が主に想定する取引	静的安全の保護の重視

　商人同士の取引（Business to Business を略してB to B取引という）または商人と消費者（Business to Consumer：B to C）との取引は、消費者同士の取引（Consumer to Consumer：C to C）と異なった特徴を有するとされる。民法では従来権利を有していた者の保護（**静的安全**ということがある）が重視された。そのため、法律行為が無効とされ、または取り消されることも制度上稀ではない。これに対し、当事者の一方または双方が商売のプロである商法の場合、取引を迅速・円滑に進めるための法制度

が望ましい。そのため、商法では契約が有効に存続しやすくなっている（**動的安全の保護の重視**）。

民法と商法は、今なお静的安全・動的安全のいずれをどの程度重視するかについて、異なった配慮を見せているといえるだろう。

【商法における営利性】

また、商事法定利率の規定は廃止されたものの、商人の報酬請求権（商512条）、利息請求権（商513条）は依然として維持されている。民法の委任契約は無償が原則だから（民648条1項）、商法が民法に比して営利性をなお重視していると言うこともできるだろう。

【商人と会社との関係】

Case 1-2　　個人商人には商法が、会社には会社法が適用される。では、商人と会社とはどのような関係にあるのだろうか。

商人はビジネスごとに商売上の名称である**商号**を使い分けることができる（商11条参照）。たとえば、ラーメン屋と不動産業を同時に営んでいる場合、それぞれ「大学軒」と「大学前不動産」としてもよい。

一方会社の場合、さまざまなビジネスを手がけていても、1つの商号しか用いることができない（会6条1項）。会社法制定に際してこのような違いが明確化され、商人が営むビジネスを「営業」、会社が営むビジネスを「事業」と区別するようになった。会社の場合、商法は法人という人格を表す名称であるから、自然人の名称である氏名同様、1つとすることは合理的とされる。会社が営むビジネスが多岐にわたっても同様である。

もっとも、後に「会社は商人か」という論点が発生することになる。

なぜ、会社に商法を適用する必要があるかも含めて、商人概念をひととおり説明してから触れることにしよう。

2. 商人と商行為

【商人とは】

(1) 2種類の商行為

商法総則では、まず**商人・商行為**という2つの概念を理解することが重要である。商法総則・商行為法上の多くの規定が、商人であること、商行為に該当することを要件としているからである。現在の商法は商行為概念を先に確定させ、商人概念をその後に確定させる仕組みを採用しているので、まず商行為概念について理解しよう。

① 大学生のAがひと儲けしようとして、1回だけ、古本屋に埋もれていた価値の高い本を安く買い、ネットオークションで高く売った場合、この行為は商行為だろうか。

② 大学生のBが、商法ができた当時に想定されていなかった通信ビジネスを1人で立ち上げた場合、この行為は商行為だろうか。

たとえば、物を安く仕入れて高く売る行為は、**投機購買**といわれ、商行為に該当する（商501条1号）。投機購買のように、誰でも1回限りでも行えば商行為に該当するものを、**絶対的商行為**という。Case 1-3 ①のAの行為は典型的な投機購買行為であり、絶対的商行為に該当する。

他方、営業としてするときのみ商行為に該当する行為を、**営業的商行為**という（商502条各号）。たとえば、レンタルCD・DVDショップは、「賃貸する意思をもってする動産……の有償取得……又は……取得し

……たものの賃貸」を行うので、営業的商行為に該当する（同条1号）。もっとも、商法502条に掲げられていないものは営業的商行為に該当しないので、 Case 1-3 ②のBの場合には、営業的商行為には該当しない。

(2) 何をすれば商人か

　では、 Case 1-3 ①の場合、1回限りの転売行為を行ったに過ぎなくとも、直ちに商人として扱われるのだろうか。商法では、商人とは、**自己の名をもって商行為をすることを業とする者**とする（商4条1項）。「商行為」に該当しても、「自己の名をもって」「業とする」に該当しなければ、商人にはならない。

(3) 「自己の名をもって」とは

　「自己の名をもって」とは、その者に法律上の効果すなわち権利義務が帰属することを指す（**名義説**と呼ぶ）。

(4) 3種類目の商行為

　実は、「商行為」を定義する商法の条文は3つある。誰が行っても1回限りでも商行為に該当する絶対的商行為（商501条）、営業としてする場合のみ商行為になる営業的商行為（商502条）、そして附属的商行為（商503条）である。もっとも、附属的商行為は、商人が営業のためにする行為なので、商人でなければ商行為にならない。そのため、商法4条1項の「商行為」とは、絶対的商行為と営業的商行為のみを指すこととなる（これらをあわせて**基本的商行為**と呼ぶことがある）。

(5) 「業とする」とは

　「業とする」とは、営利の意思をもって同種（数種でもよい）の行為を反復継続することを指す。営利の意思とは平たく言えば儲けようとする

目的のことで、実際に利益が上がる必要はない。利益とは、実際に営業で得た収入から、営業にかかった費用を差し引いたものを指す。

　反復継続性が要求されるので、商法501条の絶対的商行為は1回限りであっても商行為に該当するものの、1回しか行わない者は「業とする」の要件を欠き、商人に該当しない。

　以上の関係をまとめると、Chart 1-2のようになる。

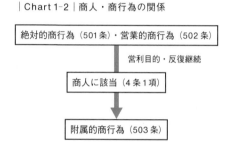

| Chart 1-2 | 商人・商行為の関係

絶対的商行為（501条）・営業的商行為（502条）

営利目的・反復継続

商人に該当（4条1項）

附属的商行為（503条）

【擬制商人】

　物を売る者は必ず商品を仕入れるとは限らない。農家が生産物を直売する場合には仕入れ行為はないが、その売買は安く仕入れて高く売る投機購買に類似する。石炭・石油などの採掘を行う鉱業も、生産品は仕入れた物ではないが、その売買は投機購買に類似する。そこで商法は、このような者も商人とみなしている。これを**擬制商人**という（商4条2項）。

【会社は商人か】

Case
1-4

　商法には、商人にのみ適用される規定が存在する。では、会社は商人なのだろうか。

（1）直接の規定はない

　会社法の立案担当者は、他の法律の条文の引用を極力少なくすることとし、従来商法総則として1つにまとめられていた条文を、個人商人に適用される商法総則と、会社に適用される会社法総則に分けて規定した。そして、会社法5条で会社の事業行為・事業のためにする行為は商行為とする旨を規定したことで足り、会社が商人である旨の条文はおく必要がないと考えたのである。

（2）原則として会社は商人

　しかし、会社法だけで解決できない問題もあった。とくに、商法501条〜522条にまとめて規定されている商行為法総則は、民法の特則を多く含むが、会社法には同種の規定がない。そこで、会社が商人に該当し、附属的商行為（商503条）の規定の適用があるかが判例で争われた。

　判例は、会社の事業行為・事業のためにする行為は商行為であるとする会社法5条と、自己の名をもって商行為をすることを業とする者は商人であるとする商法4条1項から、会社は商人であるとした（最判平成20・2・22民集62巻2号576頁【商法百選29事件】）。

　以下では、説明をシンプルにするため、商法が規定する個人商人を想定して説明する。

【商人資格の取得時期】

Case
1-5

　Aは、「ビジネス王に、俺はなる！」と考えて、商売の準備を始めることにした。手持ちの資金に乏しいAは、その準備の一環として友人のBから100万円を借りることとし、Aの姉のCと連名で借主として借用書にサインした。

　その後、Aのビジネスは失敗した。BはAから100万円を返済してもらえなくなった。BはCに100万円全額を請求できるだろ

うか。

---

(1) 問題の所在

　商法の商人・商行為に関する規定は、商人・商行為に該当する場合に適用される。もっとも、これから営業を始めようとする者が営業の準備行為を行う場合にも、民法ではなく商法が適用された方がよい場合もある。商法上の責任の方が民法よりも厳格であり、商人の相手方の保護が厚いからである（詳細は、**第2編第1章**参照）。たとえば Case 1-5 の場合、商人の営業のための債務は連帯債務として扱われ（商511条1項）、A・Cは、それぞれ100万円の弁済義務を負う。民法ではA・Cが各50万円を負担するのが原則なので（民427条）、相手方であるBの保護に厚い。

　そのため、営利の目的で基本的商行為を反復継続する、という商人の定義（商4条1項）に該当する以前のどの段階から、商人として商法を適用すべきかが議論されている。商人資格の取得時期と呼ばれる論点である。

(2) 判例の立場

　判例は、商人となる者が（ Case 1-5 では借金を）営業の準備行為と認めて特定の営業を開始する目的でその準備行為をした場合、その行為により営業を開始する意思を実現したものとして商人資格を取得する、とした（最判昭和33・6・19民集12巻10号1575頁【商法百選2事件】）。もっとも同判決の事案は、商人となる者本人の側から見ても、取引の相手方から見ても営業を開始する意思が明らかな事案だった。現在の判例は、商人の主観的意図を重視するのではなく、取引の相手方の認識可能性を重視している、とも言われている（最判昭和47・2・24民集26巻1号172頁）。

第2節 営 業

1. 主観的意義・客観的意義の営業

Case
1-6

Aの通う大学の正門前の通りには、何十軒ものラーメン屋さんが並んでいる。すぐに営業をやめる店もあるが、根強い人気のある店もある。中にあるテーブルや椅子はどの店も大して変わりがないが、儲かっている店ほどラーメン屋としての価値も高いのだろうか。

【法律概念の相対性】

　法律学ではしばしば、1つの言葉が複数の意味に使われることがあり、それらを厳密に区別することがある。机上の空論のようにもみえるが、解釈学の対象を明確にするためにも必要な作業である。

【2種類の営業概念】

　営業概念にも「主観的意義の営業」「客観的意義の営業」の2種類があるとされる。主観的意義の営業は、日常用語と同様に、営業行為のことを指す。一方、客観的意義の営業は、日常用語的には営業行為に用いる財産の総体を指す。

【客観的意義の営業の評価】

　営業財産の価値といっても、営業で用いられている不動産・動産の価値の合計額とは限らない。たしかに、現時点で営業をやめ、直ちに財産を売却するのであれば、今ある調理設備や備品を売った動産の売却代金

の合計額が営業財産の価値となる（**解体価値**と呼ぶ）。しかし、収益が上がっている営業は直ちにはやめないのだから、別の価値評価をすべきである（**継続企業価値**と呼ぶ）。

継続企業価値の評価は、単なる財産の価値の足し算にはとどまらない。営業マンが築いた得意先関係やノウハウ、ラーメン屋が代々受け継ぐ秘伝のタレなど、それ自体は財産評価が難しいが、不動産・動産を結びつけて儲けの源泉となるような事実的関係（**のれん、営業権**などと呼ぶ）も存在する。客観的意義の営業を儲けから価値評価する場合には、これら事実的関係も含めた全体を評価することになる。バラバラの財産を無機的というとすれば、のれん・営業権は、それらを1つにつなぎとめる役割を果たす。のれんでつなぎとめられた営業財産の全体を、**有機的一体**をなす財産と呼ぶ。有機的一体性は、営業譲渡（**第5章**参照）でも重要な概念になる。

2. 営業能力

【原則は民法と同じ】

通常、未成年者は判断能力に乏しく、法律上厚く保護されるべき存在である。そこで民法の原則では、未成年者が法律行為をする場合、原則として法定代理人の同意を要求している（民5条1項）。しかし、若くして商売の能力を発揮する若者もいる。そこでそのような場合には、保護者などの法定代理人に1種または数種の営業を許可された未成年者は、その営業に関しては、成年者と同一の行為能力を有する（民6条1項）。

商法は以上の民法の考え方を前提に、外部の第三者が契約の有効性を気にすることなく未成年者と取引できるように、登記制度を用意している（商5条。**第2章**参照）。

また、民法上被後見人は日常生活に関する行為・身分行為以外の法律
行為は後見人の代理によって行うのが原則である（民9条、859条1項）。
商法ではやはり、登記制度を用意している（商6条1項）。

3. 営業所

> A は自宅で雑貨の輸入販売業を展開してきた。ビジネスの拡大に
> 伴い、自宅が手狭になってきたので、別にアパートの一室を借りて
> 従業員も雇うことにした。そのため、現在は自宅ではビジネスはし
> ていない。その後に A から商品を購入した取引先の B は、A の自
> 宅とアパートのどちらで代金を支払わなければならないのだろうか。

【営業所とは】

　小規模な商行為のみを行う商人の場合、自宅で営業行為を済ませるこ
ともあるだろう。しかし、営業の規模が大きくなると、自宅とは別に拠
点を設けて営業を行うのが効率的になることがある。商法では、営業の
本拠に該当する場所を**営業所**と呼ぶ。営業所は1か所のこともあるし、
複数になることもある。

　商法上の営業所に該当するためには、単に営業所という場所や物的設
備があればよいわけではない。そこが営業の本拠として機能するような
人員や指揮命令系統も備えている必要がある。

【日常用語の営業所との違い】

　商法上の営業所と、日常用語にいう営業所とは必ずしも一致しない。
一般に本店・本社・支店・出張所などと呼ばれる場所も、商人の営業の

本拠であれば商法上の営業所に該当する。他方、仮に営業所という名前の場所であっても、営業の本拠に該当するような物的・人的設備が備わっていないのであれば、商法上の営業所には該当しない。

【営業所とされることによる効果】

営業所が存在する場合、商人は営業所ごとに支配人を選任し、営業活動を行わせることができる（商20条。詳しくは、**第4章**参照）。また、営業所は債務の履行の場所となりうるほか（商516条）、民事訴訟の管轄の基準ともなる（民訴4条4項）。 `Case 1-7` のBは、民法上の原則であるAの自宅（民484条1項）ではなく、営業所であるアパートで代金を支払うことになる。

第2章　　商号（商号権）

第1節　商号自由主義

個人商人のAは、わかりやすい商売上の名称を使おうとしている。

① 一般に知られた地名を使い、「渋谷商店」と名乗ってよいだろうか。

② 実際のビジネスは自転車屋だが、インパクトを与えたいのであえて「八百屋自転車店」と名乗ってよいだろうか。

③ Aがカレー屋とラーメン屋を営んでいた場合、「この辺弐番屋」と「三郎」の2種類の商号を使い分けてよいだろうか。

【原則商号は自由に使える】

商人は、その氏、氏名その他の名称をもってその商号とすることができる（商11条1項）。商人は、同項のとおり、自分の氏名を用いて営業を行うことも可能である。しかし、土地の名前や営業の特徴を示したりして、氏名とは別個の名称を用いることも可能である。これを**商号**という。商号は、商人の営業上の名称を指すものといえる。

商号には、営業所の所在地の地名と別の地名をつけてもよいし、営業の内容と商号が一致している必要もない（**商号自由主義**という）。また、商号の登記も可能である（商11条2項）。Case 2-1 ①②はいずれも、（後でみるように他の商人の妨害にならない限り）商号として利用できる。

【個人商人は営業ごとに商号を使える】

商号は営業ごとに別個のものを用いることができる。Case 2-1 ③のような使い分けも認められる。ただし、会社の場合にはその商号は自然人の氏名と同様の性格を有するので、1社につき1商号のみ認められる

（第 1 章第 1 節参照）。

【商号規制の必要性】

　営業上の名称として商号が広まると、商人の個人名よりも商号の重要性が増すことになる。そのため、商人にとっては他人から商号を保護する必要がある。他方、当該商人や商号を悪用する者以外の者にとっては、商号の使用によって営業主体を誤認・混同することによる損害を避ける必要がある。そのため、商法は以下に説明するような規制を設けている。

第 2 節　商号使用権

　　Ａの邪魔をしようとしたＢは、Ａが使っている商号である「Ｘ商店」を使い、商売と関係ないトラブルを頻発させている。ＡはＢに何もできないのだろうか。

【商号使用権の役割とは】

　上述した、商人が自由に商号を用いることができる権利を、**商号使用権**と呼ぶことがある（商 11 条 1 項）。商人は商売と関係がないとしても、他人が自己の商号を利用して損害を与える場合には、不法行為に基づく損害賠償請求（民 709 条）ができると考えられる。また、商号の登記は義務ではなく権利だから（商 11 条 2 項）、未登記商号も同様に保護される。

第3節　商号専用権

Case 2-3　　Aは、大学前の通りに自身が手がける人気ラーメンチェーン店「三郎」の支店を構えることとした。ところが、それを聞きつけたBは、同じ通りの空き店舗に先回りして「三郎や」というラーメン屋を開店させた。しかし、そのラーメンは著しくまずく、類似商号の「三郎」まで風評被害を受けそうである。Aが抗議すると、Bは「やめてほしいなら100万円支払えば立ち退いてやる」という。Aはあきらめるしかないのだろうか。

【商号を使って邪魔をされたら】

　商号使用権の場合、商人ができることはせいぜい損害賠償の請求にとどまると考えられるし、他人の同一・類似商号の利用を排除できるわけでもない。しかし、商法にはもっと強力な規定がある。

　何人も、不正の目的をもって、他の商人と誤認されるおそれのある名称または商号を使用してはならず（商12条1項）、営業上の利益を侵害されたりそのおそれのある商人は、侵害する者または侵害するおそれがある者に対して侵害の停止または予防を請求できる（同条2項）。これを**商号専用権**と呼ぶことがある。商号専用権は、商号使用権と同様、未登記でも行使できる。

【同一・類似商号の範囲】

　Case 2-3 のように、差止め等の対象となる商号は、商人自身の商号と完全に一致する必要はない（Case 2-3 の場合は「三郎」と「三郎や」）。どのような場合に類似商号として差止めの対象となるかは、商号の字句

だけではなく、他の事情も加味して総合的に判断される。判例としては、「マンパワー・ジャパン株式会社」と「日本ウーマン・パワー株式会社」の類似商号性を認めたものが有名である（最判昭和58・10・7民集37巻8号1082頁）が、同事案でも、字句以外に本社がともに東京であることや、需要者層が共通することが重視されている。

Case 2-3 の場合も、「三郎や」も同じ通りにあり、一応ラーメン屋のようだから、差止めの対象である類似商号に該当するだろう。

【不正の目的の範囲は】

通常、同一・類似商号を他人が用いる場合、多くは商売上不正の利益を得る目的であると考えられる。このような同一・類似商号の利用を制限する、不正競争防止法という法律もある。しかし、不正競争防止法では「不正競争の目的」があることが要件とされる。商法12条1項の「不正の目的」とはどのように違うのだろうか。

Case 2-3 のBは、まずいラーメンを作って提供しているが、要はAから金銭をとりたいがために、Aとよく似た商号を用いているようだ。このような場合にも、Aは商売上迷惑を被るし、仮にBが不正競争の目的をもって利益を得るつもりなら、不正競争防止法で制限することも可能である。商法12条1項の「不正の目的」は「不正競争の目的」より広く、金銭を要求するといった不当な目的も含むと考えるべきだろう。判例でも、著名なガス会社の本店所在地移転を察知した、ガス事業とは全く関係のない会社が、先回りして同一商号を登記した事案で、「不正の目的」が認められ、商号使用が差し止められたケースがある（最判昭和36・9・29民集15巻8号2256頁）。

第4節　名板貸責任

　Bは、商人としての知名度が低いことから、ビジネスが発展しないことに悩んでいた。そのため、同じ京漬物のビジネスですでに著名であったAに頼んで、Aの「A商店」という商号を用いることを許諾してもらい、「A商店B店」として営業していた。Bの店舗の近くを通りかかったCは、Aの店舗だと信じて京漬物を購入したが、その京漬物は粗悪品で、Cは購入代金相当額の損害を受けた。Cは、Bに加えてAにも、損害賠償を請求できるだろうか。

【商号を使わせてあげた商人の責任】

　商法は、自己の商号を使用して営業・事業を行うことを他人に許諾した商人は、当該商人が当該営業を行うものと誤認して当該他人と取引をした者に対し、当該他人と連帯して、当該取引によって生じた債務を弁済する責任を負う、と規定している（商14条1項）。このように、商号使用を許諾した者の責任のことを**名板貸責任**という。取引所の会員が非会員に名義使用を許諾する際に、実際に名前の書かれた板を貸していたことが語源とされる。商号使用を許諾した商人（Case 2-4 ではA）を**名板貸人**、許諾された者（Case 2-4 ではB）を**名板借人**と呼ぶ。

【悪意・重過失の相手方は保護しない】

　これまでも度々出てきたが、名板貸責任も、権利外観法理の規定の1つである。なぜなら、名板借人が名板貸人であると誤認した相手方の外観に対する信頼を保護する規定だからである。この場合、名板借人が名板貸人とは別だと知っている（悪意の）相手方を保護する必要はない。

また、通常の者であれば名板借人と名板貸人とは別だとわかるはずだが、非常にうっかりしていて気づかない（善意だが重過失の）相手方も保護する必要はない。そのため、これらの者の請求に対しては、名板貸人は責任を負う必要はない（最判昭和41・1・27民集20巻1号111頁【商法百選12事件】）。

　民法の規定では相手方の善意無過失が要求されることが少なくないが、商法では取引の安全の重視から、善意無重過失に緩和されることがある。相手方が善意軽過失の場合、民法では保護されず、商法では保護されることになるから、商法の方がより取引の安全に資するといえる。

【許諾がない場合にも名板貸責任は類推適用される】

　4階建てのスーパーマーケットA社の4階には、テナントとして個人商人であるペットショップBが入っていた。A社のフロア案内表示などでは、ペットショップBがテナントかA社の直営店かを判別することはできなかった。ただし、ペットショップBが発行するレシートにはBの店名が入っており、従業員はA社の制服を着用していないなど、A社と異なる外観もわずかに存在していた。

　ペットショップBでインコを購入したCは、インコが持っていたオウム病に罹患して死亡してしまった。Cの遺族DはA社・ペットショップB双方に損害賠償を求めることができるか。

　ペットショップが顧客に損害を与えた場合、ペットショップがA社直営の場合には、A社のみが賠償責任を負うことになる。一方、テナントは店舗スペースの貸主であるA社とは別個独立した商人だから、テナントが顧客に損害を与えた場合、テナントのみが賠償責任を負うのが

原則である。しかし、テナントには賠償責任を果たすのに十分な資力がないことも多く、DはA社・ペットショップB双方の責任を問うことを考えたのである。

Case 2-5 のような事案のもとで、判例は、CがペットショップBをA社と別個の法主体と認識することは困難であったとして、現在の商法14条の類推適用を肯定した（最判平成7・11・30民集49巻9号2972頁【商法百選14事件】）。A社はペットショップBに商号の使用を許諾しているわけではないが、判例は、商法14条の背後にある権利外観法理の考え方は本事案の処理にも適していると考えたのである。本件の Case 2-5 でも、Cはフロア案内表示を確認するとしても、レシートや制服をいちいち気にするとは考えにくい。判例と同様にDはA社・ペットショップBの損害賠償責任を追及できる。

第3章　　商業使用人

第1節　企業取引の補助者

個人商人のAは、これまで自分の身一つで商売を切り盛りしてきた。しかし商売は繁盛し、自分だけですべての業務をすることは難しくなってきた。Aはどうすればいいだろうか。

【ビジネスを拡大する方法とは】

ビジネスが小規模のうちは、個人商人1人ですべての営業にかかる仕事を済ませることも可能だろう。しかし、営業規模が大きくなると、何らかの形で商人の営業（企業取引）を補助する者が必要になってくる。

【商人のもとで働くのが商業使用人】

もっともわかりやすい方法は、商人が自らヒトを雇い、商人の営業のために働いてもらうことである。このような通常の使用人のうち、商人から一定の代理権を与えられた者を**商業使用人**と呼ぶ。商人と使用人とは民法上の雇用契約（民623条）・労働契約法上の労働契約（労契6条）関係にある。商業使用人はこれに加え、商人から一定の権限を委任（民643条）される関係にある。

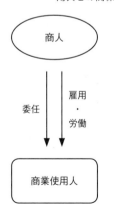

| Chart 3-1 | 商人と商業使用人との関係

【独立した補助者もいる】

企業取引の補助者は、商人が直接雇用す

る商業使用人に限られない。外部の独立した商人に補助してもらうこともある。代理商（第6章）、仲立人（第3編第3章）、問屋（第3編第3章）がこれに該当する。

多くの場合、商業使用人と独立した商人の区別は容易だが、区別が難しい場合には、支払われる報酬が固定給か手数料か、商人の指揮命令に従う必要があるかなどから総合判断する。

本章では、支配人を中心とした商業使用人の規定を概説する。

第2節　支配人

Case 3-2

Aは、自らが経営する複数の京料理店について、それぞれ店長を置いている。店長は自らの判断で、営業に関するさまざまな契約を締結できることとされている。店長は商法上どのような立場にあるのだろうか。

【支配人とは】

商法は、商業使用人のうちとくに支配人に関する規定を置く（商20条以下）。法律用語の支配人と、実際に使われている支配人という肩書きは必ずしも一致しない。支配人のほか支店長・営業所長・マネージャーという肩書きがついていることも多いが、支配人という肩書きでないから商法が適用されないわけではない。商法上の支配人の定義に該当すれば、肩書きにかかわらず商法20条以下が適用されることになる。

| Chart 3-2 | 肩書きと商法上の支配人との関係

肩書き 包括的代理権	支配人	支配人以外（支店長・営業 所長・マネージャー等）
あ り	商法上の支配人	商法上の支配人
な し	商法上の支配人ではない	商法上の支配人ではない

　多くの見解は、支配人とは、商人から営業所における**包括的代理権**（**支配権**とも呼ぶ）を与えられた商業使用人を指すと考えている。支配人は、商人に代わってその営業に関する一切の裁判上・裁判外の行為をする権限を有する（商21条1項）とされているからである。

【支配人以外の商業使用人との違いは】

　第1節で述べたとおり、使用人は会社・商人と労働契約関係で結ばれている。商人が使用人に、委任契約（民643条）に基づき包括的代理権を付与したのが支配人ということができる。ある種類または特定の事項の委任を受けた使用人は、その事項に関する一切の裁判外の行為をする権限を有する（商25条1項）。通常の会社では、部長・課長などの役職従業員がこれに該当する。

【支配人を選任できるのは商人だけ】

Case
3-3
　Aの京料理店は3店舗あり、2店舗の店長（包括的代理権もある）はBが兼務している。では、残りの店舗の店長をBが選任することはできるのだろうか。

　商人は、支配人の選任ができる（商20条、22条）。Case 3-3 のBのように、複数の営業所の支配人を兼務させてもよい（とくに**総支配人と**

呼ぶことがある)。

　一方、支配人は、他の使用人の選解任ができるとされている（商21条2項）。21条2項には「支配人」は明記されていないし、そもそも支配人は商人から包括的代理権を付与される存在だから、支配人であるBは他の支配人を選べないと考えられる。

【支配人でなくなる場合とは】

　　　以下のどのような場合に、Bは支配人でなくなったといえるだろうか。

　①　商人Aによって店長から解任された場合

　②　商人Aによって労働契約を解除（解雇）された場合

　③　商人Aが死亡した場合

　商人には支配人の解任権があるから（商22条）、Case 3-4 の①の場合にはBは支配人でなくなる。また、支配人は使用人であることが前提となるから、労働契約関係がなくなった②の場合にも支配人でなくなる。

　他方、商行為の代理権の消滅事由は原則として民法と同じだが（民111条1項）、商人本人の死亡の場合は除外される（商506条）。そのため、Case 3-4 ③の場合にはBは支配人のままである（詳しくは、**第3編第1章**参照）。

【支配人の義務】

　　　Aの営む京料理店舗の支配人であるBは、以下のような行為ができるだろうか。

　①　自ら和服レンタル業を営むこと

② 自分が儲けるために、京料理を別途提供すること

③ 旅館業を営む会社の取締役になること

支配人は、商人の許可を受けなければ、自ら営業を行ったり（商23条1項1号。**営業避止義務**という）、自己・第三者のためにその商人の営業の部類に属する取引をしたり（同項2号。**競業避止義務**という）、他の商人等の使用人になったり（同項3号）、会社の取締役等になることができない（同項4号）。

Case 3-5 の①は1号に、③は4号に該当するので、BはいずれもAの許可を必要とする。特徴的なのは、2号とは異なり、京料理店以外でも許可が必要な点である。1号・3号・4号は、支配人は商業使用人だから、その能力を商人本人のために集中させなければならない、という目的から定められている。そのため、営業の種類を問わない。

これに対し、②のような場合には、営業の同種性が要求される（商23条1項2号）。支配人は商人の営業のノウハウを豊富にもっていると考えられるので、自己・他人のために同業を行うと商人本人の損害に直結するし、そもそもそのようなビジネスチャンスは商人本人に提供すべきだからである。この場合、自己・他人が得た利益の額は、商人が受けた損害の額と推定される（同条2項。会社法における取締役の競業取引については、**第1編第3章第6節**参照）。

第3節　表見支配人

【外観だけ支配人の場合には】

 Case 3-6
　　　商人Aは、使用人のBに、支店長を名乗ることを認めていた。しかし、Bには包括的代理権は与えられていなかった。するとBは、Aから権限を与えられていない高額の仕出し弁当の注文をCから受けたうえ、先払いしてもらった代金を持ち逃げしてしまった。CはAに、代金の返還を請求できるだろうか。

　多くの見解によれば、包括的代理権のない商業使用人は支配人ではない。しかし、取引の相手方からすれば、支配人・支店長・営業所長などと名乗る商業使用人がいる場合、その者に包括的代理権があると信じてもやむを得ないといえる。

　そこで商法は、商人の営業所の営業の主任者であることを示す名称を付した使用人は、当該営業所の営業に関し、一切の裁判外の行為をする権限を有するものとみなす、とする（商24条）。これを**表見支配人**と呼ぶ。外観を信用した相手方を保護する、権利外観法理の一種である。Case 3-6 の仕出し弁当の注文も、裁判外の行為に該当する。Cも、この規定に基づいてAに代金の返還を請求できる。

【裁判上の代理権は含まれない】

　本来の支配人は商人に代わって一切の裁判上・裁判外の行為をする権限を有するが、表見支配人の場合、裁判外の行為をする権限のみ有するものとみなされる。商人本人の裁判を受ける権利（憲32条）を侵害しないようにするためである。

【保護に値しない第三者とは】

Case 3-6 の事案で、①Cが、Bには包括的代理権がないと知っていた場合にはどうなるだろうか。また、②通常の人であればBに包括的代理権がないことに気づくはずだが、Cが非常にうっかりしていて気づかなかった場合はどうだろうか。

　表見支配人を含む権利外観法理は、外観を信頼した第三者を保護するための法理だから、第三者が保護に値しない場合は適用されない。そのため、Cが、Bには包括的代理権がないと知っている（悪意の）場合には、24条本文は適用されない（同条ただし書）。また、明文規定はないが、判例は第三者に悪意に比肩すべき重大な過失がある場合にも、適用の対象からはずす立場だと理解されている（表見支配人について直接判示したものはないが、同趣旨の表見代表取締役の規定〔現在の会社法354条に該当する条文〕に関する最判昭和52・10・14民集31巻6号825頁【会社法百選46事件】がある）。民法の権利外観法理の場合、善意無過失が要求されることも少なくないが（この Case 3-7 の場合は民109条1項）、商法では動的安全が重視されるため、相手方の主観的要件が善意無重過失に緩和されているのである。こうすると、善意だが軽過失のある相手方は、善意無過失が要件である民法の規定では保護されないが、善意無重過失で足りる表見支配人の規定では保護されることになる。

　もっとも、Case 3-7 の①ではCはBに包括的代理権がないことにつき悪意であり、②でも重過失があると考えられるから、いずれにしてもCは保護されないことになる。

第4章　　　商業登記

第1節　商業登記の公示機能

Case
4-1
　　甲社の営業所長であるAは、新規取引先を開拓するため営業する毎日を送っている。Aからの営業を受けたBが、Aと安心して取引を始めるためには、どのような制度があればよいだろうか。

【安心して商人と取引するために】

　ある商人と継続的に取引している場合と、はじめて取引する場合とを比較してみよう。継続的な取引関係にある場合は、相手方との信頼関係も生まれるし、情報交換を通じて営業の状況なども把握することが可能である。一方、これまで取引したことのない場合は、相手方の情報は通常あまりなく、安心して取引できるか懸念も生じるだろう。

　このように考えると、商人の状況やその他の情報を、その商人と取引したことのない者に対しても知らせる手段が確保されることが望ましい。取引したことがない相手でもその内容を確認することで安心して取引を開始でき、取引の円滑化にもつながるからである。広く一般に状況を知らせる手段を**公示手段**と呼ぶ。

　商法は、商人の状況の公示手段として**商業登記制度**を用意している（商8条。具体的な内容・手続は、商業登記法が定める）。 Case 4-1 のBも、甲社におけるAの支配人登記を確認することで、Aを甲社の代理人として取引することができる。

【登記の利用は必須ではない】

　もっとも、公示手段を必要としない商人もいるだろう。そこで商法は、特定の制度を利用する場合には登記を義務づける。たとえば支配人の選

解任については、相手方が支配人と称する者に包括的代理権が付与されているか確認する必要がある。そのため、支配人制度を利用する商人には、登記を義務づけるのである（**第4章参照**）。他方、そのような制度を利用しない商人は、登記を利用せずに営業を行うことができる。

第2節　商業登記事項

　個人商人の登記事項のうち、これまで扱った代表的なものとしては、未成年者に営業の許可を与えた場合、契約の相手方が契約の取消しなどの心配をしなくていいように参照する、未成年者登記がある（商5条。後見人の登記〔商6条〕もあわせて説明した）。これ以降取り扱う代表的なものとしては、商号の登記（商11条2項。**第3章参照**）、支配人登記（商22条。**第4章参照**）などがある。

第3節　商業登記の効力

　個人商人のAは、営業拡大のために営業所を設置し、支配人として従業員のBを選任し、支配人に選任した旨の登記手続も行った。
　もっとも、Bは仕事上のトラブルを起こしたため、AはBを支配人から解任した。しかし、Aの取引相手のCはBが支配人を解任されたことを知らずに取引を行った。
①　Bの解任に伴う退任登記手続が未了の場合、Bを未だ支配人と信じていたCはAに対し債務の履行を請求できるだろうか。
②　①で、仮に、CがBの解任を知っている場合にはどうだろうか。
③　Bの退任登記手続が完了している場合には、CはAに対し債

務の履行を請求できるだろうか。

【登記前は対抗できないのが原則】

　商人は、登記すべき事項が登記されない時点では、その事項を善意の相手方その他の第三者に対抗できない（商9条1項前段）。`Case 4-2` ①のAも善意のCにはBの退任について対抗できないことになる。

　もっとも、Bの退任について悪意のCまで保護する必要はない。なぜなら、CがBの退任について悪意の場合、そのことを前提に（たとえば支配人と称して現れたBを相手にせず、Aと直接契約するなどの）行動をとることは可能だからである。`Case 4-2` ②でも、AはCに対し、Bの退任について対抗できる。

【登記後は対抗できるのが原則】

　しかし、商人は公示制度としての登記を済ませている場合には、善意の相手方に主張できないのでは意味がない。そこで、登記事項については、相手方が正当な事由があって知らない場合を除き（`Case 4-3` を参照）、登記事項を相手方に対抗できる（商9条1項後段）。これが登記の公示機能である。`Case 4-2` ③のCは、AにBの退任について対抗を受けるので、債務の履行を請求できない。

Case 4-3　`Case 4-2` の事案で、以下の2つの場合、登記されている内容を知らないCは登記事項を対抗されるのだろうか。

① Cは重病で病院に入院しており、法務局で登記簿を確認することができなかった。

② Cの住む近畿圏内で大規模な自然災害が起こり、Cは法務局で登記簿を確認することも、インターネットで登記情報を確認する

こともできない状態に陥った。

【登記した場合の効果は】

　商業登記手続は、各地の法務局と呼ばれる機関において、登記官という専門職員が担当する。かつては登記簿と呼ばれる紙媒体のみだったが、現在はオンラインデータ化されており、オンラインで閲覧等の手続をとることも可能である。

　登記の後であっても、第三者が正当な事由によってその登記があることを知らなかったときは、商人は第三者に登記事項を対抗できない（商9条1項後段）。「正当な事由」とは、 Case 4-3 ②のように第三者が登記情報にアクセスできない事態を指す（判例で問題となった事例として、最判昭和52・12・23判時880号78頁【商法百選7事件】）。そのような「正当な事由」がない場合には、第三者が登記事項につき善意であっても、商人は登記事項を第三者に対抗できる。 Case 4-3 の場合、①ではCは登記事項を対抗されるが、②では「正当な事由」が認められ、対抗されないことになる。

第4節　商業登記と権利外観法理との関係

　商法9条の原則からすれば、商人は登記事項について原則として相手方に対抗することができる。しかし、この原則には判例上例外が認められている。

Case
4-4
　AはBを支配人に選任し、支配人選任登記も済ませたが、その後Bが仕事上のトラブルを起こしたため、支配人から解任し、解

任による退任登記も済ませた。ところが、Bは支配人の肩書きが付された名刺をまだ数枚持っており、Aもこのことを認識しつつ放置していた。そこでBは、Aの取引先のCとの間でいつも通りの取引をしたように見せかけ、受け取った代金を持ち逃げしてしまった。

①　CがBの解任を知っていた場合、CはAに債務の履行を請求できるだろうか。

②　CがBの解任を知らず、極端な不注意もない場合、どうなるだろうか。

【実態と外観がずれている場合には】

Bは支配人から解任されているが、名刺という外観上は、依然として支配人のようにみえる。CはBの支配人登記を確認すれば、Bが支配人でないことがわかるが、日常大量に取引をしている場合など、登記をいちいち確認しないこともある。この場合、登記義務を果たしたAと、Bの支配人としての外観を信頼したCのどちらが保護されるのだろうか。

【外観を信頼した者の保護】

Cのように、Bが支配人としての権利を有しているようにみえる外観を信頼した者を保護する法理を、**権利外観法理**（第4編第1章第2節も参照）という。民法では、代理権がないのにあるような表示をした無権代理人（民109条）、権限外の行為を行った無権代理人（民110条）、代理権消滅後の無権代理人（民112条）について、一定の要件のもと相手方を保護する規定がある（**表見代理**という）。また、会社法では、代表権は与えられていないが、代表権があるような名称が付された取締役について（会354条。表見代表取締役）、商法では、代理権は与えられていないが、営業所の主任者のような名称を付された商業使用人について（商24条。表見支配人。詳しくは、**第5章参照**）、それぞれ相手方を保護する規

定がある。上記の Case 4-4 は支配人の代理権消滅後の相手方保護が問題となるから、民法 112 条、商法 24 条の問題になる。

【登記と権利外観法理のどちらが優先するか】

判例は、民法の表見代理の規定と商業登記に関する商法 9 条とでは、商法 9 条が優先適用されるとする（最判昭和 49・3・22 民集 28 巻 2 号 368 頁【商法百選 6 事件】）。一方、現在と法制度が異なるものの、表見代表取締役に関する現在の会社法 354 条と商法 9 条とでは、会社法 354 条が優先適用されるとする（最判昭和 42・4・28 民集 21 巻 3 号 796 頁、最判昭和 43・12・24 民集 22 巻 13 号 3349 頁）。

両者の論旨は一貫していないようにもみえるが、民法と商法では商法が特別法として民法の適用を排除する関係にあるから、表見代理の規定より商法 9 条が優先適用されることは自然である。問題は一般法・特別法の関係にない商法・会社法の場合、商法・会社法のどちらが優先適用されるかである。Case 4-4 のように、商法・会社法上の代理権が消滅した後も、なお代理権を有しているかのような外観を有する者は存在する。その場合の取引の相手方を保護する必要はあるから、判例と同様に、商法・会社法上の権利外観法理を、商法 9 条より優先適用させてよい。表見代表取締役と異なり、表見支配人に関する商法 24 条と商法 9 条の関係が争われた直接の判例はないが、表見代表取締役と同様、商法 24 条が優先適用されると考えてよいだろう。商法 24 条では相手方の善意無重過失が要件となるので（詳しくは、**第 5 章**参照）、Case 4-4 の①の解任について悪意の C は保護されない。②の解任について善意で重過失も存在しない C は、保護される。

第5節　不実の登記

【うそも登記されてしまう】

Case
4-5

　　Aは、他の商人から信用を得るため、業界で高い評判を得ていた
Bを支配人として登記していた。しかし、実際にはAはBを支配
人として選任したことはなく、単に名義を貸してもらっていただけ
だった。

　　ところがBは登記を悪用し、新しい営業顧客であるCとの間で、
Aの支配人ではないのにAC間での商品の売買契約を締結した。そ
のうえで、BはCから先に支払ってもらった商品代金を持ち逃げ
した。この場合、CはAに、商品の引渡しを請求できるだろうか。

　商業登記制度は、登記を行った者以外の者に商人の状況を公示するた
めの手段だった。そのため、登記事項は真実であるべきで、虚偽の登記
は決してよいことではない。しかし、登記官は証拠として提出された資
料と登記事項とをあわせて確認するに過ぎないので（形式的審査主義と
いう）、登記事項が真実である保証はない。また、登記した事項が真実
になるわけでもない。Case 4-5 でも、Aは、実際には支配人でないB
を支配人として選任登記している。

【相手方の信頼を保護するために】

　しかし、多くの商人は真実を登記しているはずだし、相手方も登記事
項が真実であることを前提に取引関係に入るほかない。そのため、登記
事項が真実であると信頼した相手方を保護する必要がある。権利外観法
理の出番である。

そこで商法は、故意または過失によって不実（真実でないこと）の事項を登記した者は、その事項が不実であることをもって善意の第三者に対抗することができないと定める（商9条2項）。悪意の第三者は保護する必要がないから除外されている。また、故意・過失がない登記義務者に責任を負わせるのは酷だから、やはり除外されている。この規定が存在することで、法は登記義務者である商人本人に、登記が不実であることによる責任を回避させるため、真実を登記させるよう誘導しているということができる。

　Case 4-5 でも、故意に不実の登記をなしたAは、Cに対してBが支配人ではないことを主張できない。よって、CはAに商品の引渡しを請求できる。

第5章　　　営 業 譲 渡

第1節　はじめに

　商法総則には営業譲渡（商16条）、会社法総則には事業譲渡（会21条）の規定がある（営業と事業の違いについては、**第1章参照**）。株式会社における事業譲渡の手続についてはすでに扱ったので（**第1編第9章第3節参照**）、ここでは商法総則・会社法総則に特有の規定について説明しておく。

第2節　商号続用責任

【営業譲渡で債務を承継するかは契約内容による】

　営業譲渡において、譲渡人・譲受人の間で、譲渡人の債務が承継されるとは限らない。営業譲渡の効果は個別承継とされているため、債務が承継されるかは営業譲渡契約の内容によることになる。もっとも、これから説明するような例外も認められている。

【商号を引き続き使用したら】

　商人のAは、高齢のため自ら営んでいた自転車販売の営業を、商人のBに譲渡した。Bは、Aの自転車屋さんが地域密着型で地元の人に愛されていたため、Aが使っていた「京の自転車屋さん」という商号をそのまま用いて営業することとした。営業譲渡前にAに自転車を納入していたCは、Aから代金の支払を受けられなかったが、Bに請求することはできるだろうか。

営業を譲り受けた商人（譲受人）が譲り渡した商人（譲渡人）の商号を引き続き使用する場合には、その譲受人も、譲渡人の営業によって生じた債務を弁済する責任を負う（商17条1項、会22条1項）。これを**商号続用責任**と呼んでいる。 Case 5-1 のCも、Aに対する債権が残っているので、この規定を用いてBに請求することができる。

【商号続用責任は権利外観法理か】

　判例は商号続用責任の趣旨を、譲受人が譲渡人と区別できない外観を表示していることから、譲受人を譲渡人であると信頼した相手方を保護する権利外観法理の一種と解している。しかし、通常の権利外観法理の場合、善意の相手方は保護されても、悪意の相手方は保護されないはずである。にもかかわらず、商号続用責任には相手方の善意・悪意が要件に含まれていない。学説では権利外観法理以外の趣旨も検討されているが、現在も議論が続いている。

【商号でない場合にも類推適用があり得る】

　甲株式会社は、京阪間のアクセスの悪い土地をゴルフ場として開発し、Aカントリークラブという名前で運営していた。同クラブでは会員に1口500万円の預託金を求め、5年経過後はいつでも退会時には返還請求できることとしていた。しかし、クラブ経営が悪化し、預託金を返還できる見込みがなくなったため、甲社は、乙株式会社にゴルフ場事業を譲渡し、預託金返還債務のみ甲社に残存させた。ゴルフ場の経営主体は入れ替わったが、その名称は従来と同じAカントリークラブのままだった。甲社に預託金を預けていたBは、乙社に預託金の返還を請求できるだろうか。

Case 5-2 では譲渡会社の商号は甲株式会社、譲受会社の商号は乙株式会社であり、A カントリークラブは商号ではない。そのため、商号続用責任を直接課すことはできない。しかし、ゴルフクラブ会員にとっては経営主体の商号よりも、ゴルフ場の名称の方がむしろ重要であり、経営主体が替わってもゴルフ場の名称が変わらないなら、状況に変化はないと信頼しても無理はないだろう。判例は Case 5-2 のような事案で、商号続用責任の類推適用を認め、ゴルフクラブ会員の預託金返還請求を認めた（最判平成 16・2・20 民集 58 巻 2 号 367 頁【商法百選 18 事件】）。B の乙社に対する請求も認められるだろう。

【譲受人の免責】

商号続用責任は、譲受人が責任を負わない旨の登記をした場合や、債権者に通知をした場合には適用されない（商 17 条 2 項、会 22 条 2 項）。譲受人の責任は、2 年で時効によって消滅する（商 17 条 3 項、会 22 条 3 項）。

第 3 節　債務の引受けの広告

Case 5-3　　A は長年にわたり商店街でおもちゃ屋さんを営んでいたが、量販店の台頭などで経営上の苦境に陥り、単独での再建を諦めた。そこで A は、同業で業績も好調な B に自分の営業を譲渡することとした。B は A の商号を続用しなかったが、両者の取引先に対して、「A・B 両名は団結して今後営業を継続していく」旨の挨拶状を発送した。A の債権者であった C は、B に債務の履行を請求できるだろうか。

【譲受人が責任を負う根拠】

　譲受人が商号を続用しない場合でも、譲渡人の営業によって生じた債務を引き受ける旨の広告をしたときは、譲渡人の債権者は譲受人に弁済の請求をすることができる（商18条1項、会23条1項）。譲受人が自ら債務の引受けの意思を示しているのだから、後で譲渡人の債権者の履行請求を拒絶することは**禁反言**（自己の言動と矛盾する行動は認められないとの法原則。信義則〔民1条2項〕の一種とされる）で許されないとしているのである。

【挨拶状の取扱い】

　 Case 5-3 の挨拶状は、債務の引受けの広告に該当するだろうか。判例では、 Case 5-3 と類似したような事案で、単なる挨拶状は債務の引受けの広告に当たらないとしたものがある（最判昭和36・10・13民集15巻9号2320頁【商法百選20事件】）。この判断は妥当である。およそ何でも債務の引受けの広告に該当するとなると、挨拶状すら送れなくなり、営業譲受人の活動を制約しすぎるからである。この Case 5-3 のCも、判例と同様の事情であればBに債務の履行を請求できない。

第6章　　代理商

第1節　代理商の意義

　　Aは、営業を開始した時点では自分1人で商人としての活動を行うことができた。しかし、営業規模が順調に拡大したため、自分1人ですべての活動をカバーすることが難しくなった。Aが以下の手段を用いて対応しようとする場合、どのような違いがあるだろうか。

①　Aが従業員を直接雇用し、代理権などを付与する場合（商業使用人）

②　Aが外部の商人と契約し、自らの営業の拡大に寄与してもらう場合

【従業員を雇うかアウトソーシングするか】

　第5章で取り扱ったように、商人がその営業を拡大する場合、Case 6-1 ①のように、商人が自ら従業員（労働者）を雇うことも考えられる。もっとも、労働法で学ぶように、日本では使用者が労働者と雇用・労働契約を締結した場合、事後的に契約関係を解消すること（解雇）は相当程度制限されている。単に商人の業績が悪化しただけでは、整理解雇に関する判例の厳しい要件を満たさない限り、解雇はできない。また、労働者が営業に関連して他人に損害を与えた場合、商人は使用者責任（民715条）を負う可能性があるなど、直接雇用のリスクは少なくない。

　このような問題を避ける方法として、Case 6-1 ②のように、商人は従業員を直接雇用する代わりに、外部の独立した商人の助力を得ることも考えられる（業務のアウトソーシングの一種といえる）。このような外部の独立した商人を、商法では**代理商**と呼ぶ（商27条以下）。代理商は自

らの判断で本人である商人を補助するから、本人である商人は、代理商が他人に損害を与えた場合も、原則としてその責任を負うものではない。また、たとえば、本人である商人の営業がうまくいかなくなった場合などには、従業員の解雇に比べると比較的容易に代理商契約関係を解消することができる。

商業使用人・従業員と代理商の区別については前述したが（**第5章第1節**）、繰り返しておくと、①商業使用人・従業員は商人本人の指揮命令に服するが、代理商はその必要はない、②商業使用人・従業員が得る賃金は労働契約の対価として労働時間などの要素から算定されうるが、代理商の報酬は手数料であることが多く、契約締結件数などから計算されるのが通常である（いわゆる歩合制）。

第2節　締約代理商と媒介代理商

① 損害保険株式会社の代理店を務めるBは、単に損害保険株式会社の保険商品を勧めるだけではなく、希望する顧客に対しては、損害保険株式会社を代理して契約締結することも可能である。

② これに対して、本人である商人から契約締結の代理権を与えられていないCは、そもそも代理商と呼ぶことができるのだろうか。できるとすれば、Cができることは何なのだろうか。

【代理商には2種類ある】

商法27条は代理商を、「商人のためにその平常の営業の部類に属する取引の代理又は媒介をする者で、その商人の使用人でないもの」と定義している。つまり、取引（法律行為の一種である）の代理をする代理商

と、媒介をする代理商がいる。前者を**締約代理商**、後者を**媒介代理商**と呼ぶ。媒介は取引の代理を含まない事実行為なので、宣伝・勧奨といった事実行為を指す。実際には締約代理商には、媒介代理商の権限も与えられている場合が多い。

　Case 6-2 ①の損害保険株式会社は、いわゆる損害保険代理店に契約締結代理権も与えているのが通常であるため、損害保険代理店のBは典型的な締約代理商といえる。他方、Case 6-2 ②のCには契約締結の代理権がない一方で、媒介の権限は与えられているから、Cは媒介代理商である。

【代理商と商人本人との関係】

　商法27条は、「商人のためにその平常の営業の部類に属する取引」の代理・媒介をする者を代理商とする。つまり、商人が平常行う営業について代理商が契約締結の代理・媒介を行うのだから、代理商は特定の商人の補助者として活動することが予定される。もっとも、商人本人の許可があれば、本人と同業の他の商人の代理商を兼務することができる。これを乗合代理商（乗合代理店）という（商28条1項1号。**第3節**で説明する）。

第3節　代理商の義務

　Aは、甲社の損害保険代理店（締約代理商の一種）として活動している。以下のような場合、Aにはどのような義務があるだろうか。

①　Aが甲社を代理して損害保険契約を締結した場合

②　Aが甲社以外の損害保険会社から代理商契約の申込みを受けた場合

③　Aが甲社の締約代理商以外の営業を行う場合

【通知義務】

　代理商は商人本人との間で委任契約関係にあると考えられる。民法の委任契約の原則では、委任を受けた者（受任者という）は、委任した者（委任者）の請求がある場合にのみ委任事務の処理の状況を報告する義務がある（民 645 条）。これを反対解釈すれば、委任者の請求がなければ受任者には報告義務はない。1 回限りのことも多い非商人同士の委任契約であればこれで十分かもしれないが、代理・媒介を頻繁に繰り返す代理商の場合、これでは商人本人が現状を把握することが困難になる。そのため、商法では代理商に、取引の代理・媒介後遅滞なく通知する義務を課す（商 27 条）。 Case 6-3 ①の A も、甲社に遅滞なく通知する義務を負う。

【競業避止義務】

　支配人が負う義務については前述したが（**第 5 章**）、商法は代理商についても類似の規定を置く（商 28 条 1 項各号）。しかし、両者には **Chart 6-1** のような異同がある。

| Chart 6-1 | 支配人と代理商の義務の異同

	支配人	代理商
営業避止義務	あり（商23条1項1号）	なし
競業避止義務	あり（商23条1項2号）	あり（商28条1項1号）
他の商人・会社の使用人となることの制限	あり（商23条1項3号）	なし
他の会社の取締役等になることの制限	商人の営業との同種性を問わずあり（商23条1項4号）	商人の営業との同種性がある場合のみ（商28条1項2号）

　支配人は商人と雇用・労働契約関係にあるため、商人の指揮命令に服する義務がある。また、支配人はその能力を商人のために用いなければならない。そのため、自ら営業することも、他の商人の使用人になることも、会社の取締役等になることも、商人本人の許可がなければできない。

　これに対し、代理商は独立した商人だから、自ら営業できるのは当然であるし（商人本人もそれを利用している）、商人の営業を害さない他の活動は営業の自由（憲22条1項）で保障されている。そのため、商人本人と営業の同種性がある場合には代理商の活動は制限されるが、それ以外の活動は原則として制限されない。

　Case 6-3 ②の場合は、商人本人の営業の妨げになり得るので、甲社の許可が必要である（商28条1項1号）。これに対し Case 6-3 ③については、A は甲社の事業と同種でない限り制限を受けないことになる。

第4節　代理商契約の解除

Case
6-4
　Ａは長い間Ｂと代理商契約を結んでいたが、Ｂの成約件数が少ないことから、契約関係を解消することを考えている。契約関係の解消には何か制限はあるのだろうか。

【民法ではいつでも解除できる】

　民法の委任契約は、委任者・受任者とも、いつでも解除できるのが原則である（民651条1項）。委任契約は当事者の信頼関係の上に成り立っているので、信頼関係が破壊された場合、それを容易に解消できないと困るからであると説明される。非商人間の委任契約を想定すれば、合理性のある規定である。

【商法では解除が制限される】

　しかし、代理商は多くの場合、本人である商人との代理商契約に依存していると考えられる。この場合にも民法の原則を貫くと、代理商はきわめて不安定な立場に置かれることになる。そこで商法は、契約の期間の定めがない場合、代理商契約の解除につき2か月前までの予告を必要とする（商30条1項）。商人本人・代理商に一定の準備期間を与えるためである。もっとも、両者の間で信頼関係が破壊された場合のようにやむを得ない事由があるときは、民法の原則と同様、即時解除が認められる（同条2項）。Case 6-4 の場合も、原則としてＡはＢとの契約を解除する場合も、2か月前までの予告を要することとなる。

第 3 編

商行為法

第 1 章　　商行為法総則

第1節　一方的商行為

以下のそれぞれの場合、民法・商法のいずれが適用されるのだろうか。

① 消費者同士の契約

② 商人・消費者間の契約

③ 商人間の契約

第2編第1章の復習になるが、**Case 1-1** ③商人間の契約には商法が適用される。一方、①の場合には通常は民法のみが適用される（もっとも、絶対的商行為〔商501条1号〕に該当する場合には、以下の商法3条の問題となる）。

商法の原則では、当事者の一方のために商行為となる行為については、商法がその双方に適用される（商3条1項）。また、当事者の一方が2人以上ある場合において、その1人のために商行為となる行為については、商法が全員に適用される（同条2項）。そのため、**Case 1-1** ②の場合も商法が適用されることが原則となる。

もっとも、この原則に対しては、商行為法総則の各所で特則が置かれている。**Chart 1-1** にまとめておく。

| Chart 1-1 | 商行為法総則における特則

連帯債務の特則（511条1項）	債務者にとって商行為であることが必要
連帯保証の特則（511条2項）	主債務者にとって商行為であるか保証が商行為であることが必要
商人間の留置権（521条）	商人間で双方のために商行為になることが必要

第2節　商行為の代理

① 新社会人のAは、友人のBから自転車の購入の代理権を与えられて、自転車屋にやってきた。しかし、Aはうっかり者で、Bのためにすると言わずに自転車を購入してしまった。代金は自転車引渡しの際に支払うことにしたが、その後AとBはささいなことで喧嘩をし、Bは自転車の代金を渡そうとしてくれない。自転車屋がAに代金を請求した場合どうなるのだろうか。

② 食料品店を営むCは、古くからの付き合いであるDに仕入れの代理権を付与している。しかしDはうっかり者で、いつもの仕入れ先であるEに、Cの代理であると言わずに購入の手配をしてしまった。①と違いはあるだろうか。

【民法は顕名主義】

　民法が静的安全の保護を、商法が動的安全の保護を重視していることの表れが、代理に関する規定である。民法では、代理人は本人のためにすることを相手方に示さなければ（これを顕名という）、本人は相手方に対して責任を負うことがない（民99条、100条）。一般人が契約締結の

代理権を他の一般人に与えることは多いとは考えにくい。そうである以上、勝手に代理人と称する者が行動することで、本人とされた者が不利益を受けないようにすべきである（静的安全の保護の重視）。Case 1-2 ① の場合、顕名をしていない A は、自ら契約の責任を果たす必要がある。

【商法は非顕名主義】

　他方、商法 504 条は、頻繁に商行為を繰り返す商人間の取引を念頭に置いた規定である。同種の商行為の代理を反復継続している場合、いちいち顕名を要求することが、かえって商取引の迅速性を害することもある。また、本人である商人は代理人の選任を慎重に行っていると考えられる。以上のような理由から、商法 504 条本文は、顕名がない場合にも、代理人の代理行為の効力は本人に及ぶと定める。そのため、相手方は本人に契約の履行を請求できる。他方、同条ただし書は、相手方が、代理人が本人のためにすることを知らなかった場合、代理人に履行請求できる旨定める。

　判例は、同条ただし書は相手方が善意無過失の場合にのみ適用があり、その場合相手方は、本人・代理人のいずれかを選択して契約上の債務の履行を請求できるとする（最大判昭和 43・4・24 民集 22 巻 4 号 1043 頁【商法百選 30 事件】）。本人よりも代理人の方が資力を有する場合などには、代理人に請求することが合理的だろう。Case 1-2 ②の場合、E は C に契約の履行を請求できる。

　以上をまとめると、Chart 1-2 のように整理できるだろう。

| Chart 1-2 | 民法・商法上の代理の違い

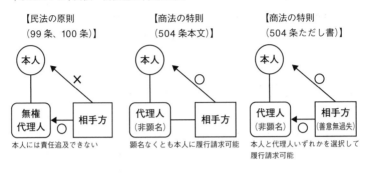

【民法の原則
（99条、100条）】

本人には責任追及できない

【商法の特則
（504条本文）】

顕名なくとも本人に履行請求可能

【商法の特則
（504条ただし書）】

本人と代理人いずれかを選択して
履行請求可能

第3節　代理権の消滅事由の特則

Case
1-3

　Aは商人として活躍中、急死してしまった。Aには相続人として子どもBだけがいたが、幼くて商売のことは何もわからない。もっとも、Aは営業の大部分を代理人であるCに委任していて、CはAの営業に習熟している。

　民法の委任契約に基づく代理権は、委任者・受任者の死亡などにより消滅する（民653条各号）。これに対し、商法506条は、商行為の代理の場合、商人の死亡を代理権消滅事由から除外する。民法の委任契約は個人間の信頼関係が重視されるから、一方が死亡した場合、相続人が地位を承継するというわけにはいかない。他方商人の場合は、代理人は商行為の代理に習熟しているはずだし、商人の相続人がその営業を熟知していないかもしれない。このような場合には、むしろ従来どおりの委任

関係を存続させた方が、商人の相続人のためにもなる。以上の理由から、商法506条は民法の原則を修正し、動的安全の保護を重視している。 Case 1-3 の場合も、BとCとの間に委任関係が継続することになる。

第4節　契約の申込み・承諾の特則

　契約の申込み・承諾については、商法の中に民法の特則が置かれている。もっとも、2017（平成29）年民法改正により、対話者間の申込み・承諾については民法で商法の規定が取り込まれるなどした（民525条2項・3項）。ここでは、民法と商法の異同を表（Chart 1-3）にまとめておく。

| Chart 1-3 | 契約の申込み・承諾についての民法・商法の異同

制度	民法の原則	商法の特則
隔地者間の契約の申込み	承諾の期間の定めがある場合、期間経過後の申込みは失効（民523条2項）。承諾の期間を定めなかった場合、相当の期間が経過するまでは申込撤回不可（民525条1項）。	相当の期間経過後には申込みは失効（商508条1項）。
契約の申込みに対し諾否の通知を発しなかった場合		平常取引がありその営業の部類である申込みの場合、遅滞なくその諾否の通知義務あり（商509条1項）。通知を怠った場合、承諾したものとみなす（同条2項）。
申込みと同時に受け取った物品の処理	（規定なし）	申込者の費用をもって保管する義務あり（商510条）。

第5節　多数当事者間の債務の連帯

1. 連帯債務の原則

① 大学生のAは、友人のBから10万円の借金をしようとしたが、おまえだけでは信用できないと言われて断られてしまった。そこでAは、迷惑はかけないからと友人のCに頼み込んで、Bが作成した借用証に一緒にサインしてもらった。Aは借金を返せなかったが、この場合Cはいくら返済する義務があるのだろうか。

② 商人Dは、商人Eから100万円の借金をしようとしたが、信用状態が悪いとして渋られた。そこでDは、仲の良い商人Fに頼み込んで、Eが作成した借用証に一緒にサインしてもらった。Dが借金を返せなかった場合、Fの返済義務は①と違うだろうか。

【民法の原則は分割債務】

民法では、数人の債権者または債務者がある場合において、別段の意思表示がないときは、各債権者または各債務者は、それぞれ等しい割合で権利を有し、または義務を負う（民427条）。これを**分割債権・分割債務の原則**と呼んでいる。たまたま数名で債権・債務関係に入ったとき、全額の債権・債務を有するのは債務者の負担が大きいからと説明される。Case 1-4 ①の場合、連帯債務であることが契約上明らかでなければ、分割債務として扱われることになる。債務の負担額は特約がない限り等分とされるので、Cは5万円支払う義務があるに過ぎない。

【商行為法の原則は連帯債務】

　これに対し、商法では、数人の者がその1人または全員のために商行為となる行為によって債務を負担したときは、その債務は、各自が連帯して負担する（商511条1項）。民法とは異なり商法では、むしろ連帯債務が原則となっている。 Case 1-4 ②の場合には、連帯債務とする旨の明記がなかったとしても、連帯債務として取り扱われることになる。そのため、 Case 1-4 ②の場合には、借用証の債務者欄に署名したD・Fは、いずれも100万円支払う義務を負う。

2. 連帯保証の原則

① 　Aは、友人のBが持っていたギターを10万円で購入しようとしたが、代金を支払えるか怪しいと嫌がられてしまった。Aはやむを得ず父親Cに頼み込んで、Bが作成した借用証に保証人としてサインしてもらった。Aは10万円を支払えなかったが、この場合父親Cはどのような義務を負うのだろうか。

② 　Aは、一人暮らしのためアパートの一室を借りることとした。貸主Dの希望により、賃貸借契約締結に際しては、家賃保証会社Eとの契約も行った。家賃保証会社Eは低廉な利用料をAから受け取り、万一Aが家賃を支払えなかった場合は、Aに代わってDに家賃を支払う。そのうえで、代わりに支払った家賃相当額等をAに請求する仕組みである。Aが家賃を支払えなかった場合、家賃保証会社Eの義務は①の父親Cとどのように違うのだろうか。

【民法の原則は単純保証】

　民法では、主債務者の債務を保証する者（保証人）は、債権者に対し2つの抗弁権を有する。1つは、いきなり保証人に保証債務の履行を請求してきた債権者に、まず主債務者に履行請求するよう主張する**催告の抗弁権**であり（民452条）、もう1つは、仮に債権者が主債務者に履行請求し拒まれたとして保証債務の履行請求をしてきても、主たる債務者に弁済をする資力があり、かつ、執行が容易であることを証明したときは、それを拒めるという**検索の抗弁権**である（民453条）。もっとも、連帯保証の場合にはこれらの抗弁権を有しない（民454条）。Case 1-5 ①のCも、催告・検索の抗弁権を主張できる。

【商行為法の原則は連帯保証】

　これに対し、商法では、保証人がある場合において、債務が主たる債務者の商行為によって生じたものであるとき、または保証が商行為であるときは、主たる債務者および保証人が各別の行為によって債務を負担したときであっても、その債務は、各自が連帯して負担する（商511条2項）。そのため、保証人は検索・催告の抗弁権を有しない。

　「保証が商行為であるとき」とは、Case 1-5 ②のアパートの家賃支払を保証する会社のように、営業・事業として他人の債務の保証を行っている場合を指す。そのため、Eは催告・検索の抗弁権を持たず、Dに請求された場合は直ちにAの保証債務を履行する必要がある。

第6節　質権の特則

①　消費者AはBから借金をしようとしたが、信用されず、大切にしていたフィギュアを、借金を返すまで預かられてしまった。

Ａが借金を返せなかった場合、フィギュアはどうなってしまうのだろうか。

② 商人Ｃは、日頃から取引をしているＤへの代金支払が滞りがちだったため、自己の貴重な商売道具を質入れすることとした。①のＡのフィギュアと異なる点はあるのだろうか。

　民法に定められた約定担保物権の一種である**質権**は、債権の担保として債務者または第三者から受け取った物を占有し、かつ、その物について他の債権者に先立って自己の債権の弁済を受ける権利である（民342条）。もっとも、質屋とは違い、民法上の質権では、債務者が債務の履行ができないときに、質物の所有権を取得させること（質流れ・流質）を事前に契約することはできない（民349条）。事前の流質契約を認めると、力関係で優位に立つ債権者がそのような条項を強要してくるからとされる。他方、弁済期経過後に債務者が流質に合意することは問題ないとされる。Case 1-6 ①では、Ｂは債務の履行期前に流質契約を締結することはできないが、債務の履行期後に締結することは可能である。

　商法515条は、商行為によって生じた債権を担保するために設定した質権について、民法349条の適用除外を規定している。商人や商行為を行う者は、事前に物を質にとられるリスクを合理的に考えて行動できるから、とされる。なお、消費者から質物をとって金銭を貸し付ける質屋も、事前の流質契約を締結可能だが、質屋営業法という特別法に基づく規制を受けている。Case 1-6 ②のＤは、①のＡと違い、債務の履行期前に流質契約を締結することができる。

第 1 節　民法上の売買契約との違い

Case
2-1
　　個人商人のAは、同じく商人のBから、営業日にはほぼ毎日、大量の商品を購入している。商品の種類は少なく、同じ種類の物を大量に仕入れることが多い。このような売買契約には、どのような特徴があるだろうか。

　　商法総則の冒頭でも触れたが（**第2編第1章第1節**参照）、消費者同士の売買契約には、一般に民法が適用される。これに対し、一方当事者が商人の売買契約には商法が適用されるが（商3条1項）、商法はさらに進んで、双方とも商人の売買契約（**商事売買**と呼ぶ）について特則を置く（商524条以下）。商事売買の規定は強行規定ではなく、売買当事者が特約を結ぶこともできる任意規定である。実務上は当事者間で取引基本契約書などが取り交わされることが多い。商事売買の規定には、特約がない場合の標準的な契約内容としての役割がある。

　　消費者間の売買契約では、同じ当事者同士で売買が繰り返されるとは限らないし、売買の対象物も多種多様だろう。一方、商人間の売買は消費者間の売買と異なり、大量の物品を反復継続して取引することとなる。この場合、取引主体の利益にかなうルールが適用されることが望ましい。仮に売買契約が有効になるための要件を厳しくすると商人の取引コストを高めてしまうし、商人は消費者に比べて専門性が高いから、取引に関するトラブルが生じる場合にも自衛することもできる。

　　以下では、民法に比べて取引主体の利益を重視する、商事売買の規定を概説する。

第2節　目的物の供託・競売

商人Bは普段の取引と同じように、売買契約の目的物を商人Aに持参した。ところがAは、倉庫スペースに余裕がないので、今は受け取れないという。Bは、目的物は人気商品なので、他の買い手を探したいと考えている。

　民法の売買契約において、買主が目的物の受領を拒んだ場合には、買主は受領遅滞に陥る。目的物が特定物の場合には、売主の注意義務が軽減される（民413条1項）。また、履行の費用が増加した場合には、買主負担となる（同条2項）。しかし、売主は売買契約を解除しない限り、目的物を他に売るなどの処分をすることはできない。これでは売主の保護に欠ける。

　そこで商人間の売買では、買主が目的物の受領を拒み、または受領できない場合、売主は目的物を供託するか、相当の期間を定めて催告後、競売に付することができる（商524条1項）。また、価格の低落のおそれがある物は、催告なしで競売できる（同条2項）。競売の代価は供託する必要があるが、売主は代金に充当してよい（同条3項）。Case 2-2のBも目的物の供託や競売などができる。

第3節　定期売買

Case 2-3　商人 B はクリスマス限定のアクセサリーを 100 個、12 月 23 日に商人 A から購入する契約を締結した。しかし A は、現品を確保できないとして、12 月 22 日になって、納品を 1 週間延期して欲しいと連絡してきた。B はどうすればよいだろうか。

　世の中には、クリスマス限定のアクセサリーやウエディングドレスなど、一定の期日を過ぎると債務の履行の意味が大きく損なわれる契約が存在する。このような、一定の期日の履行が債務の重要な内容をなす行為を、**定期行為**という。売買契約の場合は特に**定期売買**ともいう。

　民法では、定期行為を期間内に債務者が履行しない場合、債権者は催告なくして契約を解除することができる（民 542 条 1 項 4 号）。しかし、解除の意思表示は必要なので、解除しなければ契約は存続する。これも動的安全への配慮が弱い。

　一方で、商人間の売買でも解除の意思表示が必要となると、買主は商品価格の変動をみて、解除するかどうか選べることになる。これでは、（自分で履行期限を過ぎているとはいえ）売主は債務の履行から解放されないことになる。そこで商法は定期売買につき、原則として時期の経過後は契約を解除したものとみなす。ただし、買主が直ちに履行の請求をした場合には、契約は存続する（商 525 条）。商行為の迅速性と債務者保護の両方に配慮した規定といえる。Case 2-3 の B も、直ちに履行の請求をしない限り、契約を解除したものとみなされる。

第4節 目的物の検査義務

Case 2-4　以下の2つの場合、民法・商法はそれぞれどのように規定しているか。その差が生じているのは何故だろうか。

① 消費者Aは、ネットオークションで消費者Bから中古のノートPCを購入し、後日PCが届いた。しかし、そのPCには外見上わからない不具合があり、完全に動作することはなかった。AはBにどのような請求ができるか。

② 商人Cは、ある家電メーカーの家電製品を日常的に商人Dに卸売りしている。Dは当該家電メーカーの信頼性は高いと考えており、納品された家電製品を十分に点検しないまま保管していた。しかし、その中には製品としての最低限の性能を満たしていないものが混じっており、プロのDからすれば、少々のテストで十分不良品と判断できるものだった。この場合、Dはどのような対応ができるか。

【民法上の契約不適合責任】

2017（平成29）年民法改正では、Case 2-4 ①のようなケースについて、大幅な制度改正が行われた。かつて瑕疵担保責任と呼ばれた改正前民法570条の適用範囲については学説上の争いがあり、判例も、特に特定物・不特定物のそれぞれについて妥当な結論を導くのに苦心していた。

これに対し2017（平成29）年民法改正では、従来の瑕疵担保責任は**契約不適合責任**という概念に整理された（民562条以下）。これにより、特定物・不特定物を問わず、契約の目的に適合しない場合には、目的物

の修補・代替物の引渡し・不足分の引渡し・代金の減額など、柔軟な履行の追完で対応できることとなった。ただし、権利行使には、買主が不適合を知ってから1年以内という期間制限がある（民566条）。

Case 2-4 ①の消費者間の売買の場合、契約不適合責任に関する民法が適用される。Aとしては完全に動作するPCでなければ契約の目的に適合しているとは言い難いだろう。そこでAは、契約を解除したうえで損害賠償を請求することが考えられる（この処理は改正前民法のもとでも可能だった）。また、代金の減額も請求できる（民563条）。

【商事売買での商人の検査義務】

これに対し商事売買では、買主は目的物を受領したときは、遅滞なく検査する義務を負う（商526条1項）。

商事売買の場合に買主の検査義務が定められているのは、買主は通常目的物の品質を確認できる能力をもっており、問題があれば売主にすぐ対応を求められると考えられるからである。仮に商人である買主にも民法の契約不適合責任と同様の主張が可能であるとすれば、売主は長期間にわたって目的物の責任を問われることとなる。これは動的安全にマイナスに働くため、買主に一定の自衛を求めることとしたのである。Case 2-4 ②のDは十分な点検をしていないのだから、Cの契約不適合責任を追及できないことになる。

【期間制限は民法よりも厳格】

また、買主は契約不適合を発見した場合、直ちに通知をしなければ、契約不適合責任を追及できない。契約の内容に適合しないことを直ちに発見できない場合には、6か月以内に不適合を発見した場合、同様とする（商526条2項）。売主が悪意の場合には商法526条2項は適用されない（同条3項）。

第5節　買主による目的物の保管・供託

　　商人Aは商人Bから種類物100個を購入したが、目的物の検査をしたところ実際には70個しか納品されておらず、利用目的に比して不足することが明らかであった。Aは契約を解除することとしたが、この場合、目的物はどうすればよいのだろうか。

　売買目的物の検査において、買主が契約を解除した場合、手許には目的物が残っているはずである。目的物には商品価値があるから、売主がすぐに回収しなかったとしても、買主が勝手に処分することはできない。もっとも、その保管費用を買主が負担すると、買主のみが損害を被ることになる。そこで商法は、契約解除後は、買主に保管義務を負わせ、その代わり保管に要した費用は売主に請求できることとしている（商527条1項本文）。また、自分で保管せず、法務局などの供託所に供託することもできる（同項本文）。 Case 2-5 のAも原則として目的物を保管しなければならないが、保管費用はBに請求できる。

　もっとも、目的物が食料品などの場合には、保管していても腐るなどして滅失・損傷するおそれがある。この場合には、裁判所の許可を得て競売し、その代価を供託すればよい（商527条1項ただし書）。

第3章 仲立人・問屋営業

第1節 仲立人

① Aは、賃貸オフィスビル事業を展開する複数の会社が借主となる会社を探している際に、貸主と借主をマッチングさせる不動産仲介業を営んでいる。この営業は、商法上どのように規制されているのだろうか。

② 非商人であるBが自分の有するアパートの一室の借主を不動産仲介業のCに探してもらう場合には、①と何か違いがあるだろうか。

【仲立人とは】

　商法では、他人間の商行為の媒介をすることを業とする者を**仲立人**と呼ぶ（商 543 条）。代理商の箇所で説明したが（**第2編第7章参照**）、**媒介**とは、商品の宣伝など契約締結のために行う事実上の行為を指す（**尽力**ともいう）。

　仲立ちは営業的商行為なので（商 502 条 11 号）、それを自己の名をもって行う仲立人は商人である（商4条1項）。

　Case 3-1 ①では、会社の事業行為・事業のためにする行為は商行為であるから（会5条）、その行為の仲介を行うAは仲立人である。

【民事仲立人とは】

　商法上の仲立人は、他人間の商行為の媒介を行うので、商行為に該当しない行為の媒介をする場合には、厳密には商法は適用されない。たとえば、一般消費者が転勤のため持ち家を賃貸する相手を探す場合、反復継続性がないため営業的商行為の賃貸（商 502 条 1 号）の要件を満たさ

ないことになる。つまり、非商人間の賃貸借の仲介をするような営業者は、仲立人には該当しない。

もっとも、そのような場合にも Case 3-1 ①のような商人間の賃貸借の仲立ちとＣの仲介行為の内容はほとんど変わらない。商行為以外の行為の媒介を行う者は**民事仲立人**（みんじなかだちにん）と呼ばれる。Case 3-1 ②のＣは民事仲立人である。民事仲立人の場合、営業の内容に応じて特別法が規制を加えることもある（たとえば、宅地建物取引業者に関する宅地建物取引業法）。

【代理商・問屋との異同】

仲立人は他人間の商行為の媒介を行うので、商人の契約締結の代理・媒介を行う代理商とよく似ている。もっとも、以下のような違いもある。第2節で説明する問屋と併せて表にしておく（**Chart 3-1**）。

| Chart 3-1 | 代理商・仲立人・問屋の異同

	代理商	仲立人	問　屋
委託する者	特定の商人	不特定の商行為をする者（商人とは限らない）	不特定で、商人・非商人を問わない
行えること	契約締結の代理（締約代理商）または媒介のみ（媒介代理商）	契約締結の媒介	契約締結
効果の帰属	本人	本人	法律上の効果は問屋、経済上の効果は本人

【仲立人の報酬】

非商人のＣは、保有する京都市内の建物の賃借人を探してくれるよう、仲立人のＡに依頼した。Ａは新聞やウェブサイトで広告

を出し、商人であるDが興味を示し連絡してきたため、その旨を
Cに伝えた。ところが、CはAに支払う手数料が惜しくなって、A
に無断で、Dと直接賃貸借契約を締結してしまった。Aは手数料を
もらえないのだろうか。

　仲立人の報酬は、依頼した者との特約があることも多いが、ない場合
には当事者双方から半額ずつ報酬をもらうことになる（商550条2項）。
もっとも、仲立人は、当事者をマッチングさせたことを示す結約書（商
546条1項）を作成した後でなければ報酬を請求できない（商550条1
項）。それでは、Cのように先回りして直接契約されてしまった場合、
Aは報酬をもらえないのだろうか。

【直接契約でも報酬請求できることも】

　判例は、不動産取引業者に依頼をした者が Case 3-2 のように直接契
約した場合、民法の規定を（類推）適用することで業者の報酬請求権を
認めた。民法は、条件が成就することで不利益を受ける当事者が故意に
条件の成就を妨害した場合には、条件が成就したものとみなすことがで
きるとする（民130条1項）。 Case 3-2 では、Cが先に直接契約するこ
とで、Aが報酬請求できる結約書の作成を故意に妨害している。このよ
うな場合には、Aは自己の媒介行為を完全に行ったものとみなして、報
酬を請求できるとしたのである（最判昭和45・10・22民集24巻11号
1599頁【商法百選66事件】）。

第2節　問屋営業

① Aは、生産者から物品を購入し、経費と自己の利益を加えた額で小売商などに転売する問屋である。

② Bは、自己の経営する商店の一角で、問屋営業として、販売を委託された商品を売る営業も行っている。委託販売で得られた収入は、販売を委託した人に帰属するが、Bは手数料を得ることができる。

AとBは同じ「問屋」だろうか。

【といやととんや】

商法は問屋営業について規定を置く（商551条以下）。もっとも、これは高校までの社会科で習う問屋とは別物である。

問屋は、生産者・製造者などから商品を購入し、経費・利益などを上乗せして仲買人・小売商といった商人に売却する営業を行う。これは物を安く仕入れて高く売る行為なので、絶対的商行為である投機購買行為に該当する（商501条1号）。問屋は商品を購入する際には自ら買主となり代金を支払う義務を負うし、転売する際には自ら売主となり商品を引き渡す義務を負う。

【「自己の名をもって」「他人のために」とは】

これに対して問屋は、自己の名をもって他人のために物品の販売または買入れをすることを業とする者をいう（商551条）。「自己の名をもって」とは、問屋に法律上の権利義務が帰属することを意味する。形式的には問屋が契約の当事者となる。また、「他人のために」とは、問屋に

物品の販売・購入を委託した者に、経済上の利益・損失が帰属することを意味する。

【証券会社の場合】

Case 3-4
　　Aは、甲証券に口座を開設して、上場株式を売買している。Bは乙証券に口座を開設して、やはり上場株式を売買している。Aが丙社株式を売却したいと思い、Bが丙社株式を購入したいと思っている場合、どのようにして契約が結ばれるのだろうか。

　問屋の典型例は証券会社である。証券会社の事業内容にはさまざまなものがあるが、顧客から上場株式などの売買の依頼を受け、売買手数料を得る業務もその1つである。

　上場株式は株主や株主になりたいと思う投資家が直接証券取引所で売買できるものではない。証券会社を通じて、売り注文・買い注文を出してもらうことになる。証券会社は顧客の売買価格の指示に従って注文を出し、市場で買い手・売り手が見つかった場合、取引を成立させる。この場合、売り注文・買い注文は各証券会社が契約当事者として行うこととなり、顧客は売買契約の当事者とはならない（商552条1項）。もっとも、株式取引で出た売却益・売却損は、顧客が得る（受ける）ことになる。

　このように、問屋営業の場合、法律上の権利義務者と、実際に経済上の損益が帰属する者とが異なるため、制度が複雑になっている。

【指値遵守義務】

商品の売却先を探している A は問屋の B に対し、販売を委託した商品は 500 円以上でなければ絶対売らないでほしいと伝えた。B は買主を探したが、450 円以上の買い注文はなかった。B は 450 円で売買契約を締結することはできるだろうか。

　問屋は、委託者の指定した売買価格を守らなければならない。これを指値遵守義務と呼ぶ。特に株式投資家などが委託者の場合には、売買価格が最も重要な要素だからである。

　もっとも、委託者にとっては、指値が遵守されるのならば、誰が相手方であっても、誰が費用を負担しても構わないはずである。そこで商法は、問屋が指値より低い価格で売り、または高い価格で買った場合も、問屋自らその差額を負担するときは、委託者との間で販売・買入れの効力が生じるとする（商 554 条）。 Case 3-5 の場合は、指値である 500 円から実際の売却価格である 450 円を引いた 50 円を、B が負担すれば有効である。

【介入権】

A は、丙社株式を市場価格と同じ 1 株 500 円で買うよう、甲証券に買い注文を出した。甲証券は従来から丙社株式を保有しており、販売しても構わないと考えて、自ら A に売却した。この場合にも、甲証券は手数料を得ることはできるのだろうか。

　委託者にとっては売買価格が重要であり、売主・買主が誰かは問題で

はない。そのため、委託を受けた問屋が買主・売主となっても問題ない
はずである。もっとも、仮に問屋が自己に有利で委託者に不利な価格を
定められるのであれば、委託者の利益は害されてしまう。そこで商法は、
取引所の相場がある場合に、その相場によって価格が定まる場合に、問
屋が自ら買主・売主になれるものとした（商555条1項）。これを**介入
権**と呼ぶ。

　この場合も、問屋は自ら対象物の売買当事者として権利義務を負担す
るので、報酬請求権も通常通り発生する（商555条2項）。Case 3-6 の
甲証券も、Aから手数料を受け取ることができる。

第4章 運送・倉庫・場屋

第1節 運送営業

1. 運送営業の種類

　2018（平成30）年改正前商法は、運送営業において陸上運送（湖川・港湾を含む）を、海商編において海上運送を規定していた。改正後の商法は陸上・海上に加え、航空運送も運送営業に含めるとした（商569条）。もっとも、海上運送を海商編（商684条以下）で規定することには変わりがない。また、航空運送について網羅的な規定は設けられず、1999（平成11）年に採択されたモントリオール条約（正式名称は「国際航空運送についてのある規則の統一に関する条約」）などの国際条約が、これまでどおり直接日本国内にも適用される。

　商法は、運送営業に関する規定を、物品運送・旅客運送に分けて定めている。

| Chart 4-1 | 運送営業の種類

```
運送営業
 ├─ 陸上運送 ── 商行為法（運送営業）で規律
 ├─ 海上運送 ── 海商編で規律
 └─ 航空運送 ── 国際条約で規律
商行為法上の運送営業
 ├─ 物品運送営業
 └─ 旅客運送営業
```

2. 物品運送

Case
4-1

　京都在住のAは、宅配便業者であるB運輸に依頼して、東京在住のCに荷物を運送してもらうこととした。

① 契約上の当事者は誰だろうか。

② 運送賃はいつ、誰が支払うべきだろうか。

【契約者は誰？　支払うのは誰？】

　物品運送契約は、運送人が荷送人から物品を受け取り、運送して荷受人に引き渡すことを約し、荷送人が運送賃を支払うことを約する契約である（商570条）。Case 4-1 の契約当事者はAとB運輸であり、Cは契約の当事者ではない。運送賃は荷送人であるAが支払うのが原則である。また、運送賃は到達地における運送品の引渡しと同時に支払うのが原則である（商573条1項）。到達後の支払でなければ、運送賃を受け取ったB運輸が代金を受け取ったのみで運送義務を履行しないかもしれないからである。実際の物品運送で行われている発払（運送義務の履行前に荷送人が支払う）は、商法の規定とは異なる特約である。

　荷送人は運送人の請求により、送り状を記載して交付しなければならない（商571条1項）。

Case
4-2

　Case 4-1 の事案で、AがCに送った荷物の中身は、高価な宝石だった。しかしAは、送り状に正直に「宝石」と書くと運送料が高くなるのがいやで、品名には「雑貨」と記載した。荷物は他の通常の荷物と一緒にトラックで陸送されたが、ドライバーの脇見運転による事故で火災が起こり、宝石は無価値になってしまった。Aは

B 運輸に、いくら損害賠償を請求できるだろうか。

【高価品であることを知らせなかったら】

運送人は、運送品の受取りから引渡しまでの間に運送品が滅失・損傷等した場合は、損害賠償責任を負う（商575条本文）。運送人が、自己に過失がなかったことを立証できれば免責される（同条ただし書。損害額の算定方法について、商576条各項）。

しかし、貨幣・有価証券その他の高価品については、荷送人がその種類・価額を通知した場合（**高価品の明告**ということがある）以外は、運送人は損害賠償責任を負わない（商577条1項。例外につき同条2項各号）。高価品とわかれば、運送人は特別の運送賃で引き受けたり、保険をかけたり、そもそも引き受けないなどの対応が可能である。事故による損害のリスクは、高価品の価値を示さなかった荷送人が負うのである。Case 4-2 の A も、商法577条によっては B 運輸に損害賠償を請求することはできない。

 Case 4-3 Case 4-1 の事案で、A は、B 運輸に運送を依頼する際、「運送賃は到達地で C が支払ってくれる」と言った。そのため B 運輸は商品を運送し、到達地で C に運送賃を請求したところ、C は荷物を受け取ったのに「運送賃は A が支払う約束だった」と言って応じない。B 運輸はどうすればよいのだろうか。

【運送人は荷受人に請求できる】

荷受人は、運送品が到達地に到達した後は、荷送人と同一の権利を取得する（商581条1項）。荷受人が運送人に引渡しや損害賠償の請求を

した場合、荷送人はその権利を行使できない（同条2項）。その代わり、荷受人は、運送品を受け取ったときは、運送人に運送賃等を支払う義務を負う（同条3項）。いわゆる着払はこれに該当する。 Case 4-3 の場合は、商品を受け取ったCに運送賃の支払義務がある。

Case 4-4

AがB運輸と、Cへの物品運送契約を締結した。その後、B運輸の従業員が起こした交通事故で運送品が焼失した。ところが、AもCも、物品運送契約の債務不履行で請求できる損害賠償額が少額と思われるので、請求を2年間放置していた。その後、Aが心変わりをしてB運輸に損害賠償請求した場合、認められるだろうか。不法行為を理由とした場合はどうだろうか。

【債務不履行責任は時効で消滅する】

運送品の滅失等についての運送人の責任（商575条）は、引渡日（または引渡しがされるべき日）から1年以内に裁判上の請求がないときは消滅する（商585条1項）。法律関係の早期安定が目的であり、商行為の迅速性に基づく規定といえる。そのため、2年間も請求しなかったAは、債務不履行に基づく損害賠償請求はできない。

【不法行為で請求するとどうなるか】

一方、B運輸の従業員が交通事故を起こしたため、Aは運送品が焼失するという損害を受けている。これは民法の不法行為に該当する（民709条）。不法行為に基づく損害賠償請求権は、被害者が損害・加害者を知ったときから3年間で消滅時効にかかる（民724条1号）ため、不法行為に基づく請求はできそうである。しかし、同じ事故の損害賠償請求で根拠規定が違うだけなのに、請求の可否が正反対になり不均衡であ

る。そこで商法は、不法行為に基づく損害賠償請求についても、債務不履行の規定を準用している（商587条本文）。

Case 4-4 では、債務不履行に基づく損害賠償責任は時効により消滅しており、不法行為に基づく損害賠償責任も同様に扱われる。そのため、Aはいずれの請求もできない。

3. 旅客運送

Case 4-5　学生のAは、京都から東京まで格安の高速バス会社B社を使うことにした。B社の運賃が格安なのには理由があり、バスの設備が簡素であること、荷物を預からないことなど、徹底的に経費が削減されているからだった。Aの乗車中B社の従業員である運転手が居眠りをしたため交通事故を起こし、Aは重傷を負った。AがB社に損害賠償を請求したところ、B社は自社の運送約款に「乗客が傷害を被った場合、損害賠償額は100万円を限度とする」旨の定めがあるといって、残額の請求を拒否した。Aは何もできないのだろうか。

【生命・身体は厚く保護】

旅客運送では、事故によって旅客が生命・身体に損害を被るおそれがある。運送人は旅客に対し、損害賠償責任を負う（商590条本文）。物品運送と同じく、無過失を立証した場合は免責されるが（同条ただし書）、Case 4-5 の場合にはB社は無過失とはいえない。

では、B社が運送約款で Case 4-5 のような責任制限をしていた場合はどうだろうか。生命・身体の損害は物品の場合と異なり莫大な額になりうるし、被害者を救済する必要も高い。そこで商法は、旅客の生命・

身体の侵害による損害賠償責任を免除・軽減する特約を無効とする（商591条柱書。ただし震災の場合など、同条2項に例外が規定されている）。

Case 4-6 Case 4-5 の事案で、前回の事故に懲りたAは、サービスがよいことで評判の高速バス会社C社で再び旅に出た。ところがC社の従業員である運転手も脇見運転で交通事故を起こした。今回はAにけがはなかったが、スーツケースが車外に飛び出して大破してしまった。①スーツケースをトランクに預けた場合と、②車内に持ち込んだ場合とで、違いはあるだろうか。

【荷物の預け方で賠償も異なる】

Case 4-6 のように、手荷物は運送人に預ける場合と、自分で携行する場合とがある。①のような預け手荷物は、旅客が取扱いを運送人に委ねているので、自分で注意して保管することができない。そこで商法は、別途手荷物の運送賃を請求しないときでも、引渡しを受けた手荷物については物品運送人と同一の責任を負うとする（商592条1項）。つまり、過失がないことを立証できない限り、損害賠償責任を負う。

これに対し②のような持込手荷物の場合、旅客の交通機関内での取扱いが悪かったのかもしれないし、旅客自身が注意して保管することも可能である。そこで、旅客が運送人の故意・過失を立証できない限り、損害賠償責任を負わない（商593条1項）。

運送人に過失があるかどうかわからない場合、預け手荷物の場合は、運送人は損害賠償責任を負う。これに対し持込手荷物の場合は、運送人は損害賠償責任を負わない。民事訴訟法で主張・立証について勉強してから読み返してみると理解が進むだろう。

第2節　倉庫営業

【物を預かる寄託契約】

Case 4-7　　自転車を販売するＡは、営業所に売り物の自転車が入りきらなくなったので、倉庫で物品を預かる営業を営むＢに、商品を預かってもらうよう契約を結んだ。契約は、いつの時点で有効に成立するのだろうか。

Case 4-7 のＡとＢのように、一方当事者が他方当事者に物を預かってもらう契約を、**寄託契約**と呼ぶ（民657条）。2017（平成29）年改正前民法では、物の引渡しによって効力を生じる要物契約だったが、改正後の民法では、約束のみで効力を生じる諾成契約に変更された。

民法の寄託契約は、有償で行うことも無償で行うこともできる。これに対し、商法では寄託を引き受ける営業について規定する。寄託の引受けは営業的商行為に該当し（商502条10号）、これを専門とする営業を倉庫営業と呼ぶ（商599条以下）。

【倉庫の中の物を利用するためには】

Case 4-8　　Ａは、Ｂの倉庫に預けている売り物の自転車を担保にして、金融業者のＣからお金を借りたいと考えている。その場合、倉庫から自転車を取り出してＣに引き渡すのは面倒だが、何かよい方法はないだろうか。

倉庫営業者は、寄託者の請求により、寄託物の**倉荷証券**を交付しなければならない（商600条）。倉荷証券は寄託物の権利を表章する有価証券である（有価証券について詳しくは、**第4編第7章**参照）。 Case 4-8 の場合、AがBから倉荷証券を発行してもらうと、その倉荷証券は、Bから自転車を返還してもらう権利を表章している。

倉荷証券は裏書（**第4編第4章**参照）により譲渡・質入れすることができる（商606条本文）。 Case 4-8 のように、Aが自転車を金銭借入れの担保にしたい場合は、自転車を返還してもらってCに引き渡さなくても、倉荷証券を質入れすればよい。譲渡も同様にできるので、いちいち寄託物を取り出す必要がなく、商行為の迅速性に資することになる。

第3節　場屋営業

【人の出入りが重要な営業】

Case
4-9
商法は場屋営業という営業形態を定める。聞き慣れない言葉だが、どのような営業なのだろうか。

営業的商行為の1つとして、客の来集を目的とする場屋における取引がある（商502条7号）。場屋は建物といった程度の意味だが、客の来集とは、客の出入り自体が営業の重要な要素となっていることを示している。たとえば、ホテルやレストラン、カラオケ店やゲームセンターなどは、客が出入りすること自体が利益の源泉となっている。このような営業形態を総称して、**場屋営業**と呼んでいる。

商法では、場屋営業において寄託された物品の取扱いについて規定している（商595条以下）。

【寄託物の管理責任】

東京在住のＡは、Ｂが営む京都の旅館に泊まりに来た。旅館では宿泊する際に無償で手荷物を預かってくれるので、部屋に入る前に観光しようとスーツケースを預けた。ところが、管理がずさんだったスーツケースは何者かによって盗まれてしまった。無償で預かってもらった以上、Ａは泣き寝入りするほかないのだろうか。

　場屋営業者に限らず、商人がその営業の範囲内において寄託を受けた場合には、報酬を受けないときであっても、善管注意義務を負う（商595条）。民法の寄託契約では、有償で寄託を受けた者（受寄者）は善管注意義務を負うが（民400条）、無償の場合、自己の財産に対するのと同一の注意義務でよい（民659条）。商法で無償の場合でも注意義務が加重されているのは、営業本体において寄託者から利益をあげていると考えられるからである。

　また、 Case 4-10 のように、場屋営業者が物品の寄託を受けた場合には、不可抗力であったことを証明しない限り損害賠償責任を負う（商596条1項）。不可抗力とは、台風による20年ぶりの大雨のような、営業の外部から発生した出来事で、必要な予防手段を尽くしても防止できない危険とされている。

　 Case 4-10 の場合、スーツケースの管理についてＢには過失があると考えられるから、無償で預かっていてもＢは損害賠償責任を負う。また、寄託しない物品についても、場屋営業者は、客の携帯品の滅失・損傷について故意・過失がある場合には損害賠償責任を負う（商596条2項。旅客運送営業の持込手荷物と同様である）。

【責任を負わないと書けば大丈夫？】

Case 4-11　Bは、宿泊客が携帯している手荷物が頻繁にスリ・置引きにあうので、旅館のあちこちに「携帯している物品の管理にご注意下さい。盗難の場合には責任を負いかねます。」という張り紙をした。警備や管理のいい加減なBの旅館内で財布をすられたAは、やはり泣き寝入りするほかないのだろうか。

　客が場屋の中に携帯した物品につき責任を負わない旨を表示したときであっても、場屋営業者は、客から寄託を受けた物品・客の携帯品についての損害賠償責任を免れることができない（商596条3項）。Case 4-11 の場合も、Bは必要な程度旅館内の警備・管理をする責任があるから、張り紙をしたとしてもAに対して損害賠償責任を負うことになる。

　なお、物品運送営業と同様に、高価品については明告が必要である（商597条）。

第4編 手形法・小切手法

第 1 章 約束手形・小切手の仕組みと経済的機能

第1節　約束手形・小切手の仕組み

【小切手の仕組み】

　日々の買い物では、商品と引き換えに現金で支払が行われることが多い。ただ、現金を持ち運ぶには盗難や紛失の危険があるから、できれば代わりの手段を使う方が安全のために望ましい。私たちの普段の生活でも、クレジットカードや銀行の口座振込み、プリペイドカードや電子マネーなど、現金に代わって支払を迅速・簡便に行う方法が普及しているが、企業間の取引では、小切手や約束手形が現金の代わりに使われている（**支払の手段**）。

　電化製品の小売業者 A が卸売業者 B から 200 万円分の商品を仕入れる場合を考えてみよう。A が、売買代金の支払のために現金 200 万円を直接 B に持っていくのは不便であるし、盗難や紛失の危険もある。A は、あらかじめ支払資金を自分の取引銀行（甲銀行）に預けておき、自分の署名のある小切手を持ってきた人に対して、小切手に記載された金額を預金から支払ってくれるように頼んでおく。B に対しては、支払金額を記載し署名をした小切手を渡す。B が甲銀行に小切手を持っていけば、小切手と引換えに 200 万円を受け取ることができる（小切手については**第6章**で詳しく説明する）。

【約束手形の仕組み】

　小切手を利用すれば、支払を迅速・簡便に行うことができるが、そのためには手持ちの現金（預金）がなければならない。A は、いま現金がないとしても、B に支払を待ってもらうことができれば、商品を仕入れることができるだろう。そのためには、A は後できちんと支払ってくれると B に信用してもらう必要がある。約束手形は、支払を待ってもらう方法としても用いられる（**信用の手段**）。

| Chart 1-1 | 小切手の仕組み

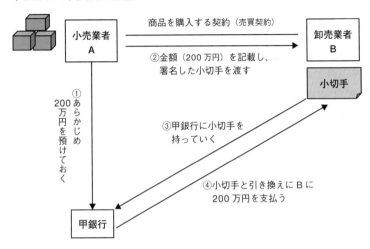

| Chart 1-2 | 約束手形の仕組み

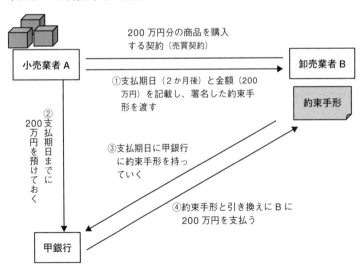

約束手形を利用するには、小切手と異なり、あらかじめ銀行口座に支払資金を入金しておく必要はない。Aは、Bに対して、「2か月後の『○年○月○日』（支払期日）に甲銀行の口座から200万円を支払います」と約束して、金額を記載し署名をした約束手形をBに渡す。Aは、支払期日までに甲銀行の口座に200万円を入金すればよい。Bは、支払期日に甲銀行を通じて200万円を受け取ることができる（手形の種類には約束手形のほかに為替手形もあるが、**第6章**で説明する）。

第2節　約束手形の経済的機能

【代金支払のための振出】

　企業を経営するには、自前で用意するにせよ、他から借り入れるにせよ、とにかく資金がいる。資金のやり繰りのため、企業間の取引（売買）は後払いとされることが多く、そのために約束手形を渡すことは、普通に行われている。約束手形を作成して相手に渡すことを「振出」というが、仕入れた商品の代金支払のために振り出される手形を**商業手形**と呼んでいる。

　商業手形は、後できちんと支払ってもらえるという信用力が高い。なぜなら、商業手形を振り出す買主は、仕入れた商品を転売するルートを確保していることが通常であり、比較的短い間に売買代金を回収して、手形の支払資金に充てることができるからである。

| Chart 1-3 | 商業手形の振出

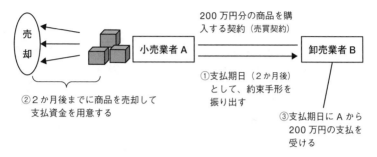

| Chart 1-4 | 手形割引

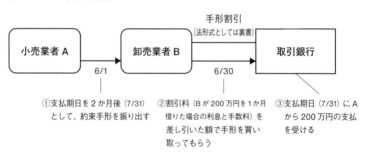

【手形を現金化する方法】

　商業手形は、売買代金の後払を可能にするが、これを受け取る売主にもメリットがある。たとえば従業員に給料を支払うときのように現金が必要となった場合、商業手形を受け取った売主は、これを取引銀行に買い取ってもらうことで、手形を現金化することができる。銀行は、商業手形の信用力を背景に、支払期日までの利息と手数料を割り引いた金額を対価として手形を買い取ってくれるため、これは**手形割引**と呼ばれている。

● 融通手形とはどういうものか

　売買契約のような裏付けがなく、金融のために振り出される手形がある。これを一般に**融通手形**と呼んでいる。特に中小企業では、経営が悪化すると、銀行から貸付を断られてしまうことがある。このとき資金繰りに窮した企業（B）が、取引先などの関係者（A）に頼み込んで約束手形を振り出してもらい、これを金融業者（C）に買い取ってもらうことで（手形割引）、経営に必要な運転資金を調達するというものである。

　融通手形の振出を受けたBは、融通手形を振り出したAとの間で、「支払期日までに支払資金を用意して渡します」といった約束をしているのが通常であるが、もともとBの経営は悪化しているため、その約束が守られることはほとんどない。それでもAは、Cやその後の手形取得者から手形金の支払を請求されたときは、人から頼まれて振り出したという理由で支払を拒むことはできない。Bの約束が守られなくとも、Aは手形金を支払わなければならないのだから、安易に融通手形を振り出すことは危険な行為といえる。

【借入金に対する振出】

　約束手形は、取引銀行から借入れをするために振り出されることもある。たとえばAが取引銀行から200万円を借り入れる場合、銀行との間で借用書を交わす代わりに（場合によってはそれとともに）、銀行に対して200万円の約束手形を振り出すのである。これを**手形貸付**という。手形貸付によると、借用書より印紙税（Aの負担）を安く抑えられるし、簡易な手続で銀行から融資を受けることができる。また、Aは支払期日までに何とか手形金を支払おうとするため（第3節**【不渡りを出したら】**参照）、銀行にとっては、借入金の返済を確実に行わせる効果がある。

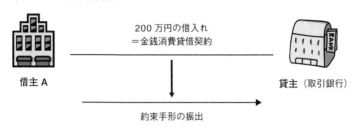

| Chart 1-5 | 手形貸付

200万円の借入れ
＝金銭消費貸借契約

借主A　　　　　　　　　　　　　　　　貸主（取引銀行）

約束手形の振出

第3節　手形・小切手と銀行取引

【手形・小切手と当座預金】

　手形・小切手が支払や信用の手段としての機能を発揮するためには、銀行取引と結びつくことが不可欠である。銀行口座を使えば、手形・小切手に関わる一切の事務は銀行が行ってくれる。

　そのため企業は、あらかじめ銀行と**当座勘定取引契約**を締結する必要がある。当座勘定取引契約とは、支払資金を銀行に預かってもらい、手形・小切手の支払を行ってもらうことを主な内容とする契約である（小3条参照）。この契約に基づき銀行に預けられた資金を当座預金という。当座預金口座が開設されると、企業はその銀行から**統一手形用紙**や統一小切手用紙（全国銀行協会が規格・様式を定めた用紙）を購入する。この用紙には、支払場所である契約先の銀行店舗（たとえば甲銀行乙支店）が印刷されており、そこに開設された当座預金口座から、手形・小切手の支払が行われることになる。当座預金口座を開設するには、手形・小切手の支払ができる企業であるかどうか、銀行の審査を受けなければならない。

【手形交換所の役割】

　企業が手形・小切手を受け取ったときも、当座預金口座が利用される。企業は、当座預金口座を開設した銀行に手形・小切手の取立てを依頼し（取立委任裏書。**第4章第1章4**）、その口座に手形・小切手の支払を受けることになる。しかし、取立てを依頼された銀行が、支払場所とされている銀行に手形・小切手を持っていくのは不便であるし、紛失や盗難の危険もある。また、自分が支払場所となっている銀行は、よその銀行から手形・小切手の取立てを受けることになるから、そのための支払資金も準備しなければならない。

　そこで、これを一挙に行うため、各銀行は、取立てを依頼された手形・小切手を決まった時間に手形交換所に持ち寄って、自分が支払場所となっている手形・小切手と交換し、銀行別に支払金額（支払を請求される額）の総額と受取金額（支払を請求する額）の総額を算出して、その差額を日本銀行にある各銀行の口座を通じて決済することとしている（**手形交換**）。これにより、手形・小切手を運ぶのは1回でいいし、用意する資金も差額だけで済む。なお、手形交換所は、手形交換に参加する銀行の合意に基づき、各地の銀行協会によって運営されている仕組みであって、手形法・小切手法上の制度ではない。

| Chart 1-6 | 手形交換

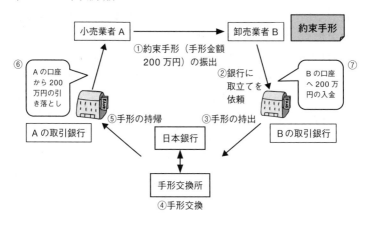

【不渡りを出したら】

　手形交換所を通じて支払を請求された手形・小切手が、残高不足など
の理由で支払拒絶となることがある（**不渡り**）。このとき手形交換所は、
不渡りとなった手形・小切手を振り出した企業を不渡報告に記載して、
手形交換に参加しているすべての銀行に通知する。6か月以内に2回、
資金不足を理由とする不渡りがあると、その企業は**銀行取引停止処分**に
処せられる。これは、以後2年間、取引銀行だけでなく、すべての銀
行との間で、当座預金を使った取引や借入れができなくなる処分である。
特に中小企業は、事業に必要な資金の調達を銀行からの借入れに頼って
いることが多いため、この処分を受けると、事実上、事業の継続ができ
なくなるという厳しい処分となる。

【手形・小切手の信用を維持するには】

　手形・小切手は、きちんと支払ってもらえると信用できるものでなけ

れば、安心して取得することはできない。そこで、手形・小切手の支払を確実にするために、いくつかの制度が存在している。まず、上述した手形交換所による銀行取引停止処分がある。この処分を避けようと、企業は何としても手形・小切手の支払をしようとするため、この制度は手形・小切手の信用維持のために大きな効果を上げている。さらに、民事訴訟法では**手形訴訟・小切手訴訟**という特別の訴訟形態が認められている。これによると、通常の民事訴訟より簡単・迅速に手形・小切手の支払を請求できる。

　また、手形法・小切手法自体にも、支払を確実にするための制度が存在している。たとえば、手形の所持人は、振出人が支払を拒絶したときは、手形の流通過程に存在するもとの権利者（裏書人）に対して手形金その他費用の支払を求めることができる（遡求。**第5章第2節2**）。このほかにも手形法・小切手法には、取引の安全に配慮した制度（善意の手形取得者の保護。**第4章第2節**）や簡易・迅速に支払の請求や支払ができるようにするための制度（所持人の権利推定〔**第4章第1節【裏書の連続は裁判で役立つ】**〕、善意支払による免責〔**第5章第1節【善意支払による免責】**〕）が多く存在するが、これらも根本的には支払の確実性に向けられているといってよい。これらの制度が認められることで、支払が受けられると信用して手形・小切手を取得できるようになるからである。

第2章　　約束手形総論

第1節　約束手形の流通

【約束手形の作成】

　約束手形とは、振出人が受取人に対して、一定の日（支払期日のことであるが、法律上は「満期」という）に一定の金額（手形金額）を支払うことを約束する証券である（手75条）。

　約束手形を振り出すには、手形法が定める記載事項（**手形要件。第3章第1節2参照**）をすべて記載しなければならない。もっとも、統一手形用紙には、一部の手形要件はあらかじめ印刷されているから、実際は、空欄になっている部分に必要事項を記載していけばよい。

| Chart 2-1 | 約束手形

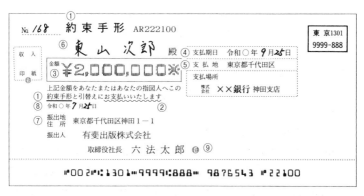

①約束手形文句　②支払約束文句　③手形金額　④満期　⑤支払地　⑥受取人の名称
⑦振出地　⑧振出日　⑨振出人の署名

【振出には原因がある】

　手形を振り出すときは、その原因となっている法律関係が存在してい

るのが通常である。たとえばAがBから商品を仕入れるにあたり、売買代金200万円を支払うことを約束する。これに基づき、AはBに対して、満期を2か月後とする約束手形を振り出す。約束手形の振出のような法律関係を**手形関係**といい、振出の原因となっている法律関係（売買契約）を**原因関係**という。

それでは、手形関係は原因関係にどのような影響を及ぼすのだろうか。これは、当事者の意思によって決まると考えられている。たとえば原因関係上の代金債務を消滅させるために手形が振り出される場合（このような振出の目的を「支払に代えて」という）には、Bは、手形関係に基づき手形金の支払を請求することになる。もっとも通常は、手形は銀行で支払われるものとして振り出されるから、まずは手形によって手形金の支払を請求し、手形が不渡り（第1章第3節【不渡りを出したら】）になったときには、原因関係上の代金債権を行使できると合意されていることが多い（このような振出の目的のことを「支払のために」という）。この場合、Bは、手形金が支払われないときには、原因関係に基づき売買代金の支払を請求できる。

なお、2つの法律関係があるからといって、手形金と売買代金の両方を受け取ることができるわけではない。

【手形上の権利が生まれるとき】

約束手形を振り出すとき、振出人Aは、受取人Bに対して、手形金額200万円を支払う意思表示をしている。これに基づき、AはBに対して、200万円の手形金支払義務（手形債務）を負う。Bの側からみれば、BはAに対して、200万円の手形金支払請求権を取得していることになる。

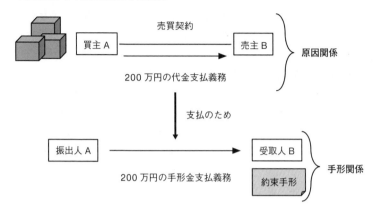

| Chart 2-2 | 原因関係と手形関係

【手形を譲渡するには】

　Bは、Aが振り出した手形を満期まで所持し、手形金の支払を請求することができるが、満期まで待たずに、他の取引の支払のために手形を譲渡したり、手形割引によって手形を現金化してもよい。手形の譲渡は、**裏書**（第4章第1節）という方法により、手形の譲受人を次の権利者として指定することによって行われる。裏書によって手形を譲渡する人を**裏書人**、裏書によって次の権利者として指定された人のことを**被裏書人**という。

【手形の譲渡には責任を伴う】

　AがBに対して振り出した約束手形が、BからCへと裏書譲渡されたとする。Cが満期に手形金の支払を請求したにもかかわらず、Aに支払を拒絶され、支払を受けられなかったときには、裏書人Bに対し、支払を担保する責任（Aが手形金を支払わないときには、Bが支払う責任）を追及できる（手77条1項1号、15条1項。以下、本編においては、為替

手形に係る規定を約束手形に準用するための条文の引用は省略する）。この責任は、支払を確保して手形の流通を促進するため、法が特に認めた責任であると考えられている（法定の担保責任）。

【支払によって権利は消滅する】

　手形の裏書を受けた C は、満期に支払呈示をして（**第5章第1節【支払のための呈示】**参照）、手形金の支払を請求することができる（38条1項）。これに対して、A が手形金を支払えば、すべての手形債務は消滅する。A が手形金を支払わないときには、C は、裏書人 B の担保責任（15条1項）を追及して、B に対して支払を請求することができる（遡求。**第5章第2節**参照）。

│Chart 2-3│手形の流通と権利行使

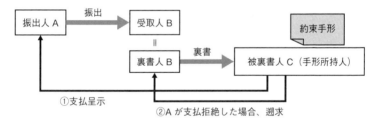

第2節　手形行為

1. 手形行為の特性

【振出や裏書に共通する特性】

　手形の振出や裏書は**手形行為**と総称される（保証〔手 30〕も含まれる）。いずれも、債務負担や譲渡の意思表示を中核とする法律行為にあたるが、以下のように、手形行為には一般の法律行為とは異なる特性が認められる。

(1)　書面性・要式性

　まず手形行為は、紙（手形）の上になされなければならない（**書面性**）。紙と切り離して意思表示を行うことはできないのである。また、たとえば手形を振り出すときは「いつ・どこで・誰が・誰に・いくらの金額を支払うのか」を記載しなければならないことが、手形法に定められている（手形要件。**第3章第1節2**参照）。手形行為は、法律の定める方式に従って行わなければならないのである（**要式性**）。手形は流通することが予定されているため、一見して手形かどうか、どのような内容の手形かを明確にする必要があるからである。

(2)　無因性

　手形行為は、原因関係から切り離され、原因関係の存否や有効・無効に影響を受けないものとされている（**無因性**）。たとえば A が、売買代金の支払のために B に対して約束手形を振り出したが、その後、売買契約は解除されたとする。この場合でも、手形の振出は有効である。したがって、事情を知らずに B から手形の裏書を受けた C が、満期に手

形金を請求してきたときは、Aは、手形金の支払を拒むことはできない（手17条）（人的抗弁の切断。**第4章第2節2**参照）。

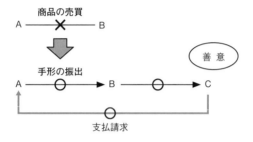

|Chart 2-4| 手形行為の無因性（人的抗弁の切断）

（3）文言性

手形行為は書面の要式行為であるため、手形行為により生ずる権利の内容も、手形の記載に従って決定される。これを手形行為の**文言性**という。たとえば、振出日を「○年3月20日」として記載された手形は、実際に振り出したのが同月10日であったとしても振出は有効であり、手形上の記載の方が基準となる。

もっとも、手形に記載された文言自体の解釈にあたっては、字句や文言の形式に必要以上に拘ることなく、一般の社会通念に従って合理的に解釈すべきである。たとえば、平年の「2月29日」を満期として記載された手形は、平年には2月29日は存在しないのだから、「2月末日」を満期とする手形と解してよい（最判昭和44・3・4民集23巻3号586頁）。

（4）手形行為独立の原則

AがBに対して振り出した約束手形が、BからCへと裏書譲渡され

たが、Aの振出がAの未成年を理由として取り消された（民5条）とする。Aの振出は取消しにより無効であるから（**3**参照）、Cは、Aに対して手形金の支払を請求することはできない。しかし、BからCへの裏書は有効であって、CはBに対して遡求権を行使することができる。これは、1つの手形になされた各個の手形行為は、それぞれ独立して効力を生じ、先行する手形行為の有効・無効によって影響を受けないからである（手7条）。これを手形行為の独立性または**手形行為独立の原則**という。

│ Chart 2-5 │ 手形行為独立の原則

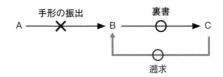

2. 署名と手形の交付

【署名は絶対必要です】

振出でも裏書でも、すべての手形行為において共通して必要となるのが署名である。署名とは、本来、自己の名称を手書きすることをいうが（自署）、我が国では印鑑の慣習が普及していることから、記名捺印も署名と認められている（手82条）。署名に用いるべき名称は、手形行為者を識別できる名称であればよく、芸名や通称でも構わない。

株式会社のような法人が手形行為をする場合には、「○○株式会社」と記載して会社印と代表取締役印を押捺するのみでは手形行為は成立しない（最判昭和41・9・13民集20巻7号1359頁【手形小切手百選2事件】）。法人は自ら行為することができないのであるから、「○○株式会社代表

取締役△△」のように、法人のためにすることを示して、法人の代表者が署名する方式で行わなければならない。

【手形の交付がないときは】

　手形の振出は、振出人が手形を作成して、これを受取人に交付するという形で行われるが、この過程のどの時点で振出が成立するのだろうか。たとえば、振出人が手形を作成して署名し机上に置いていたところ、この手形が何者かに盗まれて、さらに善意の所持人の手に渡ってしまったような場合に、振出人の手形債務は成立しているかという問題である（手形理論）。

　学説は分かれているが、**交付契約説**という立場によると、手形行為も契約であって、振出人Ａが手形を受取人Ｂに交付して手形債務を負担する旨の意思表示を行い、Ｂが手形を受領して手形上の権利者となることを承諾することによって手形債務が発生すると考える。この説によれば、手形に署名だけして盗取された場合（手形の交付がない場合）には、手形債務は成立していないから、Ａは手形上の責任を負わないはずである。しかし、それでは取引の安全が害されてしまうため、**権利外観理論**で補充することで、Ａの手形上の責任を認めていこうとする。

【外観を作り出したら責任を負う】

　権利外観理論とは、手形上の権利が存在するかのような外観を作出した者（帰責性がある者）は、外観を信頼して手形を取得した者に対して、手形上の責任を負うという考え方である。①外観の存在、②外観作出についての帰責性、③外観への信頼、という３つの要件から成り立つ。①外観の存在とは、署名のある手形が存在していることである。③外観への信頼とは、交付がないまま流通した手形であるということについて、取得者に悪意または重過失がないことである。②外観作出についての帰責性は、どのような場合にこれが認められるのかには議論があるが、手

形を作成して署名したことで足りると解するのが学説の多数である。

| Chart 2-6 | 権利外観理論

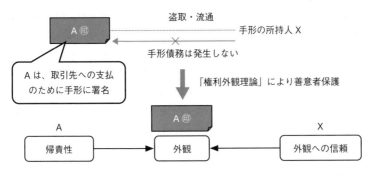

盗取・流通

手形の所持人 X

手形債務は発生しない

A は、取引先への支払のために手形に署名

「権利外観理論」により善意者保護

A 帰責性 → 外観 ← 外観への信頼 X

A は X に対して外観どおりの責任を負う（X は A に対して手形金の支払を請求できる）

【判例の立場】

　判例は、手形を作成し署名して机上に置いていたところ、何者かに手形が盗取され、流通したというケースについて、「手形の流通証券としての特質にかんがみれば、流通におく意思で約束手形に振出人としての署名または記名押印をした者は、たまたま右手形が盗難・紛失等のため、その者の意思によらずに流通におかれた場合でも、連続した裏書のある右手形の所持人に対しては、悪意または重大な過失によって同人がこれを取得したことを主張・立証しないかぎり、振出人としての手形債務を負うものと解するのが相当である」と判示している（最判昭和 46・11・16 民集 25 巻 8 号 1173 頁【手形小切手百選 8 事件】）。この判決は、手形に署名をしたことに帰責性を認める権利外観理論に拠ったようにも思える。もっとも、これが特定の手形理論に拠ったものであるのかについて、学説の見解は一致していない。

3. 意思表示

【子どもが手形を振り出したら】

　正常な判断能力を欠く状態にある者（意思無能力者）がした手形行為は無効である（民3条の2）。また、たとえば、未成年者（制限行為能力者）が法定代理人の同意を得ずにした手形行為は、取消しにより初めから無効なものとみなされる（民5条、121条）。このような手形行為者は、受取人に対してだけでなく、その後のすべての手形取得者に対して、手形上の責任を負うことはない（物的抗弁。**第4章第2節2**参照）。手形取引の安全より意思無能力者や制限行為能力者といった社会的弱者を保護する要請の方が高いと考えられるからである。

【手形金額を書き間違えたら】

　たとえば錯誤により、1500万円のつもりが150万円と誤記して約束手形が振り出されたような場合、振出人は手形債務を負うのだろうか。手形は流通することが予定されているから、手形取引の安全をどのように保護するかが問題になる。判例や学説では、原則として民法の意思表示に関する規定（民93条〜96条）が適用されることを認めつつ、善意の第三者を保護する規定がない場合には（権利外観理論に基づき）民法の規定を修正して善意の第三者を保護すべきとする見解（修正適用説）や、手形であることを認識して署名すれば手形行為は有効に成立するが、悪意の取得者が手形金を請求してきた場合には支払を拒むことができるとする見解（適用否定説）などが主張されている。

4. 手形の偽造・変造

【他人による手形行為】

手形行為は、本人がなすのが原則であるが、他人に依頼することもできる。そのような方法としては、手形上に本人のためにすることを示して、代理人自身が署名をする方法（**代理方式**）がある。また、このような方式によらずに、手形行為を依頼された者（代行者）が、本人に代わって直接に本人名義の署名をする方法（**機関方式**）も認められている。

| Chart 2-7 | 代理方式と機関方式

＜代理方式＞　　　　　　　　　　　＜機関方式＞

約束手形	約束手形
B 殿	B 殿
￥1,000,000※	￥1,000,000※
振出人　A 代理人 P（P㊞）	振出人　A（A㊞）

＊PがAの署名を代行

　代理方式で手形行為がなされたが、手形行為の代理人として署名したPに権限がなかった場合には、無権代理となる。この場合には、手形行為の効果は本人Aに帰属しないのが原則であるが、本人が無権代理による手形行為を追認した場合（民113条1項）や表見代理が成立する場合（民109条、110条、112条）には、本人Aが手形上の責任を負う。また、手形の流通を保護するため、無権代理人の責任が法定されている（手8条）。

【署名が偽造されたら】

　他人の名義を勝手に用いて手形行為をすると、手形の**偽造**になる。機関方式で手形行為がなされたが、Pが権限なくA名義の署名を作り出

していた場合がこれにあたる。被偽造者Aは自身の手形行為は存在しないから、被偽造者は手形上の責任を負わないのが原則であるが、判例は、偽造の手形行為も追認できるとし（最判昭和41・7・1判時459号74頁【手形小切手百選16事件】）、また、表見代理の規定の類推適用（最判昭和43・12・24民集22巻13号3382頁【手形小切手百選13事件】）により、被偽造者の責任を認めている。偽造者Pも手形上に自分の署名をしたわけではないが、判例は、手形法8条の類推適用により偽造者の責任を認める（最判昭和49・6・28民集28巻5号655頁【手形小切手百選17事件】）。

【手形の内容が勝手に書き換えられたら】

　手形行為の内容を権限なく変更することを手形の**変造**という。偽造は手形行為の主体を偽るものであるのに対し、変造は手形行為の内容を偽るものといわれる。たとえば、AがBに対して手形金額100万円の手形を振り出したところ、BがAに無断でこれを1000万円と改ざんして、Cに裏書譲渡したような場合が変造にあたる。

　手形法69条は、変造が行われた場合の手形行為者の責任を明らかにするため、変造後の署名者は、変造された文言に従って責任を負い、変造前の署名者は、原文言（変造前の文言）に従って責任を負うことを定めている。上記の例でいえば、Bは変造者であるが、変造された文言に従って署名したのだから、1000万円の遡求義務を負う。手形行為者が行為の時に手形に記載された内容に従って責任を負うのは当然であろう。これに対してAは、変造前の文言に従って署名したのだから、後に手形金額が変造されても、変造後の手形金額の債務を負担する理由はない。したがって、Aは100万円の手形金支払義務を負うだけである。

| Chart 2-8 | 手形の変造

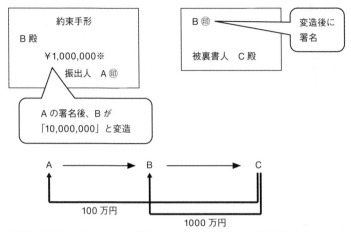

変造後の署名者であるBは、所持人Cに対して1000万円の遡求義務を負い、
変造前の署名者であるAは、100万円を支払う義務を負う

第3章　約束手形の振出

第1節　振　出

> **Case
> 3-1**　　電化製品の小売業者 A は、取引の決済に手形を利用しようと考
> えて、銀行で当座預金口座を開設した。A が今後、手形を振り出す
> とき、統一手形用紙のどこに何を記載しなければならないだろうか。

1. 手形の記載事項

【最初に約束手形を作るとき】

　約束手形の振出は、振出人が約束手形を作成して、受取人に交付することで行われる。振出人の作成する手形は、その後になされる手形行為（裏書など）の基礎となるので、**基本手形**と呼ばれている。

　基本手形の記載事項は、**手形要件**とそれ以外の記載事項とに分けることができる。手形要件は、約束手形として成立するために必ず記載しなければならない**必要的記載事項**（絶対的記載事項）である（手75条）。手形を取得しようとする者が有効な手形であるか否かを確認できるようにするため、最低限記載しなければならない事項が手形法に定められているのである（手形行為の要式性。**第2章第2節1 (2)** 参照）。手形要件を欠く手形は、原則として手形としての効力は認められず、無効な手形となる（手76条1項本文）。

【書いてもよい事項、書いてはいけない事項】

　手形要件以外の記載事項については、手形に記載してよいか否かが厳格に区別されている。

まず、手形法により、手形に有効に記載できることが認められている記載事項がある（**有益的記載事項**）。支払場所として銀行店舗（たとえば甲銀行乙支店）を記載するような場合がこれにあたる（第三者方払文句。手4条。**第1章第3節【手形・小切手と当座預金】**参照）。統一手形用紙では始めから支払場所として銀行店舗が印刷されているが、これは有益的記載事項であって手形要件ではない。したがって、かりに支払場所の記載がなかったとしても、そのことで手形が無効になることはない。

次に、手形に記載しても無視される記載事項がある（**無益的記載事項**）。たとえば振出日を「○年2月1日」、満期を「○年4月30日」とする確定日払の手形（2（4））に、手形金額に満期まで一定利率の利息を付す旨の文句（利息文句）が記載されていても、書いていないものとみなされる（手5条1項後段）。確定日払の手形では、はじめから3か月分の利息を上乗せした額を手形金額として手形を振り出すことができるため、利息文句の記載を認める必要はない。

さらに、記載すると手形自体を無効にしてしまう記載事項がある（**有害的記載事項**）。たとえば手形法は法定された満期以外の満期や分割払の記載を禁じているので（手33条2項）、これに反する記載がされると、手形は無効となる。

2. 手形要件

【必ず記載しなければならないのは】

約束手形の手形要件は、手形法75条によると、①約束手形文句、②支払約束文句、③手形金額、④満期、⑤支払地、⑥受取人の名称、⑦振出地、⑧振出日、⑨振出人の署名、の9つである（**第2章第1節【約束手形の作成】**参照）。 Case 3-1 では、Aは統一手形用紙を利用しているため、実際には③④⑥⑦⑧⑨を記載すればよい。

(1) 約束手形文句、支払約束文句

約束手形として成立するためには、証券の文言中に約束手形であることを示す文字を記載しなければならない（約束手形文句）。「約束手形」という標題を記載するだけでなく、本文中にも**「約束手形」**に支払うことが記載されていなければならないが、統一手形用紙にはいずれもすでに印刷されているため、問題になることは少ない。また、約束手形には、一定金額を支払う旨の単純な約束を記載しなければならない（**支払約束文句**）。条件付の支払を約束するような記載は、単純な約束とはいえないので、有害的記載事項となる。

(2) 支払地、振出地

支払地とは、手形金額の支払がなされるべき地域のことをいい、独立の最小行政区画（市町村。東京都は区を含む）のことと解されている。手形は流通することが予定されているから、支払地の記載を手掛かりに、所持人が手形の履行場所を容易に探し出せるようにしているのである（民520条の8参照）。もっとも、通常は、支払場所である銀行店舗の存在する独立の最小行政区画が支払地として統一手形用紙に印刷されるため、実際に問題になることは少ない。

振出地（手形が振り出されたものとして手形上に記載された土地）については議論があるものの、判例は、独立の最小行政区画を記載することを要求している（大判明治34・10・24民録7輯9巻122頁）。なお、振出地の記載がなくとも、振出人の名称に付記された地（**肩書地**）があれば、これが振出地とみなされるため（手76条4項）、無効な手形にならずにすむ。統一手形用紙では、振出地と住所の表示を近接させることによって、振出人の名称の上に住所印を押印すれば、振出地の要件が充足するようになっている。

(3) 手形金額

手形金額として、一定の金額を記載する必要がある。手形金額の選択的記載（100万円または200万円）や重畳的記載（100万円と200万円の合計額）は、手形金額の一定性を害するため、手形を無効にする。

選択的記載や重畳的記載とは異なり、手形金額が文字（「金百万円」）と数字（「¥1,000,000」）の両方で記載されることがある。このとき両者の金額が違っていると、どちらが手形金額であるかが確定せず、手形が無効となるおそれがある。そこで手形法は、文字および数字をもって異なる記載がされている場合には、文字で記載された金額が手形金額となり（手6条1項）、文字同士または数字同士で異なる金額が記載されている場合には、最小の金額が手形金額となることを定めている（同条2項）。文字と数字とでは、文字の方が慎重に記載すると考えられ、文字同士または数字同士で記載があるときは、変造（**第2章第2節4**）の疑いがあるから、小さい方の額にしておくのがよいと考えられるためである。

判例には、金額欄に「壱百円」と記載され、その上段に「¥1,000,000」と記載されている約束手形について、「壱百円」は文字による記載にあたるとして、手形金額は100円であると判示したものがある（最判昭和61・7・10民集40巻5号925頁【手形小切手百選38事件】）。

(4) 満　期

満期とは、手形の記載上、手形金額が支払われるべき日のことをいう。実務上、**支払期日**と呼ばれている。手形法は、満期について、次の4種類のみを認めている（手33条1項）。

確定日払とは、「○年○月○日」のように確定された日を満期とするものをいい、通常はほとんどが確定日払である。振出日より前の日付を満期とする手形は、手形要件の記載がそれ自体として不能・矛盾するものであるため、無効となる（最判平成9・2・27民集51巻2号686頁【手形小切手百選20事件】）。

日付後定期払とは、「日付後3か月」というように、手形上に記載された振出の日付（振出日）から一定期間が経過した日を満期とするものをいう。実質的には確定日払と異ならない。**一覧払**とは、支払呈示（第5章第1節1）がされた日を満期とする手形をいう。要求払ともいう。**一覧後定期払**とは、「一覧後10日」のように、一覧のために手形が呈示された後、一定期間を経過した日を満期とするものをいう。

一覧払または一覧後定期払の手形は、満期が無制限に延ばされることがないように、振出日から1年以内に手形を呈示しなければならない（手34条1項、23条、78条2項）。

(5) 振出日

振出日とは、手形が振り出された日として手形に記載された日をいう。日付後定期払の手形の満期を定めるため、一覧払や一覧後定期払の手形の呈示期間を定めるために必要とされる。

確定日払の手形では、振出日は、手形上の権利内容や行使時期を確定するためには必要ではないから、手形要件ではないと解する学説もある。しかし判例は、手形法が満期の種類を問わず一律に振出日の記載を要求していることから、「画一的取扱いにより取引の安全を保持すべき手形の制度としては、特段の理由のないかぎり法の明文がないのに例外的取扱いを許すような解釈をすべきではない」として、振出日も手形要件であるとする（最判昭和41・10・13民集20巻8号1632頁【手形小切手百選39事件】）。

(6) 受取人の名称、振出人の署名

約束手形の振出における当事者として、振出人の署名（第1章第2節2）のほか、手形の振出を受ける最初の権利者として、受取人の名称が記載されなければならない。

第2節　白地手形

【白地手形とはどのようなものか】

　手形要件を欠くと、原則として無効な手形となるため、そのような手形を取得しても、手形金の支払を請求することはできないはずである。ところが取引の実務では、あえて手形要件を空欄のままで振り出し、後からこれを補充させたいというニーズがある。そこで商慣習法上、後日所持人に補充させる意思で、手形要件の全部または一部をことさらに記載しないで手形を振り出すことが認められている（大判大正10・10・1民録27輯1686頁）。一般に**白地手形**と呼ばれている。

　白地手形の例として、振出日を白地とするものがある。振出日から満期までの期間が長いと振出人の資金操りが苦しいと疑われるため、振出人の信用状態を隠すために使われる。

　白地手形は、要件が補充されるまでは未完成な手形であって、要件が補充されると手形として完成する。未完成の白地手形（未完成手形）と、手形要件を欠く無効な手形（無効手形、不完全手形）とは異なるものとされている。

| Chart 3-1 | 白地手形

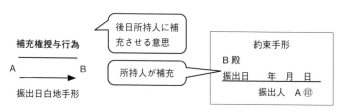

【白地手形のみわけかた】

　未完成の白地手形も手形要件を欠く無効な手形も、手形上には空欄があるため、見た目は同じになる。両者の違いは、振出人として署名した者に「後日、他人をして手形の要件の一部または全部を補充させる意思」があったか否かの点にある（主観説）。すなわち、白地手形が成立するには、①手形に署名があること、②手形要件の全部または一部が欠けていること、③署名者に後日所持人に補充させる意思があること（補充権授与契約）、が必要になる。

【空欄のままだと権利行使できない】

　白地手形は未完成の手形であって、まだ手形ではないから、その流通に手形法が直接適用されるわけではない。しかし、商慣習法により、手形と同様の方法で譲渡することが認められている。したがって、受取人の記載のある白地手形は裏書によって譲渡することができ、また、受取人が白地のときは単なる交付によって譲渡することができる（最判昭和33・12・11民集12巻16号3313頁）。

　これに対して、権利行使の面では、白地手形のままでは手形上の権利を行使することはできない。手形としての効力を有するには、欠けている手形要件が補充されなければならない。白地手形のままなされた支払呈示（**第5章第1節**）は無効であって、支払呈示期間経過後に行われた補充によって、その呈示が遡って有効となることはない（最判昭和33・3・7民集12巻3号511頁）。

【白地手形の不当補充】

　白地手形に振出人として署名した者（A）から補充権を与えられた者（B）が、あらかじめなされた補充権授与の合意と異なる補充をした場合（不当補充）にはどうなるだろうか。手形の取得者は、不当補充であっても、手形の記載を信頼して取得するのが通常である。そこで手形法

10条は、白地手形の署名者は、不当補充がされたときでも、所持人に悪意または重過失がない限り、手形上の責任を負う旨を定めている。

　たとえばAがBに対して手形金額を最大500万円と記載する補充権を与えていたが、Bが1000万円と補充をした場合、そのような手形を取得したCに悪意または重過失がない限り、AはCに対して1000万円を支払わなければならない。

| Chart 3-2 | 白地手形の不当補充

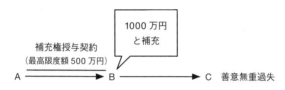

　なお、Bが白地を補充しないまま、一定の補充権があることを示してCに手形を裏書譲渡し、それを重過失なく信じたCが自ら白地を補充したが、その内容が補充権の範囲外であった場合についても、判例は手形法10条の（類推）適用を肯定している（振出日白地の小切手につき、最判昭和36・11・24民集15巻10号2536頁【手形小切手百選44事件】、受取人白地の事案につき、最判昭和41・11・10民集20巻9号1756頁）。

第4章　　約束手形の裏書

第1節　裏　書

1. 裏書とは

Case 4-1　電化製品の卸売業者Bは、電化製品の小売業者Aに対して、テレビ10台（総額300万円）を販売したところ、振出人をA、受取人をB、満期を2か月後とする額面300万円の約束手形を受け取った。Bは、今後、この手形をどのように利用できるだろうか。

【なぜ裏書という制度が必要なのか】

　企業間の取引（売買）は、後払で行われることが多い。支払期日の前に現金が必要になった売主は、代金債権そのものを第三者に譲渡することで、これを現金化することもできる。しかし、それには原則として民法の債権譲渡の手続（債務者への通知または債務者の承諾。民467条）をとる必要がある（**第7章【有価証券とは】**参照）。これに対して、売主が手形を受け取っていた場合には、手形に裏書をして相手に交付するだけで、手形を譲渡することができる。また、手形には、手形取引の安全を図り、支払を確実にするための諸制度が認められている（**第1章第3節【手形・小切手の信用を維持するには】**）。

　Case 4-1 について、Bは、満期まで待って、Aに対して手形金の支払を請求してもよいが、満期を待たずに、たとえば取引先Cに対する売買代金を支払うため、Cに手形を裏書譲渡することもできる。あるいは、満期前に銀行に手形割引を依頼して、手形を現金化することもできる（手形割引。**第1章第2節【手形を現金化する方法】**参照）。手形の譲渡を目

的として行われる裏書を、**譲渡裏書**と呼んでいる。

| Chart 4-1 | 譲渡裏書

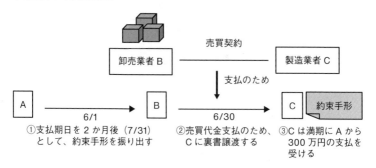

①支払期日を2か月後（7/31）として、約束手形を振り出す ②売買代金支払のため、Cに裏書譲渡する ③Cは満期にAから300万円の支払を受ける

【裏書は手形の本質的要請】

　統一手形用紙には「一定金額をあなたまたはあなたの指図人にこの手形と引き換えにお支払いします」という指図文句が印刷されている。ここでいう「あなた」とは、手形の受取人であるBのことであり、「あなたの指図人」とは、Bが次の権利者として指定した者（C）のことである。振出人Aが、受取人BまたはBが指図したCに支払うことを約束しているから、これは手形が裏書によって譲渡できることを表している。

　もし手形に指図文句が記載されていなかったとしても、手形は裏書によって当然に手形を譲渡できることが手形法で定められている（手11条1項）。

【裏書の方式】

　裏書をするには、手形または手形に結合した紙片（補箋）に、裏書人が署名をしなければならない（手13条1項）。加えて裏書文句（「表記金額を下記被裏書人またはその指図人へお支払いください」）と被裏書人が記

| Chart 4-2 | 裏書

載された裏書を**記名式裏書**という。これに対して、裏書文句はあるが、被裏書人の記載がないものを**白地式裏書**という（同条2項前段）。白地式裏書を手形の裏面または補箋にするときは、指図文句を記載しなくてもよい（同項後段）。実際には裏書は手形の裏面になされている。

【担保責任を負いたくないときは】

裏書人は担保責任を負うのが原則であるが（手形の譲渡には責任を伴う。**第2章第1節**参照）、裏書人が支払を担保しない旨（無担保文句）を記載すれば担保責任を免れることができる（手15条1項の「反対の文言」）。これを**無担保裏書**という。また、その後の裏書を禁止する旨（裏書禁止文句）を記載してなされた裏書（**裏書禁止裏書**）の場合には、裏書人は直接

の被裏書人に対しては担保責任を負うが、以後の被裏書人に対しては担保責任を負わない（同条2項）。

2. 譲渡裏書の効力

【裏書には3つの効力がある】

（1）権利移転的効力

　裏書により、裏書人の有する手形上の一切の権利が被裏書人に移転する（手14条1項）。これを**権利移転的効力**という。裏書の本質的効力である。

（2）担保的効力

　裏書人は、被裏書人およびその後の手形取得者に対して、支払を担保する責任を負う（手15条1項）。この効力を**担保的効力**という。裏書人の担保責任は、手形の流通を促進するため、法が裏書人に特別に認めた責任と考えられている（手形の譲渡には責任を伴う。**第2章第1節**参照）。

（3）資格授与的効力

　裏書の連続した手形の所持人は、権利者であると推定される（手16条1項）。この効力を**資格授与的効力**という。法文上は「看做す」と規定されているが、これは推定するという意味である（最判昭和36・11・24民集15巻10号2519頁）。

　裏書の連続した手形の所持人が常に真実の権利者であるとは限らない（たとえば手形の流通過程で手形の盗難や裏書の偽造が起こり、所持人が善意取得〔**第4章第2節1**〕していない場合）。しかし、そのようなことは稀であって、手形の記載上、裏書が連続しているときは、所持人が権利者である可能性が高い。そこで、裏書の連続した所持人を権利者と推定することで、手形の流通性と迅速な権利行使を確保しようとしている。

3. 裏書の連続

【「裏書の連続」とは】

| Chart 4-3 | 裏書の連続

裏書の連続

・手形の所持人 D は権利者として推定される（16 条 1 項 1 文）。B の裏書が白地式裏書である場合にも、裏書の連続は認められる（同項 4 文）。
・C の裏書が白地式裏書である場合にも裏書の連続が認められ、その手形の所持人が権利者として推定される（同項 2 文）。

　手形の譲渡は、振出人 A が受取人 B に対して振り出した手形について、B が第一裏書人となって被裏書人 C へ裏書し、その被裏書人 C が第二裏書人となって第二の被裏書人 D に裏書する、という形で行われていく。このように、裏書の記載が受取人 B から最後の被裏書人である所持人 D まで間断なく続いていることを、**裏書の連続**という。裏書が連続しているかどうかは、形式的に判断され、実際にも記載どおりに権利が移転している必要はない。したがって、連続する裏書のなかに偽造の裏書や意思無能力者・制限行為能力者による裏書などが介在していても、裏書の連続は損われない。

【裏書の連続は裁判で役立つ】

　手形金の請求は、裁判を通じて行われることもある。このとき、原告（手形の所持人）が裏書の連続した手形を所持している場合には、権利者であると推定されるため（手 16 条 1 項）、被告側（手形の振出人）によって原告は権利者ではないという証明がされない限り、原告は裁判所から勝訴判決をもらえることになる。被告側がこの推定を覆すには、たとえ

ば、その手形が盗まれたもので、中間に偽造の裏書があるということだけでなく、その後に善意取得（第2節イ）も生じていないことまで証明しなければならない（最判昭和41・6・21民集20巻5号1084頁）。

　もっとも、裏書が連続していないと権利行使が絶対に許されないというわけではない。原告が実際に権利を取得したことを証明できれば、勝訴判決をもらうことができる（最判昭和31・2・7民集10巻2号27頁【手形小切手百選53事件】）。

4. 特殊な裏書

【裏書さまざま】

　通常の裏書とは異なる特殊な裏書がある。まず、手形法上、手形上の債務者（振出人や裏書人）を被裏書人として裏書することが認められている（戻裏書。手11条3項）。これにより、手形上の債務者が手形上の権利を取得しても、混同（民520条）の法理により権利が消滅することなく、手形を流通させることができる。また、支払拒絶証書作成後または支払拒絶証書作成期間経過後（第5章第2節【支払拒絶証書は作らなくてもよい】参照）になされる裏書がある（期限後裏書。手20条1項）。本来予定されている手形の流通期間を経過すれば、通常の裏書に認められる流通の保護を与える必要がないため、期限後裏書には民法の債権譲渡の効力しか認められない。

　以上に対し、そもそも手形の譲渡を目的としない裏書もある。これには、手形上の権利に質権を設定する目的でされる質入裏書（手19条）と、次に述べる取立委任裏書とがある。

【取立委任裏書とは】

　手形を譲渡するためではなく、手形金の取立てのために裏書がされることがある。裏書に「回収のため」「取立のため」「代理のため」など、

取立委任であることを示す文言を付記した裏書を**取立委任裏書**という（手 18 条 1 項本文）。実際には、取引銀行を被裏書人とする取立委任裏書がされることが多い（**Chart 4-4** 参照）。

　取立委任裏書により、被裏書人には、手形金の取立てについての代理権が与えられるに過ぎず、通常の譲渡裏書におけるような権利移転的効力は生じない。**Chart 4-4** では、C 銀行は、裏書人 B の代理人として、振出人 A に対して手形金の支払を請求し、B と C 銀行との間に特別な合意がなければ（たとえば、取り立てた手形金を B の C 銀行からの借入金の返済に充当するとの合意）、取り立てた手形金を B に渡すことになる。

| Chart 4-4 | 取立委任裏書

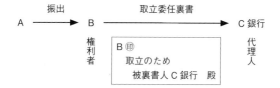

第 2 節　善意の手形取得者の保護

1. 手形の善意取得

電化製品の卸売業者 B は、A を振出人、B を受取人とする約束手形を持っていた。B は、この手形を金庫で保管していたが、B の事務所に泥棒 C が入り、金庫の中の手形と B の印鑑が盗まれてしまった。

その後、Dが、BからC、CからDへと裏書された手形を持ってきて、Aに手形金の支払を請求した。BからCへの裏書は、Bの印鑑を用いてCが偽造したものであったが、Dは、そのような事情を知らずにこの手形を取得していた。Dの請求は認められるだろうか。

| Chart 4-5 | 手形の善意取得

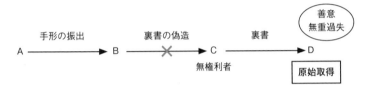

【手形の善意取得とは】

Case 4-2 のように、BからCへの裏書が偽造によるものであった場合には、そのような裏書によってCは手形上の権利を取得していないはずである（第2章第2節4）。しかし、この手形には裏書の連続が認められるから（第1節3）、この手形を取得しようとするDにとっては、あたかもCが手形上の権利者であるかのような外観が生じている。そこで手形法は、このような外観を信じて手形を取得した者を保護するため、たとえ無権利者から手形を取得した場合でも、裏書の連続した手形の所持人から善意かつ無重過失で手形を裏書によって取得した者は、手形上の権利を取得することを定めている（手16条2項）。なお、権利を取得するといっても、無権利者Cから権利を譲り受けることはできない。Dは新たな権利を取得し（原始取得）、その反面、本来の権利者であるBの権利は消滅することになる。

民法の即時取得（民192条）と比較すると、手形の場合は軽過失があっても重過失がなければ善意取得が認められる点、および、手形の善意取得は「事由の何たるを問わず」すなわち盗品・遺失物の場合でも認められる点で、取引の安全が保護される範囲はより広くなっている。手形の善意取得は、手形が流通するための大事なルールである。

　Case 4-2 では、Dは、裏書の連続のある手形を所持するCから、Cが無権利者であることについて善意で裏書を受けているから、重過失がなければ、手形上の権利を取得する。

2. 人的抗弁の切断

 Case 4-3

　Aが振り出した約束手形が流通し、現在はXがこの手形を所持している。XがAに対して手形金の支払を請求したとき、Aは、手形が流通している間に自分に生じた事由を理由にして、Xの請求を拒むことができるだろうか。

【手形抗弁とは】

　所持人が満期に手形金の支払を請求したときに、たとえば振出の原因関係である売買契約を解除したなどの理由で、振出人から支払を拒絶されることがある。このように手形の債務者（振出人や裏書人）が手形金の支払を拒むために主張できる事由のことを**手形抗弁**と呼んでいる。

　手形抗弁は、抗弁を主張できる相手方を基準として、すべての所持人に対して、その善意・悪意を問わず主張できる**物的抗弁**と、特定の所持人に対してのみ主張できる**人的抗弁**とに大別される。手形は流通することが予定されているから、手形抗弁の内容を区別することで、手形取引の安全が保護される範囲を考慮しようとしているのである。ただ、手形

法が直接、どの抗弁が物的抗弁であり、どの抗弁が人的抗弁であるかを定めているわけではない。そのため、物的抗弁か人的抗弁かの区別は解釈によって決せられることになる。

　まず、物的抗弁に属するのは、手形要件が手形に記載されていないとか、意思無能力者が手形を振り出したり、制限行為能力者の振出が取り消された場合（第2節3）などである。この抗弁は、債務者がすべての所持人に主張できるから、つまり、流通によって切断されない抗弁であるといってよい。これに対し、人的抗弁の典型例は、手形法17条に定められている。人的抗弁は、その後の取得者が善意であると切断される抗弁である。

　Case 4-3 では、Aの抗弁が物的抗弁であるなら、Xの善意・悪意を問わずAは支払を拒むことができるが、人的抗弁であるなら、Xが善意の取得者であるか否かによって、Aが支払を拒むことができるか、すなわち抗弁が切断されるかどうかが決まる。

【人的抗弁の切断】

　小売業者Aは、卸売業者Bとの間で売買契約を締結し、売買代金の支払のため、振出人をA、受取人をBとする約束手形を振り出した。その後、売買契約は解除されたが、Bは、この手形をAに返さずに、製造業者Cに対して裏書譲渡した。Cは、A・B間の売買契約が解除されていることは知らないまま、この手形を取得していた。Cが満期にAに対して手形金の支払を請求した場合、Aは支払を拒むことができるだろうか。

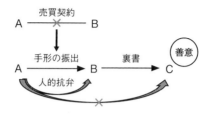

　手形法17条は、手形の債務者（振出人A）は、所持人（C）から手形金の支払を請求されたときに、AがCの前者（B）に対して主張できる人的抗弁、典型的には原因関係（第2章第1節）に基づく抗弁をもって善意のCに対抗することはできない旨を定める。これを**人的抗弁の切断**という。A・B間で売買契約が解除されたといった事情を知らずに手形を取得したCは、手形金を支払ってもらえることになるから、手形取引の安全は保護される。人的抗弁の切断も、手形の善意取得と並んで、手形が流通するための大事なルールである。

　Case 4-4 では、Aは、直接の相手方であるBから手形金の支払を請求されたときは、売買契約の解除を抗弁として支払を拒むことができる。しかし、善意の取得者Cから請求されたときは、支払を拒むことはできない（人的抗弁の切断は、手形行為の無因性により説明されることがある。**第2節1(3)** 参照）。

【悪意の抗弁】

Case
4-5
　建築業者Bは、Aから旅館の建築工事を受注し、請負代金の前払金として、Aを振出人、Bを受取人とする約束手形を受け取った。Bは、資材業者Cから建材を購入し、その購入代金の支払のために、Cに対してこの手形を裏書譲渡した。Cは、この手形が請負代金の

前払金として振り出されたものであることを知って裏書譲渡を受けていた。

　ところが、Cがこの手形を取得する時点で、すでにBの経営は悪化しており、Bの仕事は完成されないままBが倒産して、A・B間の建築請負契約は解除されることが予測できる状況になっていた。Cは、このような事情を知りつつ、Bからこの手形を取得していた。Cが満期にAに対して手形金の支払を請求した場合、Aは支払を拒むことができるだろうか。

| Chart 4-7 | 悪意の抗弁

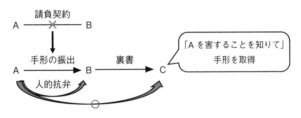

　人的抗弁の切断という効果は、17条ただし書において、「所持人が其の債務者を害することを知りて手形を取得したるとき」には人的抗弁は切断されない、という形で規定されている。このように、債務者を害することを知って手形を取得したという抗弁を**悪意の抗弁**と呼んでいる。手形取得者が単に悪意であれば要件を満たしそうであるが（大判昭和16・1・27民集20巻25頁。それゆえ「悪意の抗弁」という呼び方がされる）、法文は、「債務者を害することを知りて」手形を取得したことを要求している。

　それでは、いったいどのような場合に「債務者を害することを知り

て」手形を取得したといえるのだろうか。これは、手形取得時における取得者の認識によって判断される。 Case 4-5 では、Cは手形取得時に、請負代金の前払金として振り出されたという事実を認識しているが、それだけでは「害することを知りて」取得したとはいえない（最判昭和30・11・18民集9巻12号1763頁）。後にBの仕事が完成されることもあり得るから、請負契約が解除されるであろうとCが認識していたとは認められない。しかし、Cが、この手形が請負代金の前払金として振り出されたものであり、かつ、Bの財産状態が悪化して仕事の完成が期待しえないことを知っていたときには、「債務者を害することを知りて」取得したときにあたり、悪意の抗弁が認められる（最判昭和48・3・22判時702号101頁）。Bの財産状況が悪化して仕事の完成が期待しえないという事実もCが認識していたことを加味すると、Cは手形取得時に、請負契約が解除されて抗弁が主張されることは確実であると認識していたといえる。

　一般に、所持人（C）が手形を取得するときに、満期において債務者（A）が所持人の前者（B）に対して抗弁を主張することは確実であるとの認識を有していた場合には、悪意の抗弁が認められると考えられている。

第5章 約束手形の支払

第1節 支　払

　　Aを振出人とする約束手形の受取人Bは、売買代金の支払のため、
これをCに裏書譲渡した。
　① 　Cは、いつ、どこで、手形金の支払を受けることができるだろ
　　うか。
　② 　満期を過ぎてしまった場合、Cは、どこで手形金の支払を受け
　　ることになるだろうか。

【支払のための呈示】

　手形金の支払を受けるためには、所持人が手形を呈示して支払を請求
しなければならない（手38条1項）。これを、支払のための呈示または
支払呈示という。

　なぜ、手形を呈示する必要があるのだろうか。手形は流通することが
予定されているから、振出人の方からどこかにいるはずの所持人を探し
出すのは難しい。所持人の方から、手形を呈示して、自分が権利者であ
ると申し出てもらう必要がある。また、振出人は、呈示された手形と引
き換えに手形金を支払えば、支払後に手形が流通して、再び支払を迫ら
れる危険を回避できる。手形法も、振出人は、支払をする際に、手形金
を受け取った旨（受取証）を記載して手形を交付するよう、所持人に求
めることができるとしている（手39条1項）。

　もっとも、手形は銀行で支払われるものとして振り出されるのが通常
であるから、Case 5-1 ①において、Cは、取引銀行に取立委任裏書（第
4章第2節4）をして手形交換所（**第1章第3節【手形交換所の役割】**）で支払
呈示を行ってもらい（手38条2項）、手形に記載された支払場所（**第1章**

第1節1）である銀行店舗（たとえば甲銀行乙支店）から手形金の支払を受けることになる。手形交換所を通じて支払われる手形については、受取証の記載に代えて、交換印が押される（**Chart 4-2** 参照）。

【いつ支払呈示をするか】

支払呈示をなすべき期間を、**支払呈示期間**という。確定日払の手形の支払呈示期間は、「支払を為すべき日」および「之に次ぐ二取引日内」である（手38条1項）。支払をなすべき日とは、原則として手形に記載されている満期のことであるが、この日が法定の休日にあたる場合には、それに次ぐ第1の取引日が支払をなすべき日となる（手72条1項）。たとえば満期が日曜日であったときは、月曜日が支払をなすべき日となり、この日を含めて3日間が支払呈示期間となる。 Case 5-1 ①では、C（Cから取立委任裏書を受けた取引銀行）は、支払呈示期間内に支払呈示をしなければならない。

Cは、支払呈示期間内に支払呈示をしなかったとしても、手形上の権利が時効により消滅するまでは（**第6節1**参照）、振出人Aに対して手形を呈示して、手形金の支払を請求することができる。ただ、支払呈示期間内に支払呈示をしないと、遡求権は消滅してしまうため、裏書人Bに対して遡求はできなくなる（手53条1項。手形の遡求。**第2節**参照）。

【満期を過ぎたときの支払呈示の場所】

銀行店舗を支払場所とする手形は、支払呈示期間内は手形交換所において支払呈示されるのが通常であるが、支払呈示期間の経過後は、所持人はどこで支払呈示をすべきだろうか。

学説には議論があるが、判例（最大判昭和42・11・8民集21巻9号2300頁【手形小切手百選67事件】）は、支払呈示期間の経過後は支払場所の記載は効力を失うため、原則（振出人の営業所・住所。民520条の8、商516条）に立ちかえり、所持人は、支払地内における振出人の営業所

で支払呈示すべきという考え方をとっている。振出人が、いつ現れるかわからない所持人のために支払呈示期間経過後も支払場所に資金を保持しなければならないとすると、振出人の資金活用を不当に拘束することになるからであるという。

判例の立場によると、Case 5-1 ②では、Cは、支払呈示期間後は支払地内のAの営業所で支払呈示をしなければならず、そこで手形金の支払を受けることになる。

【善意支払による免責】

手形の流通過程で盗難や裏書偽造が起こり、所持人が善意取得（第4章第2節1）せずに無権利者となっていることがある。しかし、振出人にとっては、そのような事情があったかはわからないことが多い。振出人は、もし間違って支払ってしまうと、真の権利者に対して再び手形金を支払わなければならなくなるが、だからといって、所持人が真の権利者か否かをいちいち調査しなければならないとすると、迅速・円滑な支払はできず、ひいては手形の流通性は阻害されかねない。そこで手形法40条3項は、裏書の連続する手形の所持人に対して振出人が支払をしたときは、たとえ所持人が無権利者であったとしても、悪意または重過失がない限り、その支払により振出人は免責されることを定めている。民法478条（受領権者としての外観を有する者に対する弁済）と同じ基盤に立つ制度である。

なお、手形法40条3項にいう「悪意」とは、一般的な意味内容とは異なり、所持人が無権利者であることを振出人が知っているというだけでなく、所持人の無権利を立証できる確実な証拠方法を持っているにもかかわらず、あえて支払うことをいう。また、「重大なる過失」とは、通常の調査すれば、所持人の無権利を知ることができ、かつその立証方法も入手できたのに、この調査を怠ったため無権利者に支払った場合をいう（最判昭和44・9・12判時572号69頁【手形小切手百選70事件】）。

裏書の連続した所持人は権利者として推定されるため（手16条1項。資格授与的効力。**第4章第1節2（3）参照**）、振出人は、たとえ所持人が無権利者であることを知っていても、証拠がないまま支払を拒めば、裁判で敗訴してしまうためである。

第2節　遡　求

【遡求とは】

　所持人が満期に適法に支払呈示をしたにもかかわらず支払を拒絶された場合には、自己の前者（裏書人やその保証人）に対して、手形金その他費用の支払を求めることができる。これを**遡求**という。これにより、所持人が満期に支払が行われたのと同じ経済的効果を収めることができるようにしているのである（**第1章第3節【手形・小切手の信用を維持するには】参照**）。また、満期前であっても、満期に支払われる可能性が著しく減少した場合には、同様に遡求が認められると解されている。

　遡求に応じて手形を受け戻した者は、さらに自分の前者に対して遡求することができる。これを**再遡求**という。たとえば、裏書人Cが所持人Dの遡求に応じて遡求義務を履行し、手形を受け戻すと、Cは自己の裏書人であるBに対して再遡求することができる（**Chart 5-1参照**）。

　Cが遡求義務を履行しても、前者の裏書人であるBの遡求義務は消滅しないのだから、複数の裏書人は、振出人とともに、それぞれ支払義務を負っていることになる。このような責任を**合同責任**という。Dは、自己の裏書人であるCを跳ばして、その前者の裏書人であるBに対して遡求してもよい。

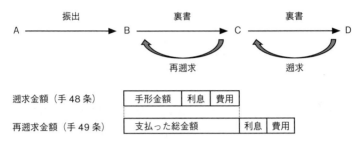

| Chart 5-1 | 手形の遡求

振出 裏書 裏書
A ————————→ B ————————→ C ————————→ D

再遡求　　　　　　　　遡求

遡求金額（手 48 条）

| 手形金額 | 利息 | 費用 |

再遡求金額（手 49 条）

| 支払った総金額 | | 利息 | 費用 |

　支払を拒絶されたとき、所持人Ｄは、自己の裏書人であるＣに支払拒絶の事実を通知し、Ｃはさらに自己の裏書人であるＢへこの事実を通知しなければならない（遡求の通知。手45条1項）。各裏書人に遡求があることを予測させ、資金を準備する機会を与えるためである。通知を怠っても遡求権を失うわけではないが、通知を怠ったために遡求義務者に損害が生じたような場合には、損害賠償責任が生ずることがある（同条6項）。

【遡求権を行使するには】

　所持人が遡求権を行使できるのは、支払呈示期間内に支払呈示をしたにもかかわらず、振出人が支払を拒絶した場合である（手38条、43条）。さらに手形法は、支払拒絶証書を作成して支払拒絶の事実を証明することを要求しているが（手44条1項）、拒絶証書の作成が免除されている場合には（拒絶証書作成免除文句。手46条1項）、その作成は不要となる。

　実際上は、統一手形用紙の各裏書人欄に「拒絶証書不要」の文字が初めから印刷されている。わが国の実務では、手形は手形交換所において支払呈示され、手形が不渡りになると（**第1章第3節【不渡りを出したら】**参照）、不渡りになった旨を記載した紙片（不渡付箋）が手形に添付されて所持人に返却される。これにより、支払拒絶証書がなくとも支払呈示

と支払拒絶の事実を確認できるようになっている。

第3節　手形上の権利の消滅

① 所持人は、いつまで、振出人に対して手形金の支払を請求できるか。裏書人に対して遡求する場合はどうだろうか。

② 売買代金の支払に代えて手形を受け取ったのに、手形上の権利が時効により消滅してしまったような場合、所持人に何らかの救済手段はあるだろうか。

③ 手形の紛失、盗難、滅失が起こった場合、どうやって手形上の権利を行使すればよいだろうか。

1. 消滅時効

【手形上の権利も時効にかかる】

Case 5-2 ①に関するルールは、手形法70条に定められている。まず、振出人に対して手形金を請求する権利は、満期から3年で時効により消滅する（同条1項）。裏書人に対する遡求権は、拒絶証書の作成が免除されているときには、満期から1年で時効により消滅する（同条2項）。なお、遡求に応じた裏書人の前者に対する再遡求権は、手形を受け戻した日またはその者が訴えを受けた日から6か月で消滅する（同条3項）。手形法では、民法の原則（民166条）よりも短期の消滅時効が定められている。

時効の完成猶予・更新事由は、手形法に特別の規定がある場合（手

70 条、86 条）を除き、民法の一般原則に従う（民 147 条以下）。所持人が手形を呈示しないで時効の完成猶予のための請求（催告または裁判上の請求）をした場合でも、これを行った権利者はもはや権利の上に眠れるものではなく、権利行使の意思が客観的に明らかになるから、時効の完成猶予の効力が生ずると解してよい（催告につき、最大判昭和 38・1・30 民集 17 巻 1 号 99 頁【手形小切手百選 76 事件】）。

2. 利得償還請求権

【利得を吐き出させるには】

所持人が支払呈示をしないまま支払呈示期間を過ぎてしまうと（手続の欠缺）、裏書人に対する遡求権は消滅してしまう。また、手形上の権利は短期で時効により消滅してしまう。このような場合でも、債務者（振出人と裏書人）は原因関係上の対価を受け取っているのが通常であるから、手形金の支払義務を免れたために債務者がまるまる得をするというのでは公平を欠くだろう。そこで手形法は、手続の欠缺または時効により手形上の権利が消滅したときには、所持人は、債務者の得ている利得の償還（返還すること）を求めることができるとしている。これを**利得償還請求権**という（手 85 条）。この権利は、公平の見地から認められた特別の請求権であると解されている（小切手につき、最判昭和 34・6・9 民集 13 巻 6 号 664 頁【手形小切手百選 84 事件】）。

【利得償還請求権が認められるとき】

利得償還請求権が認められるには、手形上の権利がすべて消滅していなければならないが、民法上の救済方法も残っていないことを要するというのが判例である（最判昭和 43・3・21 民集 22 巻 3 号 665 頁【手形小切手百選 82 事件】参照）。たとえば買主 A が売主 B に対して「支払のために」手形を振り出した場合（第 2 章第 1 節【振出には原因がある】参照）、

手形上の権利が時効により消滅しても、原因関係に基づき売買代金の支払を請求できるため、Bに利得償還請求権は認められない。

また、所持人が手形上の権利を失ったことにより、債務者が実質的に利得している必要がある。Case 5-2 ②のように、買主Aが「支払に代えて」手形を振り出した場合、Aが売買契約上の対価として商品を受け取っているときは、手形上の権利が時効により消滅すれば、Aに利得が生ずることになる。この場合にBは、Aに対して、利得の償還を求めることができる。

3. 公示催告による除権決定

【紙がなくても権利行使できる】

手形を盗まれたりなくしたとき、もとの所持人は、まだ権利者であることに変わりはない。しかし、そのままでは誰かに手形を善意取得されてしまう可能性がある（第4章第2節1）。また、手形が燃えて滅失してしまったような場合は、善意取得されることはないが、紙（手形）がないので権利を行使できないことに変わりはない。そこで、手形の盗難、紛失、滅失が起こったときに、裁判所によってその手形を無効とする手続が必要になる。これを**除権決定**という（民520条の11、非訟99条以下）。Case 5-2 ③では、所持人はこの手続をとればよい。

まず、もとの所持人は、支払地の簡易裁判所に**公示催告**の申立てを行う。申立てを受けた裁判所は、どこかに手形を取得した者がいるなら一定の期間内（少なくとも2か月間）に届け出るよう、さもなければ手形は無効となる旨を裁判所の掲示板と官報で公示する。この期間内に届出がなければ、裁判所によって除権決定がなされる。これにより、申し立てられた手形は無効になる。もとの所持人は、手形を所持していなくても権利を行使できるようになる。

│ Chart 5-2 │ 利得償還請求権

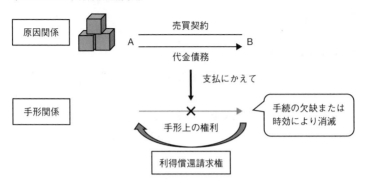

│ Chart 5-3 │ 公示催告と除権決定

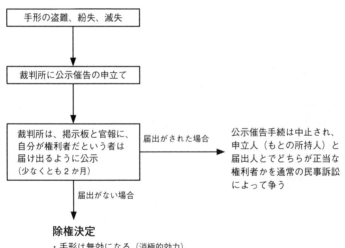

第6章　為替手形と小切手

1. 為替手形

【為替手形の仕組み】

　たとえば小売業者Aが、卸売業者Bに対して売買代金200万円を支払わなければならないというときに、他方で、以前、同業のCに頼まれて貸した200万円の返済をまだ受けていないとする。Aは、Cから200万円を返済してもらい、これをBへの支払に充てることができるが、CからBに対して直接200万円を支払ってもらう方が簡単である。このような場合に利用されるのが、**為替手形**である。

　為替手形とは、振出人が**支払人**に宛てて、受取人に満期に一定の金額（手形金額）を支払うことを委託する証券である（手1条）。振出人は、支払を約束するのではなく、支払人に支払を委託する点で、約束手形とは異なっている。

| Chart 6-1 | 為替手形の仕組み

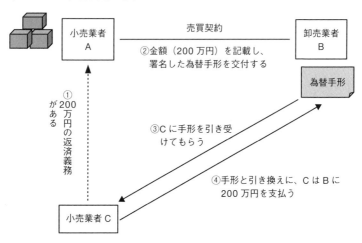

振出人Ａから為替手形の振出を受けた受取人Ｂは、満期に支払人Ｃに手形を呈示して（**第5章第1節【支払のための呈示】**参照）、手形金の支払を請求し、これに対してＣは、手形金を支払うことができる。もっとも、そもそもＣがＡから借入れをしているというような事情がなければ、ＣはＢに手形金を支払う理由はない。Ｂは、そのような事情があるのかは通常わからないから、Ｃが満期に手形金を支払ってくれるということを確実にする必要がある。そこで手形法は、所持人はいつでも、為替手形を支払人に呈示して（引受のための呈示または引受呈示）、この点を確かめることができるようにしている（手21条）。これに対し、支払人は、振出人の委託に応じて手形金を支払うという意思表示をすることができる。これを**引受**という（手25条1項）。通常、引受は、為替手形用の統一手形用紙の表面に印刷された引受欄に署名する方法で行われる（同項）。実際上は手形の振出の前に支払人が引受署名している場合があり、このような場合には所持人が改めて引受呈示をする必要はない。引受が行われると、支払人は**引受人**となり、満期に手形金を支払う義務を負う（手28条1項）。

　なお、支払人や引受人が手形金を支払わない場合に備えて、為替手形の振出人と裏書人は、引受と支払を担保する責任を負うものとされている（手9条、15条）。

　為替手形には満期があるので、約束手形と同じく、信用の手段として利用することができる（**第1章第1節**参照）。実際には、国際的な送金の手段として、あるいは貿易取引において輸出者が売買代金を回収するための手段（取立ての手段）として利用されることが多い（荷為替手形）。

| Chart 6-2 | 為替手形

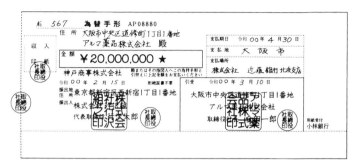

出典：近藤光男編『現代商法入門〔第11版〕』(2021、有斐閣) 328頁

2. 小切手

【小切手の特徴】

　小切手とは、振出人が支払人である銀行に宛てて、所持人に一定の金額を支払うべきことを委託する証券である（小1条。**第1章第1節**参照）。

　振出人が支払人に支払を委託する点では、為替手形と同じである。ただ、小切手の場合、支払人は銀行に限られ、また、振出人はそこに支払資金を預けておく必要がある（小3条）。小切手は、為替手形の仕組みを利用して、現金の代わりに使えるようにしたものといえる。

　小切手は、現金代用物という性質上、常に一覧払とされており（小28条1項）、振り出したらすぐに支払ってもらえる。また、手形とは異なり、持参人払式（小5条1項3号）で振り出すことが認められている（統一小切手用紙でも「持参人へお支払いください」と印刷されている）。また、小切手では支払人による引受は禁止されている（小4条）。支払人である銀行が引受をすると、銀行の信用で小切手が流通してしまい、現金の代わりにならないからである。

| Chart 6-3 | 小切手

【線引小切手とは】

　小切手は、常に一覧払で振り出され、また持参人払式であることが通常であるため、盗難や紛失の場合に、それを不正に入手した者が支払を受ける危険が大きい。そこで、そのような危険を防止するため、**線引小切手**という制度が認められている（小 37 条）。線引小切手とは、その名のとおり、小切手の表面に 2 本の平行線を引いたものである。線引には、一般線引と特定線引との 2 種類がある（**Chart 6-3** は一般線引小切手である）。

　線引小切手のうち、2 本の平行線を引いただけか、またはただ「銀行」とのみ記載しているだけのものを**一般線引小切手**という。この場合、支払人は、自分の取引先か他の銀行に対してのみ支払うことができる（小 38 条 1 項）。支払先が限定されるため、盗取者や拾得者に支払われることが防止され、万一支払がされても、不正に支払を受けた者を容易につきとめることができる。また、2 本の平行線の中に特定の銀行名を記入したものを**特定線引小切手**といい、この場合、支払人は指定された銀行（被指定銀行）に対してのみ支払うことができ、被指定銀行が支払

人であるときはその取引先に対してのみ支払うことができる（同条2項）。支払先がさらに限定されることになるため、一般線引小切手より盗難や紛失による不正利用を防止する効果は高くなる。

【自己宛小切手とは】

　小切手は、現金の代わりに使われるとはいえ、小切手を振り出した企業の経営状況によっては、小切手が不渡りとなってしまう可能性もある。小切手の支払人は銀行だから、支払人自身に振出人となってもらえば、所持人は確実に支払を受けることができる（小切手の振出人は支払を担保する責任を負う。小12条）。そこで、取引の実務では、支払人である銀行が取引先から小切手金額と同額の資金を受け入れ、これを資金として小切手を振り出す方法がとられる。このような小切手を**自己宛小切手**という（小6条3項）。このうち振出店舗と支払店舗が同一のものを預金小切手（預手）と呼んでいる。預金小切手は、一般の小切手より支払が確実なものとして現金と同様に取り扱われている（最判昭和37・9・21民集16巻9号2041頁参照）。

第7章 有価証券としての特徴

【有価証券とは】

　これまで見てきたように、手形・小切手は、特定の契約から生じた具体的な金銭債権とは異なっている。たとえば、AB間の売買契約に基づき、売主Bは、買主Aに対して、2か月後を支払期日とする200万円の代金債権をもっているとする。Bがこの債権をCに譲渡して今すぐ現金化したいと考えても、民法の債権譲渡による場合、対抗要件（Aへの通知またはAの承諾）を具備するための手続が煩雑であるし（民467条）、AがBに対する抗弁を有していたときには、原則としてCは抗弁を対抗されてしまう（民468条）。また、そもそもCにとっては、本当にBがAに対して債権を有しているのかを確認することが難しい場合もある。

　そこで考え出されたのが手形・小切手である。BのAに対する200万円の単なる金銭債権を紙に載せることで（これを「表章」という）、Bは、この紙を使って、自分の権利を簡単にかつ抗弁も切断して譲渡することができ、Cに対しても、容易に自分の権利を証明することができるようになる。Aとしても、自分が署名した紙を持っているCに対して、これと引き換えに支払うことができる。

　有価証券とは、権利と証券を結びつけることによって、簡単かつ確実な権利移転と権利行使を可能にし、権利の流通性を高めるために生まれた法技術である。

| Chart 7-1 | 債権譲渡と手形の違い

	譲渡方法	権利行使	裁判の方法	支払のないとき
債権譲渡	債務者への通知・債務者による承諾が必要 抗弁は承継される	債権の譲受人が、権利者であることを証明しなければならない	通常の民事訴訟	民法の債務不履行に基づく責任追及
手形	裏書により譲渡できる 抗弁は切断される	裏書の連続した手形を所持していれば、権利者であると推定される	手形訴訟という簡便な訴訟手続がある	裏書人に対して担保責任を追及できる 不渡りによる制裁（銀行取引停止処分）がある

【有価証券としての特質】

有価証券とは異なるものに、**証拠証券**がある。たとえば、AB間で金銭の貸し借りが行われ（金銭消費貸借契約）、借主Aが貸主Bに対して、借用書を書いて渡したとする。この借用書は、有価証券ではなく、AがBから金銭を借りたということの証拠に過ぎない。Bは、もし借用書をなくしてしまったとしても、その権利をどうやって証明するかという問題はあるが、権利を譲渡したり、貸金の返還を請求することができる。

これに対して、有価証券とは、権利がその証券に結びついていて、権利の移転または権利行使に証券が必要とされるものをいう。有価証券では、権利が証券に結びついているため、もし証券をなくしてしまったら、一般には公示催告手続を経て除権決定を受けなければ（民520条の11等。なお、**第5章第3節3参照**）、なくした証券から権利を取り除くことはできない。

【有価証券さまざま】

　有価証券にはさまざまな種類があり、手形や小切手のほかにも、たとえば、株券（会216条）、社債券（会697条）、倉荷証券（商601条）、船荷証券（商758条）などがある。これらの証券も、表章された権利を譲渡するためには証券が必要であり、また、その権利を行使するには、証券を提示しなければならない（会社法、商法および民法では、手形法の「呈示」とは異なり、「提示」という用語が使われている）。

　以上にあげた有価証券は、権利が発生する場面では、原因関係に基づいて発生する権利（株式や社債、寄託物や運送品の引渡請求権など）がそのまま表章されているとみることができる。これに対して、手形・小切手は、証券を作成して初めて、原因関係とは切り離された権利が発生し（設権証券性）、その権利は原因関係の存否や有効・無効によって影響を受けないものとされている（無因証券性）。

　手形・小切手は、権利の発生においても証券が必要とされることから、「完全有価証券」ともいわれる。手形法・小切手法を学ぶことで、有価証券という制度の全体像を知ることができる。

| Chart 7-2 | 完全有価証券

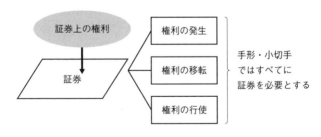

● 手形に代わる「電子記録債権」

　手形・小切手には、取引の安全を保護し、支払を確実にするためのさまざまな制度が認められているため、企業間の取引や企業の資金調達のために頻繁に利用されている。しかし、我が国の実務では、手形・小切手は銀行取引と結び付けられているから、その振出や保管には事務費用がかかる。また、手形・小切手には盗難や紛失の危険が伴う。そこで、これらを解消し、主に中小企業の資金調達手段として創設されたのが、「電子記録債権」という金銭債権である。手形・小切手を振り出す代わりに、電子債権記録機関（たとえば全国銀行協会が設立した「でんさいネット」）に発生記録（約束手形の振出にあたる）を行えば、これにより原因関係とは切り離された電子記録債権が発生する（電子債権 15 条）。その譲渡も譲渡記録によって行われるほか（同 17 条）、人的抗弁の切断（同 20 条）や善意取得（同 19 条）、電子記録名義人の権利推定（同 9 条 2 項）、善意支払による免責（同 21 条）といった手形・小切手と同様の制度が認められている。平成 30 年 11 月には、利用者登録数が約 45 万社、発生記録請求権数が累計で 795 万件を超え、単月の発生金額も 1.7 兆円を超えるなど、取引の実務ではその利用が広がっている。

事項索引

□あ行

悪意の抗弁 353
預け手荷物 305
著しく不公正な方法 210
一覧後定期払 338
一覧払 338, 366
一般線引小切手 367
一方的商行為 278
委　任 130
委　任（任用）契約 8, 64, 134
委任状 51
員　数 67
裏　書 323
　　──の権利移転的効力 345
　　──の効力 345
　　──の資格授与的効力 345
　　──の担保的効力 345
　　──の方式 343
　　──の連続 346
裏書禁止裏書 344
裏書人 323, 345
運送営業 300
運送人 301
　　──の損害賠償責任 302
営　業 240
　　客観的意義の── 240
　　主観的意義の── 240

営業権 241
営業所 242
営業譲渡 266
営業的商行為 235
営業能力 241
営利性 5, 10, 232
Ｍ＆Ａ 219
お手盛りの弊害 110, 134
親会社 17

□か行

開業準備行為 185
会計監査 128
会計監査人 22, 153
会計帳簿 150
会計帳簿閲覧請求権 27
解　散 228
会社債権者 9, 191
会社債権者と株主の利害調整 148
会社の機関 19
会社の成立 187
会社分割 217
会社法の法源 11
会社補償 119
海上運送 300
解　職 83
「害することを知りて」 353
解　任 82, 99

確定日払 ……………………337
過　失 …………………90, 98
肩書地 ……………………336
合　併 ……………………216
　吸収―― ……………216, 221
　新設―― ……………………216
合併比率の不公正 …………225
合併無効の訴え ……………224
株　券 ……………169, 371
株券発行会社 ………………170
株　式 ……………………5, 161
　譲渡制限―― ……15, 164, 172
　――の自由譲渡性 …………162
　――の譲渡 …………………168
　――の分割 …………………178
　――の併合 …………………180
株式移転 ……………………217
株式会社 ………………………2
株式公開買付け ……………220
株式交換 ……………………217
株式交付 ……………………216
株式無償割当て ……………180
株　主 …………………3, 7, 25
株主総会 ……………3, 19, 29
　定時―― ……………………32
　臨時―― ……………………32
　――の招集手続 ……………33
株主総会決議 …52, 64, 111, 134, 222
株主総会参考書類 ……………35
株主代表訴訟 ………………116
株主提案権 ……………………37
株主の権利 ……………………25
株主の権利行使に関する利益供与の

禁止 ……………………45
株主平等の原則 ……………164
株主名簿 ……………………168
株主名簿の名義書換え ……168
株主有限責任の原則 …6, 13, 147
株主優待制度 ………………167
株主利益の最大化 ………87, 97
株主割当て …………………192
為替手形 ……………………364
監　査 ……………………127
　妥当性―― …………………128
　適法性―― …………………128
監査委員会 …………………142
監査等委員会 ………………144
監査等委員会設置会社 …138, 143
監査役 …………………21, 115, 127
　――による違法行為差止請求
　……………………………130
　――の解任 …………………134
　――の権限 …………………129
　――の選任 …………………132
　――の独任制 ………………138
　――の任期 …………………132
監査役会 ………………22, 135
　――の権限 …………………137
監査役会設置会社 ………23, 141
監査役設置会社 ……………127
間接損害 ……………………124
間接取引 ……………………108
監　督 ……………………69
議　案 ……………………33
議案提案権 ………………36, 37
議案要領通知請求権 …………36

企　業 ……………………………4

　──の維持 …………………………7

議決権行使書面 ……………………35

議決権制限株式 ………………44, 164

議決権の数の原則 …………………41

議決権の行使 ………………………46

　書面による── ………………35

議決権の代理行使 …………………47

期限後裏書 …………………………347

危険の分散 ………………………6, 13

基準日制度 …………………………32

擬制商人 ……………………………237

帰責事由 ……………………………90

既存株主の利害 ……………………195

議　題 ………………………………33

寄託契約 ……………………………306

基本手形 ……………………………334

基本的商行為 ………………………236

記名式裏書 …………………………344

キャピタルゲイン …………………26

吸収合併 ………………………216, 221

吸収分割 ……………………………217

競業取引 ……………………………99

業務監査 ……………………………128

拒絶証書作成免除文句 ……………361

規律づけ ……98, 113, 127, 139, 211

銀行取引停止処分 …………………319

金融商品取引法 ……………………16

倉荷証券 ………………………307, 371

経営陣 ………………………………2

経営判断原則 ……………………92, 93

経営判断の失敗 ……………………92

計算書類 ……………………………150

──の監査 …………………………153

契約の申込み・承諾 ………………282

契約不適合責任 ……………………290

決議取消しの訴え …………………56, 57

決議不存在確認の訴え ……………56, 60

決議無効確認の訴え ……56, 61, 166

決算の手続 …………………………150

結約書 ………………………………295

原因関係 ………………………322, 352

原価基準 ……………………………152

検索の抗弁権 ………………………285

検査役 ………………………………184

原始定款 ……………………………183

現物出資 ………………………184, 205

顕　名 ………………………………279

権利移転的効力 ……………………345

権利外観法理

　………248, 257, 262, 264, 267, 328

故　意 ………………………………97

公開会社 …………………………15, 127

高価品の明告 ………………………302

航空運送 ……………………………300

合資会社 ……………………………12

公示催告 ……………………………362

公証人 ………………………………185

合同会社 ……………………………12

合同責任 ……………………………360

交付契約説 …………………………328

公　募 ………………………………192

合名会社 ……………………………12

子会社 ………………………………17

小切手 ………………………312, 366

個人企業 ……………………………4

個別株主通知 ……………… 172

□さ行

債権者 ……………………… 6
債権者異議手続 …………… 223
債権者保護 ……… 122, 147, 156, 158
催告の抗弁権 ……………… 285
財産引受け ………………… 184
再遡求 ……………………… 360
財　団 ……………………… 10
最低資本金制度の撤廃 …… 157
財務状況 …………………… 146
債務不履行責任 …………… 123
裁量棄却 …………………… 59
指図文句 …………………… 343
指値遵守義務 ……………… 298
残余財産分配請求権 ……… 26
CEO ……………………… 73
自益権 ……………………… 25
時価基準 …………………… 152
資　格 ……………………… 65
資格授与的効力 …………… 345
事業譲渡 ……………… 218, 227
事業譲渡と合併の相違 …… 227
事業の部類に属する取引 … 102
事業報告 …………………… 150
事業持株会社 ……………… 17
資金調達 …………………… 191
資金調達の便宜 …………… 199
自己宛小切手 ……………… 368
自己株式 ……………… 43, 176
　──の取得 ……… 8, 155, 176

　──の処分 ………………… 195
持参人払式 ………………… 366
質　権 ……………………… 286
執行と監督の分離 ………… 143
執行役 ……………………… 141
　──の任期 ………………… 142
指定買取人 ………………… 174
シナジー　→　相乗効果
支配人 ……………………… 252
　──の営業避止義務 ……… 255
　──の競業避止義務 ……… 255
支払期日 …………………… 337
支払地 ……………………… 336
支払呈示 …………………… 355
支払呈示期間 ……………… 356
支払人 ……………………… 364
支払の手段 ………………… 312
支払約束文句 ……………… 336
資本金 ………………… 14, 156
資本金と準備金の額の減少 … 158
資本剰余金 ………………… 156
資本の集中 ………………… 4
指名委員会 ………………… 142
指名委員会等設置会社 … 138, 141
指名委員会等設置会社の取締役の任
　期 ………………………… 142
社　員 ……………………… 7
社外監査役 …………… 22, 136
社外取締役 ……… 9, 67, 141
社債券 ……………………… 371
社　団 ……………………… 10
社　長 ………………… 2, 73
従業員 ……………………… 3

重要な業務執行 ‥‥‥‥‥‥‥‥221
重要な業務執行の決定 ‥‥‥‥74
重要な財産の処分 ‥‥‥75, 79, 143
授権資本（株式）制度 ‥‥183, 202
出資者 ‥‥‥‥‥‥‥‥‥‥‥25
出資の払戻し ‥‥‥‥‥‥‥162
主要目的ルール ‥‥‥‥‥‥210
種類株式 ‥‥‥‥‥‥‥44, 163
種類株式発行会社 ‥‥‥‥‥163
純資産 ‥‥‥‥‥‥‥‥‥‥156
純粋持株会社 ‥‥‥‥‥‥‥17
準備金 ‥‥‥‥‥‥‥‥‥‥156
場屋営業 ‥‥‥‥‥‥‥‥‥307
　──の損害賠償責任 ‥‥‥308
商業使用人 ‥‥‥‥‥‥‥‥251
商業手形 ‥‥‥‥‥‥‥‥‥314
商業登記 ‥‥‥‥‥‥‥‥‥258
　──の効力 ‥‥‥‥‥‥‥259
常勤監査役 ‥‥‥‥‥‥‥‥137
証券会社 ‥‥‥‥‥‥‥‥‥297
証券市場 ‥‥‥‥‥‥‥‥8, 16
証券取引所 ‥‥‥‥‥‥‥7, 16
証券取引所の売買単位 ‥‥‥42
証券保管振替機構 ‥‥‥‥‥171
商　号 ‥‥‥‥‥‥5, 234, 244
商行為 ‥‥‥‥‥‥‥235, 236
商行為の代理 ‥‥‥‥‥‥‥279
商号自由主義 ‥‥‥‥‥‥‥244
商号使用権 ‥‥‥‥‥‥‥‥245
商号専用権 ‥‥‥‥‥‥‥‥246
商号続用責任 ‥‥‥‥‥‥‥267
証拠証券 ‥‥‥‥‥‥‥‥‥370
商事売買 ‥‥‥‥‥‥‥‥‥287

商事売買での商人の検査義務 ‥‥291
上場会社 ‥‥‥‥‥‥‥16, 170
少数株主権 ‥‥‥‥‥‥‥‥37
譲渡裏書 ‥‥‥‥‥‥‥‥‥343
譲渡制限株式 ‥‥‥15, 164, 172
商　人 ‥‥‥‥‥‥‥235, 236
使用人 ‥‥‥‥‥‥‥‥‥‥64
商人資格の取得時期 ‥‥‥‥238
消費者 ‥‥‥‥‥‥‥‥‥‥232
剰余金 ‥‥‥‥‥‥‥‥‥‥156
剰余金の配当 ‥‥‥‥155, 159
除権決定 ‥‥‥‥‥‥‥‥‥362
書面投票 ‥‥‥‥‥‥35, 47, 51
所有と経営 ‥‥‥‥‥‥‥‥62
所有と経営の分離 ‥‥9, 127, 149
白地式裏書 ‥‥‥‥‥‥‥‥344
白地手形 ‥‥‥‥‥‥‥‥‥339
　──の不当補充 ‥‥‥‥‥340
新株発行 ‥‥‥‥‥‥‥‥‥192
新株発行差止請求 ‥‥‥208, 209
新株発行無効の訴え ‥‥208, 211
新設合併 ‥‥‥‥‥‥‥‥‥216
新設分割 ‥‥‥‥‥‥‥‥‥217
迅速性 ‥‥‥‥‥‥‥‥‥‥232
人的抗弁 ‥‥‥‥‥‥‥‥‥350
人的抗弁の切断 ‥‥‥‥‥‥352
信用の手段 ‥‥‥‥‥‥‥‥312
清　算 ‥‥‥‥‥‥‥‥‥‥228
清算人 ‥‥‥‥‥‥‥‥‥‥228
静的安全 ‥‥‥‥‥‥‥233, 279
責任追及の訴え ‥‥‥‥‥‥114
責任追及の訴え（株主代表訴訟）
　‥‥‥‥‥‥‥‥‥‥‥‥116

絶対的記載事項 ……………334

絶対的商行為 ……………235

説明義務 ……………40

設　立 ……………5

　募集—— ……………181, 188

　発起—— ……………181, 182

設立時取締役 ……………186

設立の無効・不存在 ……………189

善意支払 ……………357

善管注意義務 ……………86, 93, 130

選　任 ……………64, 132

線引小切手 ……………367

専　務 ……………2

総会屋 ……………40, 45

総株主通知 ……………172

倉庫営業 ……………306

相互保有株式 ……………43

相乗効果（シナジー） ……………216

相対取引 ……………16

創立総会 ……………189

遡　求 ……………360

遡及効 ……………59

組織再編 ……………216

　承継型—— ……………218

　新設型—— ……………218

損益計算書 ……………150, 151

□た行

大会社 ……………14

対会社責任 ……………89

対外的業務執行 ……………70, 79, 123

対外取締役 ……………142, 144

対　抗 ……………168

第三者割当て ……………192

対世効 ……………59

対第三者責任 ……………89, 120, 188

対内的業務執行 ……………71, 80, 150

代表執行役 ……………142

代表取締役 ……………2, 21, 78, 144

代表取締役による業務の執行（実
　行） ……………72

代理商 ……………270

　締約—— ……………272

　乗合—— ……………272

　媒介—— ……………272

　——の義務 ……………272

　——の競業避止義務 ……………273

代理商契約の解除 ……………275

代理人の資格を制限する定款 ……………49

妥当性監査 ……………128

単元株 ……………42

担保的効力 ……………345

忠実義務 ……………86

直接損害 ……………125

直接取引 ……………106

賃借対照表 ……………150

D&O保険 ……………119

TOB ……………219

定　款 ……………202

　——による代理人の資格の制限
　……………48

定期行為 ……………289

定期売買 ……………289

定時株主総会 ……………32

定足数 ……………52

締約代理商 ……………… 272

手 形
　——の偽造 ……………… 331
　——の時効 ……………… 360
　——の署名 ……………… 327
　——の善意取得 ……… 348
　——の変造 ……………… 332
手形貸付 ………………… 316
手形関係 ………………… 322
手形金額 ………………… 337
手形行為 ………………… 325
　他人による—— ……… 331
　——の書面性 ………… 325
　——の無因性 ………… 325
　——の文言性 ………… 326
　——の要式性 ………… 325
手形行為独立の原則 …… 327
手形交換 ………………… 318
手形交換所 ……………… 318
手形抗弁 ………………… 350
手形訴訟 ………………… 320
手形要件 ………………… 334
手形割引 ………………… 315
敵対的買収 ………………… 85
適法性監査 ……………… 128
電子記録債権 …………… 372
電磁的投票 ………………… 50
電子投票装置 …………… 35
問 屋 ………………… 294, 296
　——の介入権 ………… 299
統一手形用紙 …………… 317
投下資本の回収 …… 8, 162, 174
動 議 ……………………… 36

投機購買 ………………… 235
当座勘定取引契約 ……… 317
当座預金 ………………… 317
動的安全 ………… 234, 257, 279
特殊の決議 ………………… 54
特定線引小切手 ………… 367
特別決議 …………………… 52
特別清算 ………………… 229
特別利害関係人 …………… 58
特例有限会社 ……………… 11
取締役 ………………… 2, 8, 20, 62
　業務執行—— …… 76, 78, 139
　業務担当—— …………… 76
　——に対する規律づけ … 63
　——の解任 …………… 82, 99
　——の義務 ……………… 85
　——の欠格事由 ………… 65
　——の責任の免除・限定 … 119
　——の選任 ……………… 64
　——の任期 …………… 67, 144
取締役会 …………… 2, 20, 21, 76
　——による監督 …… 72, 138
　——の決議 … 72, 79, 202, 221
　——の承認 …………… 175
　——の承認（計算書類）… 154
取締役会設置会社 …… 24, 30
取立委任裏書 ………… 318, 347
取引の安全
　……… 79, 211, 249, 328, 350, 352

□な行

名板貸責任 ……………… 248

名板貸人 ···248
名板借人 ···248
内部留保 ·························26, 160, 191
仲立人 ···293
　──の報酬 ·······························294
荷受人 ···301
荷送人 ···301
任務懈怠 ································93, 95
任務懈怠責任
　···········89, 104, 110, 113, 188
任用契約　→　委任契約
乗合代理商 ·····································272
のれん ···241

□は行

媒　介 ···293
媒介代理商 ·····································272
買収者 ·· 85
発行可能株式総数 ·····················202
反対株主の株式買取請求権
　···222
被裏書人 ·································323, 345
引　受 ···365
引受人 ···365
非顕名 ···280
非公開会社 ······································· 15
被後見人 ···242
日付後定期払 ·······························338
必要的記載事項 ·····························334
表見支配人 ·····································256
副社長 ··· 2
負　債 ··· 14

不正競争防止法 ·····························247
不足額填補責任 ·····························187
附属的商行為 ·································236
附属明細書 ·····································150
普通決議 ·· 53
物的抗弁 ···350
物品運送 ···301
船荷証券 ···371
不法行為責任 ·································123
振出地 ···336
振出日 ···338
不渡り ···319
分割債務 ···283
分配可能額 ······················155, 159, 160
変態設立事項 ·································183
報　酬 ·····································82, 134
報酬委員会 ·····································142
報酬の支払 ·····································110
法　人 ·· 10
法令・定款違反 ·····················95, 209
法令などを遵守する義務 ············· 86
募集株式の発行 ·····························192
募集事項の決定 ·····························202
募集設立 ································181, 188
発起設立 ································181, 182
発起人 ···181
　──の責任 ·······························187

□ま行

満　期 ···337
未成年者 ···241
民事仲立人 ·····································293

民法改正 ································233, 290

無益的記載事項 ··················335

無限責任社員 ·····················14

無担保裏書 ························344

儲　け ································4

持株会社 ···························17

持株の価値の低下 ···········196, 204

持株の比率の低下 ··············195

持込手荷物 ························305

持分会社 ···························12

戻裏書 ····························347

モニタリング・モデル ············143

□や行

約束手形 ······················312, 321

　──の裏書 ····················342

　──の経済的機能 ············314

　──の支払 ····················355

　──の振出 ····················334

約束手形文句 ·····················336

有益的記載事項 ··················335

有害的記載事項 ··················335

有価証券 ·······················170, 369

有限会社 ···························11

有限責任社員 ·····················13

融　資 ································5

優先株式 ··························163

融通手形 ··························316

有利発行 ·······················197, 204

預金小切手 ·······················368

預　手 ····························368

□ら行

利益供与 ···························45

利益剰余金 ························156

利益相反取引 ·····················104

利益配当 ····························5

利益配当請求権 ···················26

陸上運送 ··························300

利　潤 ································4

利得償還請求権 ··················361

流質契約 ··························286

旅客運送 ··························304

連帯債務 ··························284

連帯保証 ··························285

労働法 ································3

判例索引

□大審院・最高裁判所

大判明治 34・10・24 民録 7 輯 9 巻 122 頁 ……………………………… 338

大判大正 10・10・1 民録 27 輯 1686 頁 ………………………………… 341

大判昭和 16・1・27 民集 20 巻 25 頁 …………………………………… 356

大判昭和 19・8・25 民集 23 巻 524 頁 …………………………………… 227

最判昭和 30・11・18 民集 9 巻 12 号 1763 頁 ………………………… 356

最判昭和 31・2・7 民集 10 巻 2 号 27 頁【手形小切手百選 53 事件】…… 349

最判昭和 33・3・7 民集 12 巻 3 号 511 頁 ……………………………… 342

最判昭和 33・6・19 民集 12 巻 10 号 1575 頁【商法百選 2 事件】……… 241

最判昭和 33・12・11 民集 12 巻 16 号 3313 頁 ………………………… 342

最判昭和 34・6・9 民集 13 巻 6 号 664 頁【手形小切手百選 84 事件】… 363

最判昭和 36・3・31 民集 15 巻 3 号 645 頁 ……………………………… 214

最判昭和 36・9・29 民集 15 巻 8 号 2256 頁 …………………………… 249

最判昭和 36・10・13 民集 15 巻 9 号 2320 頁【商法百選 20 事件】…… 271

最判昭和 36・11・24 民集 15 巻 10 号 2519 頁 ………………………… 347

最判昭和 36・11・24 民集 15 巻 10 号 2536 頁【手形小切手百選 44 事件】

………………………………………………………………………………… 343

最判昭和 37・9・21 民集 16 巻 9 号 2041 頁 …………………………… 370

最大判昭和 38・1・30 民集 17 巻 1 号 99 頁【手形小切手百選 76 事件】…… 363

最大判昭和 40・9・22 民集 19 巻 6 号 1600 頁【会社法百選 82 事件】…… 229

最判昭和 40・9・22 民集 19 巻 6 号 1656 頁【会社法百選 61 事件】…… 80

最判昭和 41・1・27 民集 20 巻 1 号 111 頁【商法百選 12 事件】……… 251

最判昭和 41・6・21 民集 20 巻 5 号 1084 頁 …………………………… 349

最判昭和 41・7・1 判時 459 号 74 頁【手形小切手百選 16 事件】……… 334

最判昭和 41・9・13 民集 20 巻 7 号 1359 頁【手形小切手百選 2 事件】…… 329

最判昭和 41・10・13 民集 20 巻 8 号 1632 頁【手形小切手百選 39 事件】

………………………………………………………………………………… 340

最判昭和 41・11・10 民集 20 巻 9 号 1756 頁 ………………………… 343

最判昭和 42・4・28 民集 21 巻 3 号 796 頁 ……………………………… 265

最大判昭和 42・11・8 民集 21 巻 9 号 2300 頁【手形小切手百選 67 事件】
………………………………………………………………………358

最判昭和 43・3・21 民集 22 巻 3 号 665 頁【手形小切手百選 82 事件】……363
最大判昭和 43・4・24 民集 22 巻 4 号 1043 頁【商法百選 30 事件】……282
最判昭和 43・11・1 民集 22 巻 12 号 2402 頁【会社法百選 29 事件】……50
最判昭和 43・12・24 民集 22 巻 13 号 3349 頁………………………265
最判昭和 43・12・24 民集 22 巻 13 号 3382 頁【手形小切手百選 13 事件】
………………………………………………………………………334

最大判昭和 43・12・25 民集 22 巻 13 号 3511 頁【会社法百選 56 事件】……109
最判昭和 44・3・4 民集 23 巻 3 号 586 頁………………………328
最判昭和 44・9・12 判時 572 号 69 頁【手形小切手百選 70 事件】…………359
最大判昭和 44・11・26 民集 23 巻 11 号 2150 頁【会社法百選 66 事件】
………………………………………………………………123, 126

最大判昭和 45・6・24 民集 24 巻 6 号 625 頁【会社法百選 2 事件】……86
最判昭和 45・10・22 民集 24 巻 11 号 1599 頁【商法百選 66 事件】…………297
最判昭和 45・11・24 民集 24 巻 12 号 1963 頁【会社法百選〔初版〕12 事件】
………………………………………………………………………167

最判昭和 46・3・18 民集 25 巻 2 号 183 頁【会社法百選 38 事件】…………60
最判昭和 46・7・16 判時 641 号 97 頁【会社法百選 22 事件】…………214
最判昭和 46・11・16 民集 25 巻 8 号 1173 頁【手形小切手百選 8 事件】……321
最判昭和 47・2・24 民集 26 巻 1 号 172 頁………………………241
最判昭和 48・3・22 判時 702 号 101 頁………………………356
最判昭和 48・6・15 民集 27 巻 6 号 700 頁【会社法百選 16 事件】…………176
最判昭和 49・3・22 民集 28 巻 2 号 368 頁【商法百選 6 事件】…………265
最判昭和 49・6・28 民集 28 巻 5 号 655 頁【手形小切手百選 17 事件】……334
最判昭和 50・4・8 民集 29 巻 4 号 350 頁………………………212
最判昭和 51・12・24 民集 30 巻 11 号 1076 頁【会社法百選 34 事件】…………50
最判昭和 52・10・14 民集 31 巻 6 号 825 頁【会社法百選 46 事件】…………259
最判昭和 52・12・23 判時 880 号 78 頁【商法百選 7 事件】…………263
最判昭和 58・10・7 民集 37 巻 8 号 1082 頁………………………249
最判昭和 60・3・26 判時 1159 号 150 頁………………………112
最判昭和 61・7・10 民集 40 巻 5 号 925 頁【手形小切手百選 38 事件】……339
最判昭和 61・9・11 判時 1215 号 125 頁【会社法百選 5 事件】…………184

最判平成 6・1・20 民集 48 巻 1 号 1 頁【会社法百選 60 事件】················75
最判平成 6・7・14 判時 1512 号 178 頁【会社法百選 100 事件】···········214
最判平成 7・11・30 民集 49 巻 9 号 2972 頁【商法百選 14 事件】··········252
最判平成 9・1・28 民集 51 巻 1 号 71 頁【会社法百選 24 事件】···········216
最判平成 9・2・27 民集 51 巻 2 号 686 頁【手形小切手百選 20 事件】······339
最判平成 12・7・7 民集 54 巻 6 号 1767 頁【会社法百選 47 事件】·····96, 98
最判平成 16・2・20 民集 58 巻 2 号 367 頁【商法百選 18 事件】···········270
最判平成 20・2・22 民集 62 巻 2 号 576 頁【商法百選 29 事件】···········240
最判平成 22・7・15 判時 2091 号 90 頁【会社法百選 48 事件】········93, 94

□高等裁判所
東京高判平成 2・1・31 資料版商事法務 77 号 193 頁【会社法百選 89 事件】
···227
東京高決平成 16・8・4 金判 1201 号 4 頁【会社法百選 96 事件】··········213

□地方裁判所
東京地判昭和 31・6・13 下民 7 巻 6 号 1550 頁·································214
東京地判昭和 50・9・11 金法 785 号 36 頁······································109
東京地判昭和 56・3・26 判時 1015 号 27 頁【会社法百選 53 事件】········102
東京地決平成元・7・25 判時 1317 号 28 頁······································212
東京地決平成 16・6・1 判時 1873 号 159 頁【会社法百選 20 事件】········212
東京地決平成 20・6・23 金判 1296 号 10 頁·····································213

基礎から学ぶ商法　　　　　Basics of Japanese Commercial Law

2022年5月25日　初版第1刷発行
2023年4月10日　初版第3刷発行

著　者　小柿徳武　伊藤吉洋　原　弘明　島田志帆
発行者　江草貞治
発行所　株式会社　有斐閣
　　　　〒101-0051 東京都千代田区神田神保町2-17
　　　　https://www.yuhikaku.co.jp/

印　刷　大日本法令印刷株式会社
製　本　牧製本印刷株式会社
装　丁　Siun